作者做电子商务

作者赴日参展

作者（前排左七）参考知青座谈会

荣誉证书

副译审职称

外销员资格证书

口译指南

(通訳案内書)

朱蕴忠 / 著

苏州大学出版社
Soochow University Press

图书在版编目(CIP)数据

口译指南 / 朱蕴忠著. —苏州：苏州大学出版社，
2023.6
　ISBN 978-7-5672-4372-9

　Ⅰ.①口… Ⅱ.①朱… Ⅲ.①日语-口译-自学参考
资料 Ⅳ.①H365.9

　中国国家版本馆 CIP 数据核字(2023)第 073979 号

书　　　名：	口译指南
著　　　者：	朱蕴忠
责任编辑：	杨宇笛
装帧设计：	吴　钰
出版发行：	苏州大学出版社(Soochow University Press)
社　　　址：	苏州市十梓街 1 号　邮编：215006
网　　　址：	www.sudapress.com
邮　　　箱：	sdcbs@suda.edu.cn
印　　　装：	苏州工业园区美柯乐制版印务有限责任公司
邮购热线：	0512-67480030　销售热线：0512-67481020
网店地址：	https://szdxcbs.tmall.com/(天猫旗舰店)
开　　　本：	787 mm×1092 mm　1/16　插页：2　印张：12.75　字数：263 千
版　　　次：	2023 年 6 月第 1 版
印　　　次：	2023 年 6 月第 1 次印刷
书　　　号：	ISBN 978-7-5672-4372-9
定　　　价：	68.00 元

凡购本社图书发现印装错误，请与本社联系调换。服务热线：0512-67481020

端　　書

　　旧友の朱蘊忠さんは今まで蘇北に根を下ろしていた無錫市の古参知青です。彼は勤勉で、毎日こつこつ勉強を続け、独学により、出世に成功しました、長年にわたって、筆耕した結果、著作と訳作が頗る豊かで、本当に感服させられています。今回は日本語を中国語と対照した『通訳案内書』序文の作成依頼を受けたことは、誠に光栄の至りです。ただ、私は見識が狭く、学問が浅くて、恐らく、ご依頼に耐えないのに、なんとかして喜んでやっていきます。『通訳案内書』という本をよく読んで、いい勉強になったことをつくづくと感じました。

　　まずは、自らが励まされました。作者の夫婦たちは黄海の浜に60ム（やく40,000平米）の綿畑を請負し、辛苦を嘗めて、労作しながら、完全に独学によって、修練を積んで、終に、全ての努力は賜物となり、通訳として、成功しました。これは十分に、為せば成ることが証明されました。

　　次に、科学の方法で外国語の勉強を指導することができます。作者の回りに、日本語を話せる人はいませんでした。日本語を教える先生とお目にかかったこともありません。根本的に、全く外国語を勉強する環境と雰囲気がありません。彼はたゆまぬ努力を続けて、ラジオ日本語講座の後について、発音を練習して、通信教育によって、文法を専攻して、ひとり言で、日本語を話して、頭に段々と外国語の考え方が形成されてから、終に、合格した通訳の人材になりました。この本は長い期間で、積み重ねてきた聴くことと話すことをリードするや繰り返して実践するや学んで実際に役立てるなどの様々な勉強の方法を紹介しているものですからよく操作性を持っています。

　　最後に、外国語のレベルを向上し続けています。彼は通訳の実践を書面の理論に引き上げてから、逆にして、再び通訳の実践を指導し、必ず半分の労力で、倍の成果をあげて、読者たちの外国語のレベルがアップされます。

　　朱蘊忠さんは逆境にあっても、弱音を吐かないで、さまざまな困難を乗り越えて、終に事業の成功を取得しました。この粘り強い精神は　我々世代の知青にとって、間違いなく、無価の宝物です。知青精神を発揚するために、江蘇知青ウエブサイトの主な責

 任者は　気前よく金を出して、『通訳案内書』という本の出版することを重要な項目として、実行に移すことにしました。

　この本は必ず、国内外の通訳業界で、大いに歓迎されて、今の時代において、認められると信じられます。

　以上、端書です。

胡景南
2022 年陽春 3 月

序　　言

老朋友朱蕴忠先生，是至今扎根在苏北的无锡老知青。他勤奋努力，孜孜用功，自学成才，多年来著作和译作颇丰，令人钦佩不已。这次，他请我为中日文对照的《口译指南》作序，我不胜荣幸。只是我才疏学浅，恐不能胜任，然而盛情难却，甘愿勉力为之。我认真阅读了《口译指南》这本书，深感受益匪浅。

首先是励志。作者夫妻俩在黄海之滨承包 60 亩（约 40,000 平方米）棉田，他一边含辛茹苦劳作，一边完全靠自学不断修炼，终于全部的努力都有了回报，作为翻译，他成功了。这充分证实：有志者，事竟成。

其次，用科学的方法指导外语学习是可行的。作者的周围没有会说日语的人，他也没有和教日语的老师见过面，毫无学习外语的环境和氛围。但他坚持不懈，跟着日语广播讲座练习发音；依靠函授专攻语法；靠自言自语说日语；在头脑里逐步形成外语思维，最终成为合格的翻译人才。本书介绍了其长期积累的以听说为先、反复实践、学以致用等各种各样的学习方法，具有可操作性。

最后是要不断提高外语水平。他将口译的实践上升为书面的理论之后，反过来指导翻译实践，这必定能事半功倍，提高读者们的外语水平。

朱蕴忠先生在逆境中不气馁，克服种种困难，最终取得了事业的成功。这种不屈不挠的精神，对我们这代知青来说，无疑是无价之宝。为了弘扬知青精神，江苏知青网的主要负责人慷慨解囊，将《口译指南》这本书的出版作为重要项目来推进。

我们相信，本书必将受到国内外翻译界的普遍欢迎，获得读者的广泛认可。

是为序。

胡景南
2022 年 3 月

前　　書

　1964年9月に、16歳の私は 無錫市江南中学校を卒業してから、知識青年として、黄海の浜に位置する新洋農業試験ステーションに下放されて、新しい農民になって、25年も農事をさせられました。

　1979年1月に、江蘇人民ラジオ放送局から、ラジオ日本語講座が開かれました。32歳のわたしは　ラジオ日本語講座によって、日本語を勉強し始め、夫婦たちは　60ムの綿畑を請負し、周りには、一人の日本語教師もいません、晴耕雨読して、完全に独学によって、通訳になりました。

　1987年1月に、塩城市電子部品工場からの招きに応じて、通訳の仕事をやり始め、続いて、塩城市ゴム靴工場や大豊フリーホイール工場などの企業で、通訳の仕事をやったことがあります。

　1989年1月に、招聘に応じて、中日合資豊東熱処理有限公司の通訳になり、10月に、豊東熱処理有限公司研修団の通訳として、東京に行って、オリエンタルエンヂニアリング株式会社で、研修しました。

　1994年3月に、大豊市対外貿易公司に転職して、対日貿易をやり始め、何度も日本に行って、幕張メッセ（日本コンベンションセンター）で、開催された展示会に参加しました。もちろん、時々政府部門や各企業からの招きに応じて、通訳の仕事を担当していたことがあります。

　独学で日本語を勉強する場合、周りの人々は　皮肉を言ったり、からかったりしたことがあります。通訳になった後で、新洋農業試験ステーションの古参労働者は子供に「読め、読め、読め、本の中には、豚肉の角煮があるよ」と話します。新聞社も「綿畑から出てきた通訳」というニュースを新聞紙のトップニュースとして、宣伝し、2000年に中華人民共和国文化部と中華全国婦人連合会から「優秀読書家庭」という特殊な栄誉が授けられました。

　30年以上の通訳仕事を振り返ってみると、感想は　山ほどありますが、みな様と交流するために この『通訳案内書』を出版することにします。

　もし、通訳仕事のうえで、役に立つことがあれば、幸いでございます。

前　　言

1964年9月,16岁的我从无锡市江南中学毕业后,作为知青下放到位于黄海之滨的新洋农业试验站,成为新农民,干了25年农活。

1979年1月,江苏人民广播电台开办了日语广播讲座,32岁的我靠日语广播讲座开始学习日语。当时,我们夫妻俩承包了60亩棉田,周围没有一个日语教师,晴耕雨读,我完全靠自学成为一名翻译。

1987年1月,我应盐城市电子元件厂的招聘开始干翻译工作。后来在盐城市胶鞋厂、大丰飞轮厂等企业做过翻译工作。

1989年1月,我应聘成为中日合资丰东热处理有限公司的翻译,10月,作为丰东热处理有限公司研修团的翻译去了东京,在东方工程公司进行了研修。

1994年3月,我改行到大丰市对外贸易公司开始做对日贸易,多次去日本,参加了在日本会展中心举办的展览会。当然,我也经常应政府部门、各企业的邀请担任翻译工作。

自学日语的时候,周围的人对我又是挖苦又是嘲笑。成为翻译后,新洋农业试验站的老工人对小孩说:"读,读,读,书中自有红烧肉！"报社也以《从棉田里出来的翻译》作为报纸的头条新闻对我进行宣传,2000年中华人民共和国文化部和中华全国妇女联合会授予我家"优秀读书家庭"之殊荣。

回顾30年以上的翻译工作,感想很多,为了与大家交流,决定出版这本《口译指南》,如果在翻译工作上发挥作用,则甚幸！

目　　次

第一章　通訳とは/话说口译 …………………………………… 001/003
　一、通訳の特性/口译的特性 …………………………………… 001/003
　二、通訳者の条件/译员的条件 ………………………………… 005/006
　三、通訳のレベル/口译的水平 ………………………………… 006/007
　四、通訳の難しさ/口译的难度 ………………………………… 007/008
　五、通訳と実践/口译和实践 …………………………………… 008/009

第二章　通訳の準備/口译的准备 ………………………………… 011/012
　一、勉強の目標/学习的目标 …………………………………… 011/012
　二、真面目な模倣/认真模仿 …………………………………… 013/013
　三、早口のトレーニング/嘴快的训练 ………………………… 014/015
　四、外国語の考え方/外语思维 ………………………………… 015/017
　五、専門用語や慣用文型など/专业术语、惯用型 …………… 018/018
　六、心理の忍耐力と臨機応変/心理耐力和随机应变 ………… 019/020

第三章　前もっての準備と常用語彙/预先准备与常用词汇 …… 021/021
　一、前もっての準備/预先准备 ………………………………… 021/021
　二、常用語彙/常用词汇 ………………………………………… 022/066

第四章　現場の通訳/现场口译 …………………………………… 069/073
　一、メモリーのスピードと長さ/记忆的速度和长度 ………… 069/073
　二、困った場合/感到难以应付时 ……………………………… 077/082

第五章　ビジネス通訳/商务口译 ………………………………… 087/087
　一、従来のビジネス/以前的商务 ……………………………… 087/087
　二、展示会/展览会 ……………………………………………… 088/090

001

  三、ネットビジネス/电子商务 ………………………………………… 092/094
  四、ネットビジネスの書類/电子商务文件 ……………………………… 096/109
  五、個人業務の自叙伝/个人业务自传 …………………………………… 120/124
  六、注意事項/注意事项 …………………………………………………… 127/127

第六章 特殊な通訳/特殊口译 ……………………………………………… 128/129
  一、外来語で通訳/用外来语口译 ………………………………………… 128/129
  二、リモート通訳/远程口译 ……………………………………………… 130/130
  三、ポケット通訳/袖珍本口译 …………………………………………… 131/157
  四、アフレコ/配音 ………………………………………………………… 158/160
  五、大豊のイントロダクション/大丰简介 ……………………………… 161/164

付属文書/附录 …………………………………………………………………… 167/174

為せば成る——『通訳案内書』の原稿を読んだ感想/有志者，事竟成——读《口译指南》
 书稿的感想 …………………………………………………………………… 188/189

後書/后记 ………………………………………………………………………… 191/192

第一章　通訳とは

一、通訳の特性

1. 内容の全体性

　通常、述語や助詞や慣用文型などは日本語の後に出てきますので、言葉が終わらないと、全体の内容はわかりません。通訳者としては必ず訳させる一方の言葉が終わって、その内容を整合してから、訳出語で通訳します。もし、訳させる一方の言葉が終わらないうちに通訳しますと、一方は失礼で、一方は　一部だけを取り上げると、全体の内容は通訳することができません。

2. 意味の真実性

　通訳はリスクが高い職業で、通訳のミスによって、発生したトラブルはたくさんあります。その原因を究明すると、訳出した言葉は本意と違い、真実性がなくなったからです。例えば、20年の前に、日本のお客様は鰻を発注しましたが、中国のある通訳者は日本語の「鰻」(鰻鱺)を中国語の「鳝鱼」(田鰻)に通訳したので、広州の白雲空港から、日本に中国産の田鰻を輸出した後で、クレームが発生されました。もっと怖いのはある通訳者は「SUS(ステンレス)」を中国語の「碳素」に通訳したので、工場から碳素の素材で、生産された部品は輸出できないので、訴訟が起こられました。

　また、日本語の漢字は音読もあるし、訓読もあります。音読の発音が同じでも、その漢字の書き方は全然違う場合があります。例えば、「こう」という発音の漢字は「候」や「鉱」や「工」などのたくさんあり、発音だけを聞くと、その意味は分かりません。なお、「しんくうろ」という発音だけを聞くと、その漢字は「真空炉」か、「新空路」か、分かりません。もし、熱処理に関する場合、「しんくうろ」は「真空炉」に通訳し、空港への道に関する場合、「しんくうろ」は「新空路」に通訳します。

　逆に、日本の皆様は中国語を勉強する場合　発音の「四声」によくご注意になってください。発音が同じでも、そのアクセントの違いによって、意味も違います。

　要するに、意味の真実性を保証するために必ず言葉の環境あるいは発音の前後の繋がりによって、意味を判明してから、通訳します。

3. 言葉遣いの対応性

　言葉は考えの外殻で、各国の生活習慣によって、言葉の言い方も様々になりますので、通訳する場合 言葉遣いの対応性は　とても重要です。特に、専門用語や諺などを通訳する場合、言葉遣いの対応性に注意しなければなりません。例えば、ショットブラスト用のブラスト球の種類は　たくさんあります。その中に、カーボンスチールカットワイヤという製品があり、中国語に対応する言葉は「強化鋼丸」ですが、強化鋼丸という中国語をコンピューターに入力して、日本語に訳させますと、「強化鉄丸」という漢字がでてきました。厳密に言えば、「強化鉄丸」という漢字は　カーボンスチールカットワイヤに対応しません。

　また、中国語に、四字熟語はたくさんあり、日本語に通訳する場合、対応の言葉を使って、正確に通訳しなければなりません。例えば、中国語の「天壤之別」熟語を日本語に通訳する場合、対応の言葉は「月と鼈」や「雲泥の差」などがあり、「天上と土壌の差別」ではありません。

　通訳した内容は対応しないと、冗談になった場合もあります。例えば、1989年10月に、研修生たちが東京のレストランで夕食を食べる際、スタッフが料理を持って来て、「これは ゆとうふです」と話したところ、隣に座っていた方は「这是油豆腐」に通訳したが、わたしは「这是豆腐汤」に通訳します。その料理をテーブルにおいて、見ると、確かに「湯豆腐」ですが、「油豆腐」ではありません。

4. プロセスの複雑性

　人間の頭はコンピューターのように、インプットやアナリシスやメモリーやリピートやアウトプットなどのファンクションがあります。通訳のプロセスも大体コンピューターの演算器に似て、メッセージの取り込みや分析や記憶や繰り返しや訳出などの過程があります。

　各プロセスは　単純に分けてはいられないで、お互いに緊密に結び付けています。実は、通訳者はバイリンガルの応用に対して、とても上手で、通訳する場合、言葉を聞くと同時に、その意味も分かりました。分かると、メモリーも完成しました。前後のプロセスは殆ど同時に行われて、聞いているうちに分かって、分かっているうちに記憶し、繰り返しながら、推し進めていきます。工場の生産プロセスと違い、通訳のプロセスはそれなりの複雑性があります。

5. 通訳の制限性

　言葉は文化の差別によって、表現の方式も明らかな違いがあります。通訳する場合、理解と表現という 二つの過程に分けています。業界のルールによって、記憶の内容を表現しますので、独りでに、その制限性が形成されます。

まずは、話し手から話した言葉を理解して、記憶しておき、それらを一つのステップとして、殆ど同時に完成しなければなりません。表現する場合、通訳者は思いのままにはいかないで、必ず話し手から話した言葉によって、訳させる言葉の意味を忠実に通訳します。

また、同じ単語でも、分野の違いによって、その意味の制限性もあります。同じ意味のバイリンガルと言う言葉でも、発音の長さも違うので、通訳する場合、時間の制限性もあります。

なお、猿も木から落ちるので、方言や新出単語などの制限性によって、言葉の意味は理解しがたい場合もありますので、通訳の制限性に注意しなければなりません。

6. 通訳の創造性

訳出した言葉は　文句の状況によって、創造性が出てくる場合もあります。例えば、「白樺」という単語を例として、中国語に訳した「白桦」は二つの音節だけで、日本語の発音はシラカバで、四つの音節があります。通常、観光地で「これは白樺です」と話しますと、中国語に通訳する場合、「这是白桦」はもう十分なのだが、日本語の歌「北国の春」を中国語に訳した場合、日本語の白樺は中国語の「亭亭白桦」になりました。これはこの歌の楽譜のリズムに対応するために創造性によって、通訳した内容です。このような例は枚挙にいとまがないのです。

第一章　话说口译

一、口译的特性

1. 内容的整体性

通常，谓语、助词、惯用型等，出现在日语句子的后面部分。因此，话语还没结束的话，就不知道整体的内容。作为译员，一定要等你翻译对象的话语结束，将其所说的话整理之后，再用译出语进行口译。如果在翻译对象的话语尚未结束之时进行口译，一方面不礼貌，另一方面如果断章取义的话，就不能口译整体的内容。

2. 意思的真实性

口译是高风险职业，由于口译失误发生纠纷的很多。究其原因，是翻译出来的内容与原来的意思不一样，失去了真实性。例如，20年前，日本客商订购了鳗鱼。但是，中国的某个译员，将日语的"鳗（うなぎ）"，口译成了汉语的黄鳝（田鳗）。因此，（商家）从广州白云机场将中国产的黄鳝出口到日本后，发生了索赔。更可怕的是，某位译员，将

"SUS(不锈钢)",口译成汉语的"碳素"。因此,工厂用碳素材料生产的部件不能出口,引起了诉讼。

再则,日语的汉字,既有音读,也有训读。即使发音相同的词,也有汉字完全不一样的情形。例如,"こう"这个发音的汉字有"候""鉱""工"等。如果只听发音的话,就不知道其意思。还有,如果只听"しんくうろ"这个发音的话,就不知道其汉字是"真空炉"还是"新空路"。有关热处理时,"しんくうろ"口译成真空炉,有关去机场的道路时,"しんくうろ"口译成新空路。

反之,日本朋友们学习汉语时,请好好注意发音的"四声",即使发音相同,声调不同,意思也不一样。

总之,为了保证意思的真实性,一定要根据语言的环境或者发音的前后联系,辨明意思之后,进行口译。

3. 措词的对应性

语言是思维的外壳,根据各国的生活习惯,话的说法也多种多样。因此,口译时,措词的对应性十分重要。特别是口译专业术语、谚语时,必须注意措词的对应性。例如,抛丸机用的抛丸子的种类有许多,其中,有"カーボンスチールカットワイヤ"这一产品,在汉语中对应的词是"强化钢丸",但是,将"强化钢丸"这些汉字输入电脑,使其翻译成日语的话就出现"强化鉄丸"这个词。严格地说,"强化鉄丸"这个词与"カーボンスチールカットワイヤ"不对应。

再则,汉语里有许多成语,口译成语时必须使用对应的话语正确地口译。例如,将汉语的"天壤之别"口译成日语时,对应的话语有"月と鼈""雲泥の差"等,而不是"天上と土壤の差别"。

口译的内容不对应的话,也有成为笑话的时候。例如,1989年10月,研修生们在东京的餐馆吃晚饭时,工作人员端菜上来说,"これは ゆとうふです"。坐在傍边的人就口译成"这是油豆腐",而我口译成"这是豆腐汤"。将那菜看放到桌子上一看,的确是豆腐汤,而不是油豆腐。

4. 程序的复杂性

人的头脑,像计算机那样,有输入、分析、存储、重复、输出等机能。口译的程序,大体上像计算机的运算器,也有获取信息、分析、记忆、反复、译出等的过程。各个程序不能单纯地分开来,而需要相互紧密地联结在一起。实际上,译员对两国语言的应用十分拿手。口译时,听到话语的同时,就知道了其意思。一知道也就完成了记忆。前后的程序几乎是同时进行的,在听的过程中知道意思,在知道意思的过程中进行记忆,边反复,边推进下去。和工厂产品的生产工序不一样,口译的程序有其复杂性。

5. 口译的限制性

由于文化的差别，语言表现的方式也有明显的差异。进行口译时，有理解和表现两个过程。因为要根据行业的规则表现记忆的内容，所以自然而然地形成了限制性。

首先，理解说话人说的话，并同时进行记忆，必须将理解和记忆作为一个步骤同时完成。进行表达时，译员不能随心所欲，一定要根据说话人说的话，忠实于让你翻译的话语的意思，进行口译。

其次，即使是相同的单词，由于领域的不同，也有其意思的限制性。即使是相同意思的两国语言，发音的长短也不一样，口译时，也有时间的限制性。

最后，智者千虑，必有一失。由于方言、新单词等的限制性，也有难以理解话语意思的时候。因此，必须注意口译的限制性。

6. 口译的创造性

译出的话语，根据词句的状况，也有出现创造性的时候。例如，以"白桦"这个词为例，译成汉语后的"白桦"，只有两个音节。日语的发音是"シラカバ"，有四个音节。通常，在旅游胜地说"これは 白桦です"的话，口译成汉语"这是白桦"就足够了，但是，将日语歌《北国之春》译成汉语时，日语的"白桦"，被译成了汉语的"亭亭白桦"。这是为了对应歌曲乐谱的韵律而创造性地进行口译的内容。这样的例子，不胜枚举。

二、通訳者の条件

通訳者の条件として生得の条件と習得の条件に分けられています。その中で、生まれつきの条件はとても重要です。通訳を目指す前に、自分の生まれつきの条件をよく考えなければなりません。

生まれた後の条件は次のように：

まずは、勉強によって、両国語の応用がとても上手で、両方の言葉で、スムーズに通訳ができます。

次は、博学多識で、各業界の知識があり、特に、新登場されたばかりの専門用語や略語やはやりの話題や流行のスタイルなどの言葉を勉強して、よく記憶しておきます。

また、通訳は受け身の仕事で、通訳する場合、聞き取れやよく覚えや早口などの技能を発揮し、受け身を能動に変えることは 極めて重要です。

その他に、健康な体や強い心理素質なども具備しなければなりません。

二、译员的条件

说到译员的条件,可分为先天的条件和后天的条件。其中,先天的条件十分重要。在将口译作为目标之前,必须好好考虑自己的先天条件。

后天的条件如下:

首先,通过学习,熟练掌握两国语言并自由转换。

其次,博学多才,有各个行业的专业知识,特别是学习刚刚新出现的专业术语、略语、热门的话题、流行的款式等词语,很好地记忆。

再次,口译是被动的工作,口译时,要听懂、记牢、嘴快,变被动为主动很重要。

最后,还必须具备健康的身体、强大的心理素质等条件。

三、通訳のレベル

通訳のレベルは 助理通訳(三等級)、通訳(二等級)、副訳審(一等級)、訳審(古参通訳)という四つの等級があります。

実は通訳のレベルを細分しますと、五つの等級に分けられます。つまり、低いレベル、中等レベル、高いレベル、超高レベル、極高レベルの五つ等級に分けられます。

低いレベルとは 通訳の新参者で、社会経験は まだ足らないので、通訳するうちに、時々困った場合もあります。もちろん、職名は ありません。

中等レベルとは 何年間の通訳仕事をやってから、助理通訳の職名を獲得し、社会経験も豊富になり、順調に通訳の仕事を担当することができます。

高いレベルとは 順調に通訳の仕事を担当するほかに、試験によって、コンピューターや第二種類外国語などの合格証書を獲得し、時々国内外の雑誌や新聞などに、訳文を発表したことがあり、通訳の職名も獲得しました。

超高レベルとは 長い期間に通訳の仕事を担当し、再び試験によって、コンピューターや第二種類外国語などの合格証書を獲得し、時々国内外の雑誌や新聞などに、訳文や論文などを発表したことがあり、副訳審の職名が獲得されました。

極高レベルとは 三十年以上の通訳経験があり、重大なプロジェクトや国際会議などの通訳を担当したことがあり、専門書が出版され、古参通訳になり、訳審の職名が獲得されました。

中国語には "姜还是老的辣"という諺があり、対応の日本語は 「亀の甲より年の

功"です。言うまでもなく、通訳の時間によって、長ければ長いほど、レベルも高くなります。

三、口译的水平

　　口译有助理翻译（三级）、翻译（二级）、副译审（一级）、译审（资深翻译）这四个等级。
　　实际上，将口译的水平进行细分的话，可分为五个等级。即可分低水平、中水平、高水平、超高水平、极高水平这五个等级。
　　所谓低水平，是指口译的新手，社会经验尚不足，在口译时常感觉困难。当然，没有职称。
　　所谓中水平，是指做了多年的口译工作后，获得了助理翻译的职称，社会经验也变得丰富，能够顺利地担任口译工作。
　　所谓高水平，是指除了胜任口译工作之外，还通过考试，获得计算机、第二外语等的合格证书，常常在国内外的杂志、报纸等上面刊登译作，获得翻译的职称。
　　所谓超高水平，是指长期从事口译工作，通过考试，获得计算机、第二外语等的合格证书，常常在国内外的杂志、报纸等上面刊登译作、论文等，获得副译审的职称。
　　所谓极高水平，是指有 30 年以上的口译经验，担任过重大项目、国际会议等的口译，出版过专著，成为资深翻译，获得译审的职称。
　　在汉语里，有"姜还是老的辣"这个谚语，对应的日语是"亀の甲より年の功"。不言而喻，口译的时间越长，译员口译的水平也就越高。

四、通訳の難しさ

　　日本語を勉強する場合、いつも「日本語は 難しいですよ！笑って、中に入って、泣いて、出て来ます」という話を聞いたことがあります。言うまでもなく、その通訳の難しさは 想像し難いです。

　　もし、ずっと一つの業界で、通訳を担当していれば、時間の経つにつれて、慣れれば、できるものは 難しくないので、通訳の仕事も楽になります。もし、時々政府部門や各企業からの招きに応じて、いろいろな業界で、通訳を担当すれば、通訳者は 神様ではなく、どんなに勉強しても、全部マスターできるのは 不可能です。例えば、2004 年 12 月 24 日～27 日に、第三回中国、日本、韓国の若者たちのアジア湿地周のお祝い大会が開催される場合　私は　政府部門からの招きに応じて、大会の通訳を担当するうちに、北海道から来られた若者の演説に、クロツラヘラサギ（黑脸琵鹭、Platalea minor）と

いう渡り鳥の名称が出てきました。クロツラヘラサギは　鳥綱、ペリカン目、トキ科、ヘラサギ属に分類される鳥類で、珍しい動物で、その名称は　初耳で、ただ、音訳によって、通訳しました。このように通訳しながら、勉強される状況には　よく出会います。

　また、日本側のポジティブリスト制は　平成17年11月29日に告示され、周知期間として、6ヶ月を経たあとで、2006年(平成18年)5月29日から、施行されたことがあります。ポジティブリスト制が施行された後で、中国から生産されたADネギなどの農産物は日本に輸出する前に、残留農薬の検査する項目は320項に達し、各種の農薬について、英語の名称もあるし、中国語の名称もあるし、日本語の名称もありますので、毎日朝早くから夜遅くまで、一生懸命に勉強しても、全部マスターできるのは　なかなか難しいです。要するに、通訳の難しさは　自分でやらないと、絶対に分かりません。

四、口译的难度

　　学习日语的时候，常听人说"日语难啊！笑着进去，哭着出来"这种话。不言而喻，口译的难度，难以想象。

　　假如一直在一个行业担任口译，随着时间的增加，习惯了的话就不难，因此，口译的工作也就很轻松。假如常常应政府部门、各个企业的邀请，在各种各样的行业担任口译，译员不是神仙，不管怎么学习，也不可能全部掌握。例如，2004年12月24日至27日，第三届中日韩青少年庆祝亚洲湿地周大会召开时，我应政府部门的邀请，担任大会的口译。从北海道来的年轻人在演说中用了クロツラヘラサギ（黑脸琵鹭，Platalea minor）这个候鸟的名称。クロツラヘラサギ，是鸟纲、鹳形目、鹮科、琵鹭亚科的鸟类，是珍稀动物。我第一次听到该名称，只能靠音译进行了口译。像这样一边口译，一边学习的情况，经常遇到。

　　再如，日本的肯定列表制在2005年11月29日发出告示，经过6个月的周知期，从2006年(平成18年)5月29日开始实施。实施肯定列表制后，由中国生产的脱水葱等农产品，在出口日本之前，检查残留农药的项目达320项。各种农药既有英语的名称，又有汉语的名称，还有日语的名称。因此，即使每天从早到晚拼命学习，也很难全部掌握。总之，如果不是自己做的话，绝对不知道口译的难度。

五、通訳と実践

　　通訳のキーポイントはスムーズで正確で完璧で訳出できることです。スムーズな通訳は実践を離れられないので、できるだけ通訳実践のチャンスを探さなければなりま

せん。実践していけば、通訳のレベルもアップします。現場の通訳実践のほかに、次の方法によっても実践することができます。

第一は　通訳の通信教育や養成所やトレーニング学校などの機関の勉強に参加します。先生の指導のもとで、繰り返して通訳を練習していきます。或いは大声で多量のテキストを読んで、日本語の原文を中国語に通訳した後で、学校の先生によって、訳文を原文と突き合わせて、直していただいてから、返送してもらいます。実践によって、通訳の能力をアップします。

第二は　通訳方法（テクニック）や、訳文の評判などの通訳理論を勉強します。通訳理論によって、通訳実践を指導し、通訳の能力をアップします。回り道を避けて、学習の近道を歩むことができます。

第三は　日本語の文法を専攻します。文法は　とても重要で、文法をよく勉強してから、一つの事から類推して、多くのことを知って、半分の労力で倍の効果を得ることができます。

第四は　豊富な知識を獲得するために、日本歴史や地理や人情風俗などの日本概況を勉強しなければなりません。博識な人材になってから、通訳する場合も楽になります。

要するに、通訳の実践をトップ位置において　実践から真を獲得し、実践から実り、実践がなければ、外国語は　下手に違いないので、通訳の実践は　とても重要です。

五、口译和实践

口译的关键是能够流畅、准确、完美地译出。因为流畅的口译，离不开实践，所以必须尽量寻找口译实践的机会。不断实践的话，口译的水平也就能得到提高。除了现场的口译实践之外，也能靠下面的方法进行实践。

第一是参加口译的函授、培训班、培训学校等机构的学习。在老师的指导下，反复练习口译，或者大声朗读大量的课文，将日语的原文翻译成汉语后，由学校的老师将译文对照原文修改后返回。依靠实践，提高翻译的能力。

第二是学习口译方法（技巧）、译文评论等的口译理论。依靠口译理论，指导口译实践，提高口译能力，能够避免走弯路，找到学习的捷径。

第三是专攻日语的语法。语法十分重要，学好语法之后，就能举一反三，取得事半功倍的效果。

第四是为了获得丰富的知识,必须学习日本历史、地理、风土人情等日本概况。成为知识渊博的人才后,进行口译时也就变得轻松了。

总之,要将口译的实践放在首位,从实践中获得真知,从实践出成果,如果没有实践,外语肯定不行。因此,口译的实践十分重要。

第二章　通訳の準備

一、勉強の目標

1. 翻訳と通訳

　通常、翻訳する場合　翻訳の内容を言い出さないで、書面だけで、文字によって　表現され、相対的に要求される精度は　高いですが、ストレスが少ないです。通訳は　翻訳と違います。通訳は　現場の仕事で、ごく短い時間に　頭の回転が物凄い速いです、早く聞き取れ、しっかり覚えられ、直ちに訳出語で通訳しなければならないので、ストレスが極めて大きな仕事です。

　話し手から喋られた内容を訳出語で、聞き手に伝える場合　聞いて、分かって、覚えて、まとめて、訳出などのプロセスがあり、もし、一つのプロセスに、トラブルが発生しますと、順調に通訳することができません。その中に、記憶の能力は　とても重要で、記憶の能力は　トレーニングができ、トレーニングもいろいろな方法がありますが、それでも、忘れっぽい人は　通訳の仕事を担当することができません。

2. 逐次通訳と同時通訳

　通訳と言えば　場合によって　逐次通訳や同時通訳やウイスパリング通訳やビジネス通訳などの方式があります。その中に、よく使われる方式は　逐次通訳と同時通訳です。逐次通訳とは　話し手が話しているうちに、通訳者は　聞き取りながら、記憶していき、キーポイントをノートする場合もあり、話し手の話が完了したところ、通訳者は　訳出語で、その内容を通訳し始めます。通訳が完成された後で、話し手は　話を続けていき、一段ごとに、区切って、逐次に通訳していく方式です。

　逐次通訳は　通訳の中で、最も一般的な方式で、話し手は　通訳者の記憶能力を考えなければなりません。訳させる内容が多ければ多いほど、話し出した言葉の正確さはますます悪くなってしまいます。通常、中小会議やビジネス商談や工場見学や技術交流などは　よく逐次通訳の方式が用いられます。

　同時通訳とは　通訳者が話し手の発言と、ほぼ同時に通訳する方式で、優秀な通訳者は　一人だけで、始めから終わるまで　単独で、一手に引き受けて　通訳することがで

きますが、何名の通訳者で、交代制によって 行う場合もあります。前もって、原稿などの資料が提供された場合もあるし、プロジェクターを使う場合もあります。通常、国際会議や大型のシンポジウムや演説などは 同時通訳の方式が用いられます。

その他、わたしは 各分野で、いろいろな専門用語と知識を使って、展示会のビジネス通訳やレストランのウイスパリング通訳や初公判開廷の法廷通訳などの特殊な通訳を担当したこともありますが、方式の上では 逐次通訳に似たこともあるし、同時通訳に似たこともあります。

第二章　口译的准备

一、学习的目标

1. 笔译和口译

通常，笔译时不说出翻译的内容，只以书面文字表现，精准度要求相对比较高，但译员的精神压力小。口译和笔译不一样。口译是现场工作，在极短的时间内，脑子动得惊人地快，必须很快听懂，牢牢记住，马上用译出语进行口译，因此，口译是精神压力极大的工作。

将说话人说的内容，用译出语传达给听众时，有听懂、记住、归纳、译出等程序。如果一个程序出现麻烦，就不能顺利进行口译。其中，记忆能力十分重要。记忆能力可以训练，训练也有各种各样的方法。虽如此，健忘的人是不能担任口译工作的。

2. 交替传译和同声传译

说到口译，根据情形有交替传译、同声传译、耳语传译、商务口译等方式。其中常用的方式是交替传译和同声传译。交替传译是说话人在说话时译员边听边记忆，也有将要点记笔记的情况。说话人的话结束时，译员就用译出语开始口译其内容，口译完后说话人继续说，译员分成一个个段落依次进行口译。

交替传译是口译中最一般的方式，说话的人必须考虑译员的记忆能力，口译的内容越多，译出来的准确性就越差。通常，中小会议、商务洽谈、工厂参观、技术交流等常用交替传译的方式。

所谓同声传译，是指译员和说话人几乎同时进行的口译方式。优秀的译员，只需要一个人，就能从头至尾进行口译，但也有几个译员换班进行的。有预先提供原稿等资料

的,也有使用投影机的情况。通常,国际会议、大型的专题讨论会、演说等,采用同声传译的方式。

除此之外,我在各个领域,使用各种各样的专业术语和知识,担任过展览会的商务口译、餐厅的耳语口译、一审开庭的法庭口译等特殊的口译。在方式上,既有像交替传译的,也有像同声传译的。

二、真面目な模倣

初めて外国語を勉強する場合、真面目に模倣することは　とても重要です。私はラジオ日本語講座の後について　真面目に清音、濁音、半濁音、拗音、長音、撥音、促音などの読み方を真似る同時に、日本語の単語やテキストなどを朗読して　記憶します。特に、日本語のアクセントに注意して、真面目にまねて　勉強します。例えば、日本語の「中国」を読む場合　「中」の発音が高いが、日本語の「中国語」を読む場合　「中」の発音が低いです。

また、中国語でも、日本語でも、発音の中には　有気音と無気音の違いがあります。例えば、日本語の「午後(ごご)」の発音には　前の「ご」は　有気音で、後の「ご」は　無気音になります。日本語を勉強したばかりのところ、単語の発音は　有気音か、無気音かを判断しがたいですが、ラジオ日本語講座の後について　真面目に発音を真似て、繰り返して　練習しますと、独りでに、有気音と無気音の発音が覚えられました。

二、认真模仿

开始学习外语时认真进行模仿十分重要。跟着日语广播讲座,认真地模仿清音、浊音、半浊音、拗音、长音、拨音、促音等的读法,同时朗读日语的单词、课文等,并进行记忆。特别是要注意日语的语调,认真模仿和学习。例如,读日语的"中国"时,"中"的发音为高音,但读日语的"中国语"时,"中"的发音为低音。

再则,汉语也好,日语也好,发音都有送气音和不送气音的区别。例如,日语的"午後(ごご)"的发音,前面的"ご"是送气音,后面的"ご"为不送气音。刚学日语的时候往往很难判断单词的发音是送气音还是不送气音。但是,跟着日语广播讲座认真模仿发音并反复练习的话,就会自然而然地记住送气音和不送气音的发音。

三、早口のトレーニング

通訳は　口頭の仕事で、とぎれとぎれ、言ってはいけません。早口のトレーニングはとても重要です。なぜ、たくさんの翻訳者は　通訳できないのですか。

これは　まるで、餃子を急須で煮るように、腹の中には　ものがあるにはありますが、口が小さくて　出てこられないからです。

通常、日本語の発音は　中国語より長くて、中国語を日本語に通訳する場合　同じ時間に通訳を完成させますと、早口の方式で通訳しなければなりません。

例えば、中国語の「必須」は　二つの発音だけで、日本語に通訳してから、なければなりませんの発音は　中国語の四倍になりました。

早口のトレーニング方法は　次のように：

1．日本語の教科書をよく読みこなします

私は　日本語を勉強する場合、みな大声で、すらすらと、テキストの内容を朗読して、暗誦できるまで　熟読します。

2．読書のスピードをアップします

早口で聞き取れない現象を防止するために、私は　時々テープレコーダーの早送りボタンを押して、早送りの方法で、読書のスピードをアップします。読みこなした内容を二倍の速さで、聴かせながら、早口で再び読みこなします。読書のスピードは　速ければ速いほど良いので、慣れたらどんなに早口でも、聞き取られると同時に、喋るスピードも独りでに、アップされます。

3．早口言葉で猛練習します

中国語には　「拗口令」という言い方があり、地方によって　「急口令」とも言います。

例えば、中国語には　「四是四，十是十，十四是十四，四十是四十……」（四は四で、十は十で、十四は十四で、四十は四十で……）などの早口のトレーニング言葉があります。

日本語には　「早口言葉」や「早口そそり」と名付けられます。

つまり、同音異義の言葉が繰り返されて、発音しにくい言葉を正しく早口によって言い出します。

例えば、「東京特許許可局局長」（とうきょうとっきょきょかきょくきょくちょう）などの同音異義の言葉が早口の方式で喋られます。

また、ちょっと、ちょうど、ちゃんとなどの単語を覚えるために、それらを次のようなセンテンスにして、

ちょっと、待ってください。（请稍等一下。）

今、ちょうど十時です。（现在正好十点。）

部屋は　ちゃんと片付いています。（房间收拾得整整齐齐。）
こうすれば　発音でも、意味でも、みなしっかり覚えられました。

三、嘴快的训练

　　口译是口头工作，不能结结巴巴地说。嘴快的训练十分重要。为什么许多笔译者不能口译呢？这犹如用茶壶煮饺子一样，肚子里是有货的，由于口小倒不出来。通常，日语的发音比汉语的长，将汉语口译成日语时，要在相同的时间里完成口译的话，就必须用嘴快的方式进行口译。例如，汉语的"必须"只是两个音节，口译成日语后，なければなりません的发音长度为汉语的四倍。嘴快的训练方法如下：

1. 充分读透日语教科书

　　我学习日语时，会大声、流利地朗读课文，经常熟读到能够背诵。

2. 提高读书的速度

　　为了防止因为说得快而听不懂，我经常按磁带录音机的快进键，用快进的方法，提高读书的速度。将已经熟读的内容用双倍的速度，边听边快速地再次读透。读书的速度越快越好，如果习惯了的话，不管说得多快也能听懂。同时，说的速度也自然而然地提高。

3. 用口语绕口令，进行练习

　　汉语里有"绕口令"这个说法，有的地方也叫作"急口令"。例如，汉语里有"四是四，十是十，十四是十四，四十是四十……"等的"说得快"训练语言。日语里称作"早口言葉""早口そそり"，即反复说出同音异意的话，将难发音的话语快速而正确地说出来。

　　例如，将"東京特許許可局局長"（とうきょうとっきょきょかきょくきょくちょう）等同音异意的话语，用"说得快"的方式来说。

　　再则，为了记住ちょっと、ちょうど、ちゃんと等词，就将它们组成如下的句子：

ちょっと、待ってください。（请稍等一下。）

今、ちょうど十時です。（现在正好10点。）

部屋は　ちゃんと片付いています。（房间收拾得整整齐齐。）

这么做的话，发音也好，意思也好，就都牢牢记住了。

四、外国語の考え方

　　外国語を勉強する場合、言葉を勉強する環境は　とても重要です。もし、外国語の学校に入学して　勉強すれば　外国語は　独りでに、上達になりますが、私は　農民で、農村に　日本語を話せる人は　いません。日本人と交流するチャンスも　ありませ

ん。言葉の環境は　根本的に存在しません。唯一の方法は　自分で言葉の環境を作ります。

　　私は　よく知っていますが、先天的な聴覚障害者は　きっと後天的な発話障碍者になりますので、まずは、聞くことを解決しなければなりません。

　　ラジオ日本語講座を聞くために、毎日、私は　昼ご飯の食べる時間を午後一時に延期して、ラジオ日本語講座を聞きながら、昼ご飯を食べます。畑で綿を摘む場合、ラジオ日本語講座の時点になりますと、私は　持ってきた小型トランジスターラジオによって　ラジオ日本語講座を聞きながら、綿を摘んで、アナウンサーの後について　日本語の発音を模倣し、初めの場合、わからないところがありますが、聞いているうちに、意味が分かりました。夜、台所で綿を選別する場合、わたしは　ラジオのダイヤルを北京放送局に合わせて、日本語番組を聞きながら、綿を選別し続けます。毎日、どんなに忙しくても、農事をやりながら、ラジオの日本語番組を聞くと同時に、大声でアナウンサーの発音を模倣します。雨が降ると、私は　テープレコーダーに向かって、慣れた日本語の文章を朗読して、カセットテープに吹き込んだ後で、自分の録音を聞きながら、その意味を理解してみます。何年間のうちに、ずっとラジオの日本語番組を聞いた後で、頭の中に日本語の考え方が独りでに切換えたので、私は　習った助詞の使い分けや文型などを参考して、一つの例文から類推して、多くの文を作り始めてみます。

　　助詞「で」の使い分けを例として　助詞「で」の意味は　文の文脈によって　場所や方法や理由や範囲や状態などの意味があります。例えば：

　　このビルは　上海市で一番高いです。

　　李さんの成績は　クラスで一番よいです。

　　以上の上海市で、クラスで、助詞「で」の意味は　範囲を表示します。

　　助詞「で」の使い分けをマスターしてから、自発的に文が作られます。

　　また、受身文の文型を例として　通常、受身文の文型については　受身者が(は)動作発信者に(から)動詞の受身形れる(られる、される)で、この文型によって　たくさんの文が作られます。例えば：

　　虎は　毒ヘビに嚙み付かれました。

　　鉄棒が磁石に引き付けられました。

　　選手たちは　みんなから励まされた。

　　私は　いつも頭を使って　日本語で黙考し、助詞の使い分けや文型などの規則によって、繰り返して　文を作成し、プログラミングの方法で、外国語の考え方が形成されます。　初めて文を作る場合　その難しさと過程が感じられ、段々と易しくなり、後は　文の作る難しさと過程も感じられなくなり、独りでに日本語で喋られます。

よくラジオの日本語番組を聞いて、いつも日本語でぶつぶつ独り言を言って、頭に外国語の考え方によって　日本語のソフトウェアが形成されたので、外国語の勉強する環境がなくても、外国語の学校に入学しなくても、外国に行かなくても、相変わらず通訳になりました。

四、外语思维

学习外语时的语言环境十分重要。如果上外语学校学习的话，外语自然而然就会有长进。但是，我是一个农民，农村里没有会说日语的人，也没有和日本人交流的机会，根本不存在语言的环境。唯一的方法是靠自己创造语言的环境。我清楚地知道，"先天的聋子，必定是后天的哑巴"，因此，首先必须解决听这件事。

为了收听日语广播讲座，每天，我将吃午饭的时间推迟到下午一点钟，边收听日语广播讲座，边吃午饭。在田里摘棉花时，一到日语广播讲座的时间，我就用带来的小型半导体收音机一边收听日语广播讲座一边摘棉花，跟在播音员的后面，模仿日语的发音。开始的时候有不懂的地方，听着听着就知道了意思。夜里，在厨房拣棉花时，我将收音机调到北京广播电台，一边收听日语节目一边继续拣棉花。下雨的话，我对着磁带录音机，朗读熟悉的日语文章，录制到盒式录音磁带上后，边听自己的录音，边理解其意思。多年来，我一直收听广播里的日语节目，头脑里自然而然地切换成日语的思维。因此，我参考学过的助词的用法、句型等，举一反三，开始大量造句。

以助词"で"的用法为例子，助词"で"的意思，根据句子的文脉，有提示场所、方法、理由、范围、状态等的意思。例如：

このビルは　上海市で一番高いです。（这座大厦是上海市最高的。）

李さんの成績は　クラスで一番よいです。（小李的成绩是全班最好的。）

以上的"上海市で""クラスで"，助词"で"的意思，表示范围。

掌握了助词"で"的用法后，就能主动地造句。

再则，以被动句的句型为例子。通常，被动句的句型是"被动者が（は）＋动作发出者に（から）＋动词的被动形れる（られる、される）"，根据这个句型，能造许多句子。例如：

虎は　毒ヘビに噛み付かれました。（老虎被毒蛇咬了。）

鉄棒が磁石に引き付けられました。（铁杆被磁铁吸住了。）

選手たちは　みんなから励まされた。（运动员们受到了大家的鼓励。）

我经常用日语进行思考，根据助词的用法、句型等规则反复进行造句，用程序设计的方式形成外语的思维。开始造句的时候能够感觉到其难度和过程，但渐渐地变得容易，后来感觉不到造句的难度和过程，自然而然地能用日语说话。

我常听日语广播节目，经常用日语嘟囔着自言自语地说，依靠大脑里的外语思维，形成了日语的"软件"。因此，即使没有学习外语的环境，即使没有上外语学校，即使没有去外国，照旧能成为翻译。

五、専門用語や慣用文型など

もし、日本語の資料を中国語に翻訳したことがなければ、授業の通訳を担当しますと、必ず困ります。例えば、加熱炉の前扉にバタフライという部品がありますが、日本語外来語辞典を引いてみますと、陰部を隠す布や隠蔽物や蝶形などの意味で、実物を見ますと、フックの出入り口のブロック部品で、前扉のブロックとも言います。もし、研修生たちに授業する場合　バタフライを隠す布や蝶形などの意味として、中国語に通訳しますと、言葉の意味は　つじつまが合いませんでした。従って、通訳する前に、各分野の専門用語をマスターしなければなりません。

また、日本語の述語は　言葉の重点で、述語の付加成分が　たくさんありますので、いろいろな慣用文型が形成されます。述語の付加成分を覚えるために、私は　日本語慣用文型や日本語常用短語や日本語述語付加成分や日本語の慣用句と文型（理科用）などの本をよく勉強したことがあります。日本語の述語付加成分は　あまり難しくないですが、量は　たくさんがあり、工夫を工夫に積んで、マスターできます。要するに、専門用語や慣用文型などをよく勉強して　通訳の実践に応用すれば　著しい効果があります。

五、专业术语、惯用型

假如不将日语资料翻译成汉语，担任授课口译肯定很难。例如，加热炉的前门上有"バタフライ"这个部件，但是，查日语外来语词典的话，有遮羞布、隐蔽物、蝶形等意思。一看实物的话，是翻钩出入口的挡块部件，也叫作前门挡块。如果给研修生们授课时，将"バタフライ"按照遮羞布、蝶形等意思口译成汉语，意思就前后不符。因此，口译之前，必须掌握各个领域的专业术语。

再则，日语的谓语是语句的重点。因为有许多谓语的附加成分，所以形成了各种各样的惯用句型。为了记住谓语的附加成分，我经常看日语的惯用句型、日语常用短语、日语中谓语的附加成分、科技日语惯用句型等方面的书来学习。日语中谓语的附加成分不怎

么难,但数量很多,不断下功夫才能掌握。总之,好好学习专业术语、惯用句型等,如果应用到口译实践中,就有明显的效果。

六、心理の忍耐力と臨機応変

　外国語を学ぶには　不断の練習が一番大切で、勉強し続けていきますと、成功の可能性があり、あっという間に一挙にして　出来上げることは　できません。

　また、通訳は　ストレスが大きな仕事で、通訳する場合、どんな困難にぶつかっても、怖がらないで、ストレスに耐えられて、落ち着いて　応対しなければなりません。例えば、話し手から「来週月曜日、鷲見社長をはじめとする一行三人は　MU515航空便で、12時に東京から出発し、午後二時半に、浦東空港に到着する予定で、朱さんは　空港まで出迎えに行ってください。」と言われて、通訳させられる場合、「鷲見」社長の「鷲見」は　初耳で、どのような漢字ですか、困ったね。

　もし、大あわてで、汗が出られて、あがり症になりますと、通訳は順調に進んでいくことができません。

　もし、「来週月曜日、社長、三人、MU515航空便、午後二時半に浦東空港に到着、出迎え」このようなキーポイント内容を掴んで通訳しますと、簡単です。

　なお、言葉は　ロジカルシンキングによって　考えられてから、言い出したもので、通訳者は　言葉前後の辻褄によって、身につけた知識を活用することができます。例えば、以上の鷲見社長の「鷲見」は　初耳でも、日本語の発音によって、わしみを音訳してもよいし、社長だけを通訳してから、聞いてもよいです。

　要するに、通訳する場合　心理の忍耐力と臨機応変は　とても重要です。たとえ、さまざまな混乱の場所で、通訳を担当する場合　聞き取れなくても構いません。言葉の環境などによって、論理的に推理して、通訳し続けることもできます。

　通訳者の忍耐力をアップするために、次の面に注意しなければなりません。

　まずは、大勢の人の前で話をする度胸があります。

　次は、長い間に専らに注意力を集中することができます。

　もちろん、体は健康し、反応が素早いし、頭の回転が物凄い速いし、外国語は　とても上手の外に、外来語や専門用語などの知識も必要です。また、自分と話し手のミスを速やかに修正することができます。中国語には　不変で、万変に応ずるという諺があります。つまり、頭が良い人はいつまでも、方法は　困難より多いです。

六、心理耐力和随机应变

学习外语最重要的是经常练习,坚持练习就有成功的可能,不可一蹴而就。

再则,口译是精神压力很大的工作。口译时,不管碰到什么样的困难都不要害怕,必须顶住精神压力沉着应对。例如,说话的人说:"来週月曜日、鷲見社長をはじめとする一行三人は MU515 航空便で、12 時に東京から出発し、午後二時半に、浦東空港に到着する予定で、朱さんは空港まで出迎えに行ってください。"让你口译时,"鷲見"社长的"鷲見"是第一次听到,是什么样的汉字呢? 难住了吧?

如果慌慌张张、汗水直冒而怯场的话,口译就不能顺利地进行下去。

如果抓住"来週月曜日、社長、三人、MU515 航空便、午後二時半に浦東空港に到着、出迎え"这些关键内容,再进行口译,就会很简单。

还有,因为话语是逻辑思考后说出来的,所以译员能够根据话语前后的条理活用掌握的知识。例如,以上的"鷲見社長"中的"鷲見",即使是第一次听到,也可以根据日语的发音音译成"わしみ",也可以译出"社长"之后再问。

总之,口译时抗压能力和随机应变十分重要。在各种各样混乱的场所担任口译时,即使听不清也没关系。根据语言环境进行逻辑推理也能继续口译。

为了提高抗压能力,译员必须注意以下方面。

首先,在众人面前要有说话的胆量。

其次,在长时间内,能够集中注意力。

当然,除了要身体健康、反应迅速、头脑极其灵活、外语流利之外,还要有外来语、专业术语等知识。最后,要能够很快地修正自己和说话人的失误。汉语里有"以不变应万变"这一谚语,即聪明人总是方法比困难多。

第三章　前もっての準備と常用語彙

一、前もっての準備

　通訳の仕事は　いざという時になって　仏の足にすがりついてはいられないで、前もって、各業界の常用語彙を準備しなければなりません。各業界の常用語彙は　通訳に対して、とても重要で、常用語彙が分からないと、通訳は　できません。

　常用語彙と言えば　多くて、全部マスターできるのは　不可能ですが、通訳者としては　少なくとも、通訳の前に各業界に対応して、常用語彙を速記して、通訳の準備をします。ここでは、着物などの準備を贅言しないで、ただ実践によく使われた語彙を道具、テキスタイル、食品、工業、農業、社交、ビジネス、旅行、環境保護およびその他に分けて　部分的に薦めます。

第三章　预先准备与常用词汇

一、预先准备

　　口译工作不能临时抱佛脚，必须预先准备各个行业的常用词汇。各个行业的常用词汇，对口译十分重要。不知道常用词汇的话，就不能口译。

　　常用词汇有很多，因此不可能全部掌握。但是，作为译员，至少要在口译之前针对各个行业的常用词汇进行速记，做好口译前的准备。在此，不赘述衣着等的准备，仅仅将实践中常用的词汇分为工具、纺织品、食品、工业、农业、社交、商务、旅行、环境保护以及其他，作部分推荐。

二、常用語彙

1. 道具

　　日本から先進的な設備を輸入してから、組立でも、メンテナンスでも、みな道具が必要で、道具立がうまく行かないと、仕事は順調に進んでいることができません。もし、組立の現場で、正しく道具の名称を通訳することができなければ、組立の進度に影響を及ぼすに違いありません。

　　道具の名称は　マイクロから大型力車まで、枚挙にいとまがないので、2009年11月に、大豊市森威精鍛有限公司で、日本栗本プレス株式会社から生産されたC2F-20GWLのプレス機を組み立てる場合、使った道具の名称は　次のように。

アイボルト／吊环螺栓
アキュムレータ／储蓄器、蓄电池
油砥石（あぶらといし）／油石
インサイドマイクロ／塞规
インジェロック／尼龙扎带
ウエス／抹布、纱头
円筒（えんとう）スコヤ／圆柱环规
オイルジャッキ／油压千斤顶
ガス切断機（せつだんき）／气割机
片口（かたくち）スパナー／单口扳手
カットグラインダー／砂轮切割机
過（か）マンガン酸（さん）カリウム／高锰酸钾
カム／凸轮、模动盘
ガム／橡胶、树胶
ガムテープ／胶带
キー抜（ぬ）き／拔具
錐（きり）／锥子
組立足場（くみたてあしば）／脚手架
グラインダー／砂轮、研磨机
グリス／黄油
クレーン／起重机、吊车
ゲージ／规、计、表、压力计、拉力计
コーナーレンチ／角钳、管子扳钳
工事看板（こうじかんばん）／工地招牌
高速（こうそく）カッター／砂轮切割机
コンクリートアンカードリル／水泥地脚电钻
コンパス／圆规
下げ振り（さげふり）／铅锤、中心吊
差金（さしがね）／勾尺
サンドペーパー／砂纸
ジグ／轴座
ジグソー／锯曲线机、竖线锯
ジャーナルジャッキ／轴颈千斤顶
ジャッキ／千斤顶
シャックル／钩环
主軸受用（しゅじくうけよう）ジグ／主轴座
消火器（しょうかき）／灭火器
定盤（じょうばん）／平台、平板
水準器（すいじゅんき）／水平仪
隙間（すきま）ゲージ／塞尺
スコヤ／直角尺
ストレートエッジ／直尺规
スナップリングペンチ／卡簧钳

第三章　前もっての準備と常用語彙

スパナー/螺丝钳、扳手
スプレーガン/喷枪
すり石(いし)/油石
寸切り(ずんぎり)ボルト/吊杆螺栓
ソケットレンチ/套筒扳手
ダイヘッドチェーザー/开合板牙头
ダイヤルゲージ/百分表
ダイロッド/系杆、立柱
鏨(たがね)/鏨刀、钢钎、钢凿
打撃(だげき)スパナー/打击扳手
タッピングマシーン/攻丝机
タップ/螺丝攻
タップハンドル/螺丝攻扳手
垂れ幕(たれまく)/警告条幅
チェーン/链条
チエーントン/管子链
チエーンブロック/手拉葫芦
塵取り(ちりとり)/垃圾撮子、土簸箕
チョークライン/墨斗
通線用(つうせんよう)スチールワイヤ/穿线钢丝
吊り金具(つりかなぐ)/吊环
ディスクグラインダー/砂轮片打磨机
手書き針(てがきばり)/画针
テスター/万用表
電気削岩機(でんきさくがんき)/电镐
電気(でんき)ドリル/手电钻
電源用(でんげんよう)コード/电源线（轻便）
電工(でんこう)ドラムコードリール/电源延长线(电工用,便携式)
投光器(とうこうき)/探照灯
ドライバー/起子、螺丝刀
ドラムリール/电源延长线(大圆盘滚动收放)
トランス/变压器
ドリフト/冲头、打孔器
トルクレンチ/扭力扳手
ニッパー/剪钳
ねじ切り(きり)/套丝机
ノギス/游标卡尺
バーナー/喷灯
バール/铁杆、撬棍
パイプカッター/切管机
パイプベンダー/弯管机
パイプレンチ/管钳
ハンマー/榔头
ハンマードリル/冲击钻
ビニール袋(ふくろ)/塑料袋
プーリー抜き(ぬき)/拉码器
フォークリフト/叉式升降机、铲车
フライス/铣刀、铰刀
プラスドライバー/十字起子
プロパン/丙烷、煤气
プロパントーチ/喷火器
ペンチ/钢丝钳
ホース/软管、气管
ホールソー/打孔器
箒(ほうき)/扫帚
棒(ぼう)スパナー/套筒六角扳手
ホッチキス/订书机
マイクロメーター/千分尺
マイナスドライバー/平口起子
巻き尺(まきじゃく)/卷尺
マグネットドリル/磁力钻
マグネットベース/磁性座

口译指南

万力(まんりき)/老虎钳	予備球(よびきゅう)/预备灯泡
メーター/仪表、压力表	ラジオペンチ/尖嘴钳
メガー/高阻表	力車(りっか)/吊车
メガネスパナー/梅花扳手	レバージャッキ/杠杆千斤顶
メジャー/量器、尺	レバーブロック/手扳葫芦
モリブデン潤滑剤(じゅんかつざい)/钼润滑剂	レベルゲージ/水准仪
モンキースパナー/活扳手	ロータリーグラインダー/转头打磨机
モンキーレンチ/活扳手	ロングナット/长螺母
鑢(やすり)/锉刀	ワイヤカッター/钢丝钳、铁丝剪
ヤスリ紙(がみ)/砂纸	ワイヤーストリッパ/剥线钳
油圧(ゆあつ)ジャッキ/油压千斤顶	ワイヤーロープ/钢丝缆绳
溶接機(ようせつき)/电焊机	Yレベル/三角架水平仪

2. テキスタイル

1987年9月から わたしは 塩城市ゴム靴工場や塩城市虹宇時装有限公司や大豊市淮南紡績工場や亜豊ニット工場や華美カーベット工場や東台市シルク緞通工場などの企業からの招きに応じて 紡績業界で通訳を担当します。東京や大阪や広州や上海などの国際展示場に行って、インテリアファブリックスショー JAPANTEXやDOMOTEX asia/CHINAFLOORなどの展示会に参加したことがあります。

展示会のブースや紡績工場や服装工場などの現場で、通訳する場合 使われた常用語彙は 次のように。

アームホール(AH)/袖笼	綾織物(あやおりもの)/斜纹布(缎)
合い印(あいじるし)/骑缝印、刀眼、核对印记	アンティーク/仿古织物、古董
	イージーパンツ/方便裤
アイレット/汽眼、纽孔	イッテコイ/袖开口包缝
アクセサリー/アタッチメント/ふぞくひん/附件、小配件	糸切れ(いときれ)/断线
	糸始末不良(いとしまつふりょう)/纱头处理不良
アクリル/腈纶	
アジャスタブル/可调整的、可调节的	糸調子(いとちょうし)/线张力
アテンションタグ/注意标签	糸(いと)ふし/纱节
アップリケ/贴花、镶饰	イミテーション/仿造、人造
穴(あな)かがり/锁纽孔	イミテーションファー/人造毛皮
アパレル/衣服、装束	イミテーションレザー/人造革

色(いろ)ぶれ/色差
インターロックミシン/拷边机、锁缝机
インテリア/室内、室内装饰、室内装饰日用品
インナー/内部的
ウエザー/防雨、晴雨两用
ウエザーオールコート/晴雨两用风衣
ウエスト/腰围
ウオッシュー/洗涤
打ち込み本数(うちこみほんすう)/经纬密度
エステル/酯
エプロン/围裙
衿(えり)/领子
衿の開き(えりのあき)/领尖开口
衿幅(えりはば)/领宽
エルボーパッチ/胳臂肘补片、肘补钉、肘垫布
オーバーロック/包缝
オール/全部
オサ/杼、筘
オス/公、五金件的螺栓侧
オリジナル/原型、原作
折伏せ縫い(おりふせぬい)/折边叠缝、外包缝
カービング/剪花、雕刻
カーペット/地毯
ガーメント/衣服、戏服
カウス/袖口
カウボーイズボン/牛仔裤
カジュアル/便服
絣糸(かすりいと)/节染纱
型入れ(かたいれ)/放样、排料
型染(かたぞめ)/印染
肩(かた)パッド/垫肩
肩紐(かたひも)/肩带
カット＆ソー(ソーイング)/裁剪和缝纫
カバーオール/有袖套裤
カフス/袖口
カラーマッチ/配色
カンヌキ/套结
着丈(きたけ)/衣服长度、身长
きつい/紧
キッズ/小孩
生機(きばた)/坯布
キャミソール/绣花内衣、妇女贴身内衣
キャンバス/帆布
キルティング/打褶、绗缝
切れ込み(きれこみ)/切口
ギンガムチェック/彩色格子布
クォーター/四分之一
首回り(くびまわり)/颈围
グラフチェック/细格纹组织
グラミット/金属孔眼、金属扣环
クリップ/夹子、回形针
グレーディング/分等、分级、裁剪样板的放大缩小
グログランテープ/罗纹织带、罗缎丝带、菱形布带
ゲージ/针距、针织密度
剣(けん)ボロ/袖叉
コールテン/灯芯绒、条绒
ココナッツボタン/椰子纽扣
コットン/棉
コバステッチ/边缘明线
ゴムバンド/橡皮圈

コメント/说明、注释
コンシール/隐蔽
サーベイ/检查、检验
サイドマーク/侧唛
サイドプリーツ/傍褶、侧面部分折叠之总称
先染め(さきぞめ)/先染色(色织布)
下げ札(さげふだ)/吊牌
サテン/缎子
サポーター/支撑带
残業(ざんぎょう)/加班
残業手当(ざんぎょうてあて)/加班费
サンドウォッシュ/砂洗
ジーンズパンツ/牛仔裤
仕上げ(しあげ)/后道整理
シェットランド/雪特兰呢、苏格兰呢
ジッパー/拉链
縞(しま)/条纹
地縫い(じぬい)/平缝
シャーリング/抽褶、多层收皱
ジャカード/提花
シャツ/衬衫
シャットル/梭、梭子
ジャバジン/华达呢
シャンブレー/青年布
ショーツ/短裤
ショート/短的
ショートスカート/短裙
仕様書き(しようがき)/工序说明书、设计书、规格明细单
ショルダー/肩部
寝具(しんぐ)/床上用品
シルク/丝、蚕丝

シングル/单一
芯地(しんじ)/衬布
身長(しんちょう)/衣长
スーツ/套装
スエード/绒面革、仿麂皮
スクエア/正方形
スクリーンプリント/筛网印花
裾(すそ)/下摆、底襟
スタイル/款式
スタジャン/运动夹克衫
スタッズ/装饰铆钉、拷纽
スタッド/大头钉、饰钉、装饰纽扣
スタンド/立领、试衣人体模型
ステッカー/涂胶标签
ストライプ/条纹、竖条纹
ストラップ/吊带
ストリング/线、细绳、带子
ストレッチサテン/弹力贡缎
スナップ/按扣
スパニッシュコート/西班牙式外套
スピンドル/棉绳、纺锤
スペック/スペシフィケーション/设计书、说明书
スポンジ/海绵
スモック/工作服、罩衫、褶饰
スライダー/拉头
スラックス/便裤
スラブ/竹节纱
スリット/开叉
スワッチ/小块样布
セーター/毛衣、运动衫
接着剤(せっちゃくざい)/黏合剂、胶水
接着芯(せっちゃくしん)/黏合衬

第三章　前もっての準備と常用語彙

セロテープ/透明胶带
洗濯(せんたく)ネーム/洗标
総裏(そううら)/全夹里
袖付け(そでつけ)/接袖、缝合衣袖
ソフトに仕上(しあげ)/柔软整烫
染(そ)めロット/起染量
ソリッドカラー/单色、素色
ソリッドサイズ/单码、独码
ダーツ/省(按体型需要在衣片上缝去的部分)
ダーツ止まり(とまり)/省缝止点
台衿(たいえり)/下领、座领
台紙(だいし)/硬垫纸
タック/缝褶
ダック/粗布
タックつまみ/褶头
ダッフル/粗厚起绒呢料
経編(たてあみ)/经编
タフタ/塔夫绸
タフテッド/簇绒地毯
タフト/花色毛纱
ダブルフェース/双面织物
玉縁(たまぶち)/镶边、滚边
ダンガリー/粗蓝布
緞通(だんつう)/地毯
チェスト/胸围
チェック/格纹
力布(ちからぬの)/加固衬布
チャコ(チョーク)/粉笔
ツイード/粗呢
ツイル/珠罗纱
継ぎ目(つぎめ)/接缝
包み布(つつみぬの)/包布

包む(つつむ)/包、裹
艶消し(つやけし)/消光、磨光
テーラー/裁缝
テーラード/男式女服、女便服
ティシュ/薄纸
ディテール/明细、零细部分
テキスタイル/纺织品
デザイン/款式、服式
手触り(てざわり)/手感
デメリット/缺点、过失、短处
デリバリー/交货、传送、投递
天幅(てんはば)/横领宽
胴回り(どうまわり)/腰围
綴じ(とじ)/衲、订
ドット/圆点
ドットボタン/拷钮
ドビー/多臂提花织物
ドライクリーニング/干洗
トルク/转矩
トレーナー/运动衫
ドレス/女西装
ドローコード/松紧带、扣绳
ドンキーコート/驴子外套
ナイロン/耐纶、尼龙
ニッター/编织机、针织机
ニット/编织、编织物
ニットウェア/针织品
ニューモデル/新型、新式样
縫い合わせる(ぬいあわせる)/缝合
縫い代(ぬいしろ)/缝边
ネーム/标牌
ネオバボタン/光版公子扣
ネップ/棉结、毛粒

 口译指南

値札(ねふだ)/价格吊牌
根巻き(ねまき)/钉好纽扣后绕线结
眠り穴(ねむりあな)/平纽孔
糊抜き(のりぬき)/把新布下水摆掉浆糊
バータック/倒回针加固缝
ハーフ/一半
バイオウォッシュ/酵素洗
パイピング/滚边
バイアスカット/斜裁
パイル/绒毛、毛高
バインダー/缝纫机锁边器、滚边
パジャマ/睡衣
バスト/胸
バスローブ/浴衣、睡衣
パターン/样板、模型
肌触り(はだざわり)/触及肌肤时的感觉、手感
パッカリング/起皱、水洗效果
バックル/带扣
パッチポケット/明袋、贴袋
パッチワーク/缝缀品、乞丐装
パンツ/短裤
ハンドキャリー/携带
ハンドステッチ/手工缝制
ピーコート/水兵短外衣
ビーズ編み(あみ)/串珠编织物
ピグメント/颜料
ビスコース/黏胶纤维
ビスロンファスナー/树脂拉链
ビッグサイズ/大号
ピッグスキン/猪皮
ヒップ/臀围
ビニール/乙烯树脂

鋲(びょう)/图钉
ピル/棉法兰呢
ビロード/天鹅绒
ピンキング/锯齿切裁、衣边剪花、齿边布样剪刀
フード/兜帽、罩子
ファスナー/拉链
ファスナー虫隠し(むしかくし)/拉链隐齿
ファスナー虫見せ(むしみせ)/拉链露齿
ファッション/时兴、时新式样
ファブリック/织物、布
フェザー/羽毛
フェルト/毛毡
フォールディング/折叠的
不織布(ふおりぬの)/无纺布
伏せ縫い(ふせぬい)/包缝、暗缝
縁取り(ふちどり)/镶边、边饰
ブラウス/女衬衫
フラップ/袋盖
フラワープリント/印花
ブランケット/毛毯
ブランド/商标
フランネル/法兰绒
フリーズ/起毛粗呢
ブリーチ/漂白、漂白剂
プリーツ/裥、搭裥
フリル/褶边、荷叶边
フリンジ/缘饰、穗、流苏、须子
プリント/印花
プルオーバー/套头上衣
ブルゾン/宽松夹克衫
フレームラミネート/火焰复合

第三章　前もっての準備と常用語彙

プレーン/朴素的
プレス/压、熨
ブロード/细平布
フロント/前身
ベースボール/棒球(衫)
ペイズリー/佩斯利花呢
ベスト/背心
別珍(べっちん)/棉绒、平绒
ヘム/褶边
ヘリンボーンベルト/人字带
ベルクロテープ/魔术贴
ペルシア/波斯
ベルベット/天鹅绒
ヘンプ/麻
ボーダー/饰边、滚边、横条纹
ボア/羊羔绒、妇女用的毛皮(羽毛)围巾
ボタン/纽扣
ボタン付け(つけ)/钉纽扣
ボティー/衣身
ポプリン/府绸
ポリウレタン/氨纶
ポリエステル/涤纶
ポリ袋(ふくろ)/胶袋
ボンディング/黏结、复合
本番生地(ほんばんきじ)/大货面料
本縫い(ほんぬい)ミシン/平缝机
前下がり(まえさがり)/前领深
前立て(まえたて)/门襟
巻き縫い(まきぬい)/包边缝
マジックテープ/魔术贴
マドラスチェック/马德拉斯格子布
見返し(みかえし)/贴边、翻边
三つ巻具(みっつまきぐ)/折边缝纫工具

ミリタリー/军队的、军装
ミンク/水貂、水貂皮
無地(むじ)/素色、不带花纹
無地の生地(むじのきじ)/素色布
メス/母、五金件的螺母侧
目付け(めつけ)/单位面积的重量
メッシュ/网眼布
目(め)とび/跳针
メリット/优点
メリヤス/针织品
メンズウェア/男装
モールスキン/鼹鼠皮布
モケット/绒头织物
モダン/现代的、时髦的
紋章(もんしょう)/饰章
裄丈(ゆきたけ)/袖长
ヨーク/过肩、裙腰
横編(よこあみ)/纬编
撚糸(よりいと)/捻线
ラウンド/圆形
ラグ/围毯
ラグランスリーブ/斜肩袖
ラサール/拉舍尔毛毯
ラテックス/胶乳、乳液、橡浆
ラビット/兔毛
ラベル/标签、贴纸
ラミー/苎麻
リカバリー/重新获得、恢复
リバーシブル/双面衣服、表里两用的、可反穿的衣服
リベット/铆钉
リポート/报告、报告书
ループ/扣环、纽襻

ルーレット/点线轮盘
レース/花边、束带
レースアップ/结带子
レーヨン/人造丝
レギュラー/正规、标准、正式
レディス/女装、女性用
レポート/报告、报告书
ロックスピン/吊针
ロックミシン/锁缝机
ロング/长的
渡り(わたり)/横裆
ワッペン/徽章
ワンピース/连衣裙
カラー/色、色彩：
アイボリー/象牙色
イエロー/黄色
インジゴ/インディゴ/靛蓝
エンジ/胭脂红
オリーブ/橄榄绿
オレンジ/橙色
キャメル/驼色
クリーム/乳白色
グリーン/绿色
グレー/灰色、鼠灰色
コーヒー/咖啡色
ゴールド/金色
サックス/浅灰蓝色
シルバー/银色
ダークグレー/深灰色
ターコイズ/青绿色
チャーコール/炭色
ネイビー/藏青
パープル/紫色
パール/珍珠色
バイオレット/紫罗兰色
ピンク/粉红色
ブラウン/棕色
ブラック/黑色
ブルー/蓝色
ベージュ/米色
ホワイト/白色
ミント/薄荷色
モカ/深咖啡色
ライトグレー/淡灰色
ラベンダー/淡紫色
レッド/红色
レモン/柠檬色
レンガ/红茶色
ローズ/玫瑰红色
ワイン/葡萄酒红色

3. 食品

1994年3月に、私は　中日合資豊東熱処理有限公司から大豊市対外貿易公司に転職して　対日貿易をやり始め、主に、日本に輸出したものは　塩城地区から釣り餌になる沙蚕や水母やホースラディッシュなどの商品です。

食品といえば　品種でも山ほどありますが、通常、貿易と接待に使われた常用語彙は次のように。

アイスクリーム/冰淇淋
アイスコーヒー/冰镇咖啡
小豆(あずき)/小豆、赤豆
アミノ酸(さん)/氨基酸

餡(あん)/馅
遺伝子組み換え(いでんしくみかえ)/转基因
遺伝子組み換えでない食品(いでんしくみかえでないしょくひん)/非转基因食品
インスタント/立即的、即时的、快速的、方便的
インスタントコーヒー/速溶咖啡
インスタント食品(しょくひん)/快速食品
インスタントラーメン/方便面、快餐面
ウーロン茶(ちゃ)/乌龙茶
薄味(うすあじ)/味淡
塩蔵(えんぞう)/盐腌保存
オレンジジュース/橙汁
ガーリックフレーク/蒜片
過酸化(かさんか)ベンゾイル/过氧化苯酰
釜(かま)/锅
辛目(からめ)/味重
カロチン/胡萝卜素
缶詰め(かんづめ)/罐头
キムチ/朝鲜泡菜、辣白菜
キャラメル/焦糖、牛奶糖
ギンナン/银杏
クエン酸(さん)/柠檬酸
葛切り(くずきり)/葛粉条
葛粉(くずこ)/葛粉
胡桃(くるみ)胡桃、核桃
燻蒸処理(くんじょうしょり)/熏蒸处理
ケーシング/肠衣
コーヒー/咖啡
コーラ/可口可乐
酵素(こうそ)/酶
紅茶(こうちゃ)/红茶
コカコラ/可口可乐
コンスターチ/玉米淀粉
蒟蒻(こんにゃく)/蒟蒻、魔芋
サイクラミン酸(さん)/甜蜜素
サイダー/汽水
白湯(さゆ)/白开水
次亜塩素酸(じあえんそさん)ナトリウム/次氯酸钠
塩漬け(しおづけ)/盐腌
ジュース/汁液、果汁
シロップ/果汁、果子露
ジンジャー/姜
スパイス/调料
スパゲッティ/细面条(意大利面条的一个品名)
芹(せり)/水芹
ソーセージ/香肠、腊肠
ソーダー/苏打
ソルビトール/山梨糖醇
ターメリック/姜黄
大腸菌群(だいちょうきんぐん)/大肠菌群
脱脂(だっし)ミルク/脱脂牛奶
チーズ/干酪
粽(ちまき)/粽子
チョコレート/巧克力
電子(でんし)レンジ/微波炉
澱粉(でんぷん)/淀粉
ドライアイス/干冰
トレーサビリティ/可追溯性管理、跟踪

 口译指南

　　能力
生菌数(なまきんすう)/细菌总数
生臭い(なまぐさい)/腥、血腥味、膻味
二酸化硫黄(にさんかいおう)/二氧化硫
パウダー/粉末
ハセップ(HACCP)/危害分析的关键控
　　制点
バター/黄油、白脱油
蜂蜜(はちみつ)/蜂蜜
薄荷(はっか)/薄荷
発酵(はっこう)パウダー/发酵粉
パプリカ/红辣椒
春雨(はるさめ)/粉丝
ビスケット/饼干
ビタミン/维生素
フルーツ/水果、鲜果
ホースラディッシュ/辣根
マーガリン/人造奶油、人造黄油
マスタード/芥、芥末
ミネラルウォーター/矿泉水
八百屋(やおや)/蔬菜商店
焼き餃子(やきぎょうざ)/煎饺、锅贴
焼き蕎麦(やきそば)/炒面
湯冷まし(ゆざまし)/凉开水
ヨーグルト/酸奶
緑茶(りょくちゃ)/绿茶
レトルト食品(しょくひん)/软罐头食品
　　山葵(わさび)/山葵

油(あぶら)/油：
オリーブ油(あぶら)/橄榄油
牡蠣油(かきあぶら)/蚝油
胡麻油(ごまあぶら)/香油、麻油
サラダオイル/色拉油
大豆油(だいずあぶら)/豆油
菜種油(なたねあぶら)/菜籽油
綿実油(めんじつゆ)/棉籽油
椰子油(やしあぶら)/椰子油
落花生油(らっかせいあぶら)/花生油

野菜(やさい)/蔬菜：
南瓜(かぼちゃ)/南瓜
キャベツ/卷心菜
胡瓜(きゅうり)/黄瓜
慈姑(くわい)/慈姑
里芋(さといも)/芋头
薩摩芋(さつまいも)/甘薯、山芋、地瓜
ジャガ芋(いも)/土豆、马铃薯
生姜(しょうが)/生姜
薇(ぜんまい)/薇菜
大根(だいこん)/萝卜
玉葱(たまねぎ)/洋葱
ちょろぎ/草石蚕、甘螺儿、宝塔菜
トマト/番茄、西红柿
茄子(なす)/茄子
薺(なずな)/荠菜
韭(にら)/韭菜
大蒜(にんにく)/大蒜
葱(ねぎ)/葱
白菜(はくさい)/白菜
ホウレンソウ/菠菜
真菰(まこも)/菰、茭白
萌(も)やし/豆芽、豆芽菜
レタス/莴苣、生菜
ワラビ/蕨菜

おかず/菜：
鮑の煮込み(あわびのにこみ)/红烧鲍鱼
蝦炒め(えびいため)/炒虾

牛肉の醤油煮込み(ぎゅうにくのしょうゆにこみ)/红烧牛肉
刺身(さしみ)/生鱼片
さっぱりした味の料理(さっぱりしたあじのりょうり)/清淡的菜
天麩羅(てんぷら)/油炸虾
鶏肉と唐辛子の炒め(とりにくととうがらしのいため)/辣子鸡
鶏肉と落花生の炒め(とりにくとらっかせいのいため)/宫保鸡丁
鶏肉の栗煮(とりにくのくりに)/栗子鸡
鳥の土鍋煮(とりのどなべに)/砂锅鸡
肉団子の煮込み(にくだんごのにこみ)/红烧肉丸子、狮头肉
羊の串焼き(ひつじのくしやき)/羊肉串
豚肉の醤油炊き(ぶたにくのしょうゆだき)/红烧肉
豚肉の生姜焼き(ぶたにくのしょうがやき)/(日式)姜汁烧猪肉
麻婆豆腐(まーぼとうふ)/麻婆豆腐
味噌汁(みそしる)/酱汤
野菜炒め(やさいいため)/炒青菜
羊肉(ようにく)シャブシャブ/涮羊肉

果物(くだもの)/水果：
苺(いちご)/草莓
無花果(いちじく)/无花果
オレンジ/橘子
柿(かき)/柿子
柘榴(ざくろ)/石榴
葡萄(ぶどう)/葡萄
蜜柑(みかん)/柑橘
桃(もも)/桃子
林檎(りんご)/苹果
檸檬(れもん)/柠檬

酒(さけ)/酒：
甘酒(あまざけ)/糯米酒
ウイスキー/威士忌酒
ウオトカ/伏特加酒
カクテル/鸡尾酒
果実酒(かじつしゅ)/果子酒
紹興酒(しょうこうしゅ)/绍兴酒
シャンペン/香槟酒
清酒(せいしゅ)/日本酒
ビール/啤酒
ブランデー/白兰地酒
マオタイ酒(しゅ)/茅台酒
薬用酒(やくようしゅ)/药酒
洋酒(ようしゅ)/洋酒
ワイン/葡萄酒

主食(しゅしょく)/主食：
饂飩(うどん)/面条、乌冬面
お粥(かゆ)/粥
餃子(ぎょうざ)/饺子
ご飯(はん)/米饭
焼売(しゅーまい)/烧麦
寿司(すし)/寿司、(日式)饭卷
蕎麦(そば)/荞麦面
丼(どんぶり)/大碗盖浇饭
肉饅頭(にくまんじゅう)/肉包子
花巻(はなまき)/花卷
豚肉饂飩(ぶたにくうどん)/肉丝汤面
饅頭(まんじゅう)/包子
マントー/(中国式)馒头
焼き餃子(やきぎょうざ)/煎饺子
焼(や)きそば/炒面
焼き飯(やきめし)/炒饭

 口译指南

揚州焼き飯（ようしゅやきめし）/扬州炒饭
ラーメン/汤面
ワンタン/馄饨
水産物（すいさんぶつ）/水产品：
鮎並（あいなめ）/石斑鱼、花鲫鱼
アオサ/石莼菜
アオノリ/浒苔
浅蜊（あさり）/蛤仔、玄蛤
穴子（あなご）/星鳗
甘海苔（あまのり）/紫菜
鮎（あゆ）/鮎鱼
アワビ/鲍鱼
烏賊（いか）/乌贼、墨鱼
イクラ/三文鱼子
石持（いしもち）/黄花鱼、石首鱼
鰯（いわし）/沙丁鱼
鰻（うなぎ）/鳗鲡
海胆（うに）/海胆
虎魚（おこぜ）/老虎鱼
牡蠣（かき）/牡蛎
鰈（かれい）/鲽鱼
鯨（くじら）/鲸鱼
水母（くらげ）/海蜇
車蝦（くるまえび）/大虾、对虾
鯉（こい）/鲤鱼
昆布（こんぶ）/海带
鯖（さば）/青花鱼
鮫（さめ）/鲨鱼
ザリガニ/小龙虾
沢蟹（さわがに）/泽蟹、大闸蟹
秋刀魚（さんま）/秋刀鱼
蜆（しじみ）/蚬子

鮭（しゃけ）/鲑鱼、三文鱼
鱸（すずき）/海鲈鱼
スルメ/干鱿鱼
鯛（たい）/鲷鱼
蛸（たこ）/章鱼、鱿鱼
太刀魚（たちうお）/带鱼
鱈（たら）/鳕鱼
天草（てんぐさ）/石花菜
心太（ところてん）/凉粉、洋粉
生貝（なまがい）/鲜贝
海鼠（なまこ）/海参
鯰（なまず）/鲶鱼
海苔（のり）/海苔、紫菜
畠蛤（はまぐり）/文蛤、蛤蜊
鱧（はも）/海鳗
ひじき/羊栖菜
平目（ひらめ）/比目鱼
河豚（ふぐ）/河豚
布海苔（ふのり）/海萝、鹿角菜
帆立貝（ほたてがい）/扇贝
鯔（ぼら）/鲻鱼
ホンダワラ/马尾藻
鮪（まぐろ）/金枪鱼
鱒（ます）/鳟鱼
馬刀貝（まてがい）/竹蛏
真魚鰹（まながつお）/鲳鱼、银鲳
水雲（もずく）/海蕴
若布（わかめ）/裙带菜
渡り蟹（わたりがに）/梭子蟹
食用菌（しょくようきん）/食用菌：
アガリクス/姬松茸
アミガサタケ/羊肚菌
エノキタケ/金针菇

エリンギ/杏鲍菇
キクラゲ/木耳
キノコ/蘑菇
シイタケ/香菇
シロキクラゲ/白木耳
トリアシタケ/鸡腿菇
ナメコ/滑菇、朴蕈
ナラタケ/蜜环菌
フクロタケ/草菇
マイタケ/舞茸
マンネンタケ/灵芝
ヤマブシタケ/猴头菇
調味料(ちょうみりょう)/调味品：
味の素(あじのもと)/化学調味料(かがくちょうみりょう)/味精
角砂糖(かくざとう)/方糖
芥子粉(からしこ)/芥末
芥子味噌(からしみそ)/辣椒酱
カレー粉(こ)/咖喱粉
香辛料(こうしんりょう)/香辣调味料
氷砂糖(こおりざとう)/冰糖
胡椒(こしょう)/胡椒
胡麻味噌(ごまみそ)/芝麻酱
サッカリン/糖精
砂糖(さとう)/白糖

粗目(ざらめ)/砂糖、粗粒白糖
山椒(さんしょう)/花椒
塩(しお)/盐
ジャム/果酱
生姜(しょうが)/生姜
醤油(しょうゆ)/酱油
食塩(しょくえん)/食盐
酢(す)/醋
ソース/辣酱油
チリ/红辣椒、干辣椒
唐辛子(とうがらし)/辣椒
八角(はっかく)/大料
ピーナッツバター/花生酱
味噌(みそ)/豆酱
異物(いぶつ)/异物：
石(いし)/石子
枝(えだ)/枝、枝状物
髪(かみ)/发、头发
屑(くず)/碎片、渣子
毛(け)/毛、绒毛
砂(すな)/沙、沙子
泥(どろ)/泥、泥土
紐(ひも)/带子、细绳
虫(むし)/虫子

4. 工業

1987年1月から、私は 塩城市電子部品工場からの招きに応じて、工業業界の通訳をやり始めます。

続いて、大豊フリーホイール工場や中日合資豊東熱処理有限公司や大豊市森威精鍛有限公司などの工場で通訳を担当します。

工業業界に使われた常用語彙は 次のように。

アーク/弧
アーム/臂

アイソレーション/绝缘、隔离
アイテム/条、条款、项目

アイドリング/空转、慢转、慢速
アウトレット/输出口、出口
アウトレットパイプ/排出管、排气管、排水管
アウトレットボックス/引出箱、接线匣、线头匣
アクリル/丙烯
アクリルガラス/丙烯树脂玻璃
アジャスター/调整器、调节器、调整装置
アジャスト/调整、校正
アスファルト/沥青
アスベスト/石棉
アセチレン/乙炔
アセトン/丙酮
アダプター/接头、接合器、充电器、适配器
アップ/向上、提高
厚み(あつみ)/厚(度)
アドバンス/前进、提前、预先
アブソーバー/缓冲器、吸收器
アフターサービス/售后服务
油受け(あぶらうけ)/油盘
穴径(あなけい)/孔径
アナリシス/分析、分解
アナログ/模拟
アノード/(电)阳极
アラーム/警报、警报器
粗さ(あらさ)/粗糙度
アルコール/酒精、乙醇
アルゴン溶接(ようせつ)/氩弧焊
アルミナ/氧化铝
アルミニウム/铝
アレスター/避雷器、制动装置、限动器
アンカー/铰链、锚定螺栓
アンカーボルト/锚定螺栓、地脚螺栓
アングルバー/角铁、角钢
暗証番号(あんしょうばんごう)/密码
アンプ/放大器
アンペア/(电)安培
インゴット/锭、铸块、铸模
インコネル/铬镍铁合金
インサート/插入
インジェクション/喷油、喷射、注射
インジケーター/指示器、指示剂、计分器
インシュレーション/绝缘、绝缘体、绝缘材料、隔热材料
インダクション/感应
インターバル/空隙、间隔
インターフェース/接口、中间面、界面
インデックス/索引、指标、指数
インバーター/变频器、转换开关
インパルサー/脉冲发生器、脉冲传感器
インピーダンス/阻抗
インペラー/叶轮
インポート/进口、输入
インレット/入口
インレットパイプ/输入管
ウォーム/蜗杆、螺旋、蛇管
ウェッジ/楔形
エアタンク/贮气罐
エアフィルター/空气过滤器、滤气器
エアブリケーター/油雾器
エアレギュレーター/空气调节器
エコー/回声
エジェクター/喷射器、喷射泵
エタノール/乙醇、酒精
エタン/乙烷

エチレン/乙烯
エナメル/搪瓷、珐琅、瓷漆
エナメルワイヤ/漆包线
エポキシ樹脂(じゅし)/环氧树脂
エボナイト/胶木
エメリー/刚玉砂、金刚砂
エルボ/弯头、肘形弯管
エレクトロニクス/电子学
エレベーター/升降机、电梯
エレメント/要素、成分、元件
エンジニアリング/工程学、工程技术
エンジン/发动机、引擎
エンド/终端、结尾
エンドキャップ/端盖
エンドミル/立铣刀
エンリッチガス/富化气
オーステナイト/奥氏体
オーステンパー/等温淬火
オートストップ/自动停止装置、自动制动器
オートマット/自动装置
オーバーホール/彻底检修、大修
オーバーロード/超载、(电)过负荷
オープン/开、敞开的
オーム/欧姆、欧(电阻单位)
オイル/油
オイルガン/油枪、注油器
オイルギヤー/液压传动装置
オシログラフ/示波器、录波器
オシロスコープ/示波器、示波管
オプション/选择权、优先权、任选部件
カーソル/指示器、游标
カーボン/碳

カーボンスチール/碳素钢
カーボンスチールカットワイヤ/强化钢丸
カーボンポテンシャル(CP)/碳势
ガイドプレート/导流板
ガイドレール/导轨
カエリ取り(とり)/去飞边
攪拌機(かくはんき)/搅拌机
確認(かくにん)/确认、证实
カシメ/铆接
荷重(かじゅう)/负荷、载重量
ガス/气体、瓦斯、煤气
ガスケット/密封垫
ガスパージ/气体净化
ガタ/松动
カット/切、割、剪
カップリング/耦联、联轴器、偶联管、管接头
稼働(かどう)/开动、转动、开工
金網(かなあみ)/金属丝网
金型(かながた)/模具
カバー/盖子、罩子
噛み合い(かみあい)/啮合
カム/凸轮
キー/键、关键、键盘、钥匙
ギア/齿轮、传动装置
キット/工具箱、配套元件
キャスト/铸造
キャップ/便帽、笔套、盖、罩
キャップスクリュー/有头螺栓
キャリアガス/载气
切れ目(きれめ)/裂缝、裂纹
クッション/垫子、坐垫、缓冲器

組立(くみたて)	装配、组合
クラック	裂纹、裂缝
クラッチ	离合器
グラファイト	石墨
クランク	曲柄、曲轴
グランド	填料盖
クランプ	夹板、夹钳、夹紧装置
グリース	润滑脂
クリアランス	间隙、清除、清仓、出港证
クレーン	起重机、吊车
クロスヘッド	横头、丁字头
クロムメッキ	镀铬
ケーブル	缆、索
桁(けた)	位、列
ケミカル	化学的、化学药品
研磨(けんま)	研磨、磨削、抛光
コークス	焦炭
コーティング	涂层、涂料
コーディング	编码
コード	软线、绝缘电线
コードスイッチ	拉线开关
コールド	冷、寒、冻
コイル	线圈
公差(こうさ)	公差
高周波焼入れ(こうしゅうはやきいれ)	高频淬火
コック	活栓、活嘴、旋阀、水龙头
鏝(こて)	烙铁、熨斗、烫发钳、镘刀
コネクター	连接器、插塞和插孔、管接头
コンジット	水道、管道、导线管
コンセント	万能插口
コンダクション	传导、导电性
コンタクター	接触器、开关
コンディット	导线管、导管、管道
コンデンサー	电容器
コントラスト	对比、对照、反差
コントロール	控制、管理、支配、操纵
コンバーター	换流器、变频器
コンパクト	小型的、简洁的、盒
コンパクトプログラマー	程序设计盒
コンプレッサー	空压机
コンベア	输送机、传送带
コンポーネント	元件、部件
コンポジット	合成、混合
コンロッド	连杆
サーキュレーター	循环器、环流锅炉
サージキラー	浪涌电压抑制器
サーチ	搜索
サービスマン	修理员、技师
サーボ	伺服机构、随动系统
サーマルリレー	热效继电器
サーモカップル	热电偶、温差电偶
サーモスタット	恒温箱、恒温器
サイクル	周期、循环
サイト	瞄准器、视力、见解
サイトホール	观察孔、窥视孔
サイド	旁边、侧面
サイフォン	虹吸、虹吸管、弯管
サイリスター	可控硅、闸流晶体管、半导体开关元件
サイレンサー	消音器
座金(ざがね)	(金属)垫圈
サドル	鞍座、骑马卡、管卡
サブゼロ	深冷、冷处理
酸素(さんそ)センサー	氧探头
シーケンサー	可编程控制器、序列发生器

シール/封印、封蜡、密封材料
シールドケーブル/屏蔽电缆
仕上げ(しあげ)/精加工、打磨
試運転(しうんてん)/试车、试开、试运转
シェービング/修边、修整
ジェット/喷射、射流、喷气式飞机
治具(じぐ)/夹具、钻模、样板、机架、装配架、导向尺
シグナル/信号、信号机
システム/组织、制度、体系、系统、方式、方法
ジスマーク(JIS)/日本工业规格标志
シフター/移动装置、开关
締め込む(しめこむ)/关闭、旋紧、关在里面
射出成形(しゃしゅつせいけい)/注塑
シャックル/钩环、手铐
シャフト/轴、旋转轴
シャル/硅铝层
シュート/旋槽、滑槽、滑行道
樹脂(じゅし)/树脂
ショアー硬さ(かたさ)/肖氏硬度
ジョイント/接缝、接头
上限振り切れ(じょうげんふりきれ)/超上限
譲渡(じょうと)/转让、让与
ショット/发射、射击
ショットブラスト/抛丸处理
シリカ/硅石、二氧化硅
シリコン/硅、硅酮树脂、玻璃胶
シリンダー/汽缸、汽筒、圆筒
ジルコニア/氧化锆
浸炭窒化(しんたんちっか)/碳氮共渗

シンナー/冲淡剂、稀料
据付(すえつけ)/安装
スキッドレール/滑轨、工件在上面滑动的轨道
隙間(すきま)/间隙
スキャン/扫描
スクリュー/螺旋桨、螺旋、螺丝、螺钉、螺杆
スクリュータップ/螺丝攻、丝锥
スケール/标度、刻度、尺度、缩尺
スケール落(お)とし/除锈、除垢、清除氧化铁
スタッキング式(しき)/折叠式
スタッキングセット/可摞放的成套用具
スタッキンググリッド/可摞放的料框
スチール/钢、钢铁
スチールテープ/钢卷尺
スチールボール/钢珠
ステンレス/不锈的、不锈钢
ストップ/停止、中止、休止
ストップバルブ/节流阀、停气阀
ストップリング/挡环、止动环
ストレーナー/滤器、滤网
ストレンゲージ/应变计、测微仪
ストローク/冲程、行程、打击
スパギャー/正齿轮
スパーク/火花、电火花、发火花
スパークプラグ/火花塞
スパイラル/螺旋形、螺旋状
スピードコントローラー/调速器
スピリットランプ/酒精灯
スピンドル/轴、主轴、纺锭
スプーマ/泡沫

スプール/线轴、卷线筒
スプライン/花键轴
スプリット/剖开、破开、劈开、分裂
スプリング/弹簧、发条
スプルー/（注射塑模内）主流道
スプロケット/链轮
スペーサー/衬垫、垫套、隔圈
スペアパーツ/备品、备件
スポンジ/海绵
図面(ずめん)/图纸
スライサー/切片刀、切片机
スライダー/滑块、滑子、游标
ずらす/错开、挪一挪
スリースバルブ/闸阀
スリーブ/套筒、套管
スリット/开叉
スリッパー/制动块、滑块
スリップ/（车轮）打滑、侧滑
スロットルバルブ/风门、油门、节流阀
ズレ/错开、不齐、不吻合、分歧、参差不齐
寸法(すんぽう)/尺寸、尺码
セーフティーファクター/安全系数、保险系数
制御(せいぎょ)/控制、操纵
制御盤(せいぎょばん)/控制柜、操纵台
生産(せいさん)/生产
セキュリティ/安全、保障
セクター/扇形、扇形面
セグメント/片、段、节、程序段、扇形体
セジメント/沉积、沉淀、沉积物
セパレーター/分离器、间隔销、隔板
セメンタイト/渗碳体
セメント/水泥、胶合剂

セラミック/陶瓷、陶器
セル/盒、槽、电池、元件、单元、铈、赛璐珞
セレーション/锯齿形、细齿
セレクト/选择、挑选、选拔
センサー/传感器、探头
センサースイッチ/传感(读出)开关
洗浄機(せんじょうき)/清洗机
旋盤(せんばん)/车床
ソフト/柔软的
ソフトウェア/软件
ソルバイト/索氏体
ソレノイド/圆筒形线圈、螺线管
ソレノイドパイロットバルブ/电磁控制阀
タービン/涡轮、叶轮、涡轮机、汽轮机、透平机
ターミナル/终端、线柱、接头、引线
ダイオード/二极管
ダイカスト/压铸、模铸
ダイカッティング/冲切、模切
ダイクッション/缓冲装置
ダイス/模、铆头模、板牙、螺丝板、锻模、铸模
耐熱(たいねつ)/耐热
ダイハイト/模具高度
タイプ/型、型号、类型
ダイヘッド/冲垫
タイマー/定时器
タイムアップ/（规定的）时间已到
タイムカード/计时卡、工作时间记录卡
タイヤ/轮胎、轮箍
タイヤチューブ/内胎
ダイヤル/刻度盘、转盘、拨号盘

ダイリフター/模架升降装置
タイル/瓦片、瓷砖、花砖
タイロッド/系杆
ダウン/向下、下落
ダクト/送水管、通风道、配线管、导管
タクトシステム/流水作业法
多段(ただん)フリーホイール/变速飞轮
タッチパネル/触摸屏
タッピング/攻丝、放液、出铁、出渣
タップ/丝锥
縦ぶれ(たてぶれ)/轴向跳动
ダブル/对、双、两倍、双重
玉当たり(たまあたり)/弹道
溜(た)める/积、存、积压、积蓄、停滞
ダライバン/车床
タラップ/舷梯
段替え(だんかえ)/交换模具
タングステンスチール/钨钢
タンブリング/滚筒式
チエーン/链条
チエーンガイド/链导轨
窒素(ちっそ)/氮
窒化処理(ちっかしょり)/氮化处理
チャージ/充电、装料
チャージカー/装料车
チャート/图、图表
チャック/夹盘、夹头、卡盘
チャネル/通道
チューブ/软管、内胎
チョークコイル/扼流圈、阻流圈
蝶(ちょう)ボルト/蝶形螺栓
爪(つめ)/爪子
吊り上げる(つりあげる)/吊起来

テークアップ/松紧装置
テーパー/锥形、拔销、楔销
ディーゼル/内燃机、柴油机
ディーゼルオイル/柴油
ディジコン/数字计算机
ディジタル/数字的、计数的
ディスタンス/间隔、距离
ディスタンスリング/定距环、隔环
ディバイダー/两脚规、分规
テクノロジー/技术学、工艺学、生产技术
デコーダー/译码器、译码员
テスト/测试、试验、检查、考试
テストピース/试验片、试件
テストペーパー/试纸
テストボード/试验盘、试验板、测量台、测试台
手すり(てすり)/扶栏
デッキ/甲板、层面
デテクター/检波器
デフレクター/导流板、偏转器
デリート/删除
天井板(てんじょういた)/天花板、顶板
点滅(てんめつ)/点灭、忽亮忽灭、乍明乍暗
トーチ/火炬、焊炬、焊枪、喷灯、吹管
ドアロック/门锁
トップギャ/末档齿轮、高速齿轮
トラップ/凝气阀、滤水阀
トラブルシューティング/故障检修
止(と)めピン/固定销
ドラム/鼓、滚筒式
トランジスタ/晶体管、半导体管、半导体收音机

トランス/变压器
トランスファー/顺送加工、搬运装置
トランスファーマシン/自动机床、自动生产线
トランスフォーマー/变压器
取り代(とりしろ)/机械加工的余量
取り外す(とりはずす)/卸下、拆卸
ドリフト/漂移、冲头、打孔器
トリマー/微调电容器
トルースタイト/屈氏体
トルク/转矩
トレー/盘子、料盘
トレース/描、绘、描图、绘图、痕迹
中子(なかこ)/芯子、飞芯
ナックル/炉节、指关节
ナット/螺母、螺帽
ナンバリング/编号
ニッケル/镍
ニップル/螺纹接头、管接头
抜取検査(ぬきとりけんさ)/抽样检查
抜く(ぬく)/拔、抽、去掉、省掉
ネームプレート/标牌、名牌
ネオプレン/氯丁橡胶
ネジ潰れ(ねじつぶれ)/滑丝
ネジ蓋(ねじぶた)/丝挡
熱電対(ねつでんつい)/热电偶、温差电偶
ノーハウ/知识、技术、秘诀、专门技能、技术情报
ノーブ/捏手、旋钮、按钮、调节器
ノーマル/正常的、常态的、正规的、标准的
ノイズ/噪声
ノズル/喷嘴
ノックアウトマシン/取出机、落砂机、脱模机
ノッチ/凹口、缺口、入孔、刻痕、切口、槽口
ノッブ/按钮、旋钮
ノルマ/标准、定额
パージ/清洗、肃清、革职、开除、净化
バージョン/版本
パーツ/零件
パーツリスト/零件目录、零件单
バーナー/喷灯、燃烧器
ハーフユニオン/对开管接头
パーライト/珠光体
バーンアウト/烧净、烧碳
バーンアウトチェック/断线检查
バイト/车刀、钻头
ハイトゲージ/测高计
バイパス/旁路、侧管、三通、旁通管
パイプ/管、导管、通道
ハイブリッド/混合的、混合物
パイロットランプ/指示灯、标灯
ハウジング/套、罩、外壳
歯先(はさき)/齿顶
バス/电镀槽、电解槽
バスケット/篮、笼、篓、料框
パターン/型、模型、样本、图案、模范
発火栓(はっかせん)/火花塞
パッキング/填料、衬垫、密封垫
バックアップ/备份、后援
バックアップバッテリ/后备电池
バックアップファイル/备用设备、外存储器
バックラッシュ/齿隙、侧隙、背隙、间隙
バッテリー/电池
バッフル/挡板、折流板

第三章　前もっての準備と常用語彙

パトライト/警示灯
羽根(はね)/风扇叶片、桨叶、机翼
バネ/弹簧
パネル/嵌板、镶板、面板
ハブ/轮毂
バラツキ/零散、偏差
パラメーター/参数、参量
パララックス/视差
バランサー/平衡器
バリスター/变阻器、可变电阻
バリ取り(とり)/去毛刺
バルク/散装的、容积、体积
パルス/脉冲
バルブ/阀
バレル/滚筒、桶
バロスタット/恒压器
パワー/功率、动力、能力
パンチ/打孔、穿孔、冲头、打孔器、穿孔机
ハンドル/驾驶盘、转向盘、把手、柄、拉手
ヒーター/加热器
ヒート/热、热气、热烈
ピーニング/抛丸、打光
ピープホール/观察孔、检视孔
ビーム/横梁、桁条
ヒステリシス/滞后现象
ピストン/活塞
歪み取り(ひずみとり)/变形矫正、整形、调直
ビッカース硬さ(かたさ)/维氏硬度
引っ掛かる(ひっかかる)/挂上、卡住、牵连
ピッチ/节距、螺距、齿距
ピット/坑、槽、井、井式

ピニオン/副齿轮、小齿轮
ヒューズ/保险丝
ビレット/坯段
ヒンジ/铰链
フード/头巾、罩子、发动机罩、打字机罩
プーリー/滑轮、滑车、皮带轮
ファーストピース/最初加工部分、粗加工部分、粗加工工件
ファイバー/纤维、纤维制品
ファスト/快的、迅速的
ファン/扇、电扇、鼓风机、换气机
ファンクション/机能
フィーダーコンベア/装料传送机
フィート/英尺
フィード/送料
フィードバー/送料杆
フィードパイプ/送料管
鞴(ふいご)/风箱
フィッティングメタル/配件、附件、装配件
フィルター/过滤器
フィンガー/夹爪、机械手
フィンガーガード/风扇保护罩
フェノール/苯酚、酚
フェライト/铁酸盐、纯粒铁、铁素体
フェルール/箍、套圈、环圈
ブザー/蜂鸣器、蜂音器
ブシュ/轴衬、衬套
ブタノール/丁醇
ブタジエン/丁二烯
ブタン/丁烷
ブチレン/丁烯
復帰(ふっき)/复原、复位
フック/钩

プッシュプルカー/推拉车
プッシュボタン/按钮、电钮
歩留まり(ぶどまり)/成品率
フューズ/保险丝、导火索、引线
フライス/铣刀、铰刀
プラグ/塞子、插头
プラグゲージ/塞规
ブラケット/托架、托座
プラスチックスペーサー/塑料隔圈
プラズマ/等离子
プラズマ溶接(ようせつ)/等离子焊接
フラット/平、扁平、平面
フランジ/突缘、凸缘、法兰盘
プランジャー/柱塞、活柱
プラント/成套设备
フリーギャ/带齿链环
フリーザー/冷却器
ブリーザー/通气孔
フリーホイール/飞轮
ブリキ/白铁皮、马口铁
フリクション/摩擦、摩擦力
ブリッジ/桥、电桥、跨线桥
ブリネル硬さ(かたさ)/布氏硬度
フルスケール/满刻度、全标度
ブレーカー/(电)断路器
ブレーキ/制动器、刹车
ブレーキッジ/(电)断线线路、击穿
プレーティング/电镀、镀敷
ブレード/叶片、刀片
プレート/板、金属板
フレーム/框、架、构架、火焰
フレームカーテン/火帘
プレス/压、压机

プレヒーター/预热器
フローカーブ/流动曲线、流量曲线、塑流曲线
フローシート/流程表、流程图、程序表
フロースイッチ/液压开关
フローチャート/流程图、作业图、生产过程图解、程序方框图
フロートバルブ/浮球阀
プローブ/探针、探示器、探头、探极
フローメーター/流量计
ブローワー/送风机
プログラミング/程序设计
プログラム・ロジック・コントロール/PLC 可编程序控制器
プロジェクト/计划、项目
プロジューサー/发生器、发生炉、发电机、振荡器
プロセス/过程、工序、程序
プロセッサ/处理器
ブロック/片、块、砌块、保温块、区段
プロット/绘图、图示、图表、结构
フロッピディスク/软塑料磁盘、软盘
プロペラ/螺旋桨
ブロワー/鼓风机
フロンガス/氟利昂气体
雰囲気(ふんいき)/气氛、空气
ベークライト/电木、酚醛塑料
ベース/基础、根基、底座
ベーナイト/贝氏体
ベアリング/轴承、方位
ベアリングマーク/方位标记
ペッキ(ペンキ)/油漆、涂料
ヘリカル/螺旋(形)的

ヘリックス/螺旋、螺状的、螺旋弹簧
ベルト/带、皮带、安全带
ヘルメチック/填缝胶、密封胶
ヘルメット/头盔、安全帽
ベンジン/挥发油、汽油
ホース/软管
ボード/板材
ボーリング/钻孔、镗孔
ホールインアンカー/膨胀螺栓
ボールバルブ/浮球阀、球闸阀
ホイスト/卷扬机、起重机、升降机
ボイラー/锅炉、蒸煮器
ポイント/点、要点
放出(ほうしゅつ)/喷出、发射
放電加工(ほうでんかこう)/电火花加工
ボス/轮毂
ボックス/箱、盒、包厢、岗亭
ホット/热的
ホッパー/加料斗
ポテンショメーター/电位计、电势计、分压器
ポリッシャー/磨光机
ポリッシュ/抛光、磨光
ホルダー/托、架
ボルト/伏特、伏(电压单位)
ホロー/孔、洞
ホロージェットバルブ/空心喷射阀
ポンチ/冲床、冲压机
ポンプ/泵、抽水机
ボンベ/煤气罐、筒状高压气体容器、炸弹
マイカ/云母
マイクロプロセッサ/微型处理器
前扉(まえとびら)/前门

マキシマム/最大、最高、最多、最大量、最高量、最大值
マザーボード/母板、主插件板、底板
マジックインキ/万能墨水
マシニング/机械加工
マシニングセンター/多工序自动数字控制机床、多能自动加工机床
マシン/机器、机械、缝纫机
マニフォールド/多支管、复式接头、歧管、集合管
マニュアル/手册、便览、用手的、手工的
マルチメーター/万用表、多量程测量仪表
マルテンサイト/马氏体
マルテンパー/间歇淬火
マロン酸(さん)/丙二酸
マンガン/锰
ミクロン/微米
ミックス/混合、搅拌
ミニマム/最小、最低、最小量、最低值
ミリング/碾磨、制粉、铣床、研磨机
メーター/计、表、仪器
メートル/米、长度单位
メーン/总的、主要的
メンテナンス/维修、保养
銘板(めいばん)/名牌、标牌
メカ/机械
メカニカル/机械的、无意识的
メクラカバー/盲盖、盖板
鍍金(めっき)/镀、电镀
メタノール/甲醇
メタン/甲烷
メッシュベルト/网带
メモリー/记忆、存储、存储器

メルトインデックス/熔融指数
面取り(めんとり)/倒角
メンブレン/膜、羊皮纸
メンブレンフィルター/膜滤器
モード/方式、方法、形式、状态
モジュール/模数、模块、组件
モニター/监听、监控、控制器
モリブデン酸(さん)/钼酸
漏(も)れる/漏、漏出
脆い(もろい)/脆弱、易损、易坏
焼入れ(やきいれ)/淬火
焼鈍し(やきなまし)/退火、熟炼
焼きならし(やきならし)/正火
焼き戻し(やきもどし)/回火
焼き嵌め(やきばめ)/嵌合、用火焰加热膨胀后进行装配作业
床張り(ゆかはり)/铺地板
ユニオン/管子接头
ユニット/单位、单元、部件、机组、成分
ユニバーサルジョイント/万向节
溶接(ようせつ)/焊接、电焊
横(よこ)ぶれ/径向跳动
ライナー/衬垫、衬圈
ライフサイクル/产品寿命
ライフテスト/寿命试验
ラグ/突缘、突出部
ラジアントチューブ/辐射管
ラチェット/棘轮
ラバー/橡胶、胶面
リサーチ/调查、研究
リセット/清除、置"0"
リップル/波纹
リニア/线的、直线的、线性的、一次的

リブ/筋板
リフト/升降机、电梯、起重机
リミットスイッチ/限制开关
略図(りゃくず)/略图、草图
寮(りょう)/宿舍
リレー/继电器
リング/环、圈
坩堝(るつぼ)/坩埚
レーザーセンサー/激光传感器
レイアウト/布局、配置
冷間鍛造(れいかんたんぞう)/冷挤压
レコーダー/记录仪、录音机
レジューサー/减速器、异径接头、渐缩管、稀释剂
レス/不足、缺少、较小
レデブライト/莱氏体
レトルト/蒸馏甑
レバー/杆、杠杆
レバシブルモーター/瞬间翻转马达
レピート/重复、反复
レベル/水平、水准、标准、水平面、水平线、级
レンジ/区域、量程、刻度
ローター/转子、旋转部
ローダー/装料机
ロータリー/旋转的、转动的、旋转式扫雪机
ロードメーター/测荷仪、地磅
ローラー/滚子、滚轮、滚转物
ローラーベアリング/滚珠轴承
ローレット/滚花纹、刻痕
ロックウェル硬さ(かたさ)/洛氏硬度
ロックナット/放松螺母、对开螺母

ワークピース/工件　　　　　　　　　　　枠（わく）/框、框架、镶板
ワイヤ/金属丝、钢丝索、电线　　　　　　ワッシャー/垫圈
ワイヤスパイラル/电阻丝、电炉丝

5. 農業

　私の故郷は　江蘇省の無錫市で、1964年9月に、中学校を卒業してから、「知識青年」として　黄海の浜に位置する新洋農業試験ステーションに下放されました。あそこで、25年も農事をやらされました。

　独学によって　通訳になった後で、新洋農業試験ステーションや塩城市緑苑海蓬開発有限公司や大豊市綿花原種場や大豊市農林学校などの単位からの招きに応じて　農作物の栽培や海水野菜の開発などの通訳を担当したことがあります。

　農業の常用語彙は　次のように。

相作（あいさく）/套种　　　　　　　　　　桶（おけ）/木桶
青竹（あおだけ）/青竹、绿竹　　　　　　オタマジャクシ/蝌蚪
アカシア/刺槐、洋槐　　　　　　　　　　オンドル/火炕
赤松（あかまつ）/红松　　　　　　　　　カーネーション/石竹花、康乃馨
薊（あざみ）/蓟、大蓟　　　　　　　　　蚕（かいこ）/蚕
葦（あし）/芦苇　　　　　　　　　　　　株間（かぶま）/柱距
アスパラガス/芦笋、龙须菜　　　　　　　蝦蟇（がま）/蟾蜍、癞蛤蟆
穴蔵（あなぐら）/地窖　　　　　　　　　キウイフルーツ/奇异果、猕猴桃
アロエ/芦荟　　　　　　　　　　　　　　木屑（きくず）/木屑
杏（あんず）/杏　　　　　　　　　　　　木口（きぐち）/木质、木材的横断面
イチョウ/银杏　　　　　　　　　　　　　木目（きめ）/木纹
田舎（いなか）/乡下、农村　　　　　　　茎（くき）/茎
植木（うえき）/栽种的树、盆栽花木　　　クコ/枸杞
植木鉢（うえきばち）/花盆　　　　　　　草刈り（くさかり）/割草
植え付け（うえつけ）/移栽、移植　　　　草丈（くさたけ）/（水稻、麦类等）作物生长
請負契約（うけおいけいやく）/承包合同　　　的高度
請負人（うけおいにん）/承包人　　　　　草取り（くさとり）/除草
畝（うね）/垄　　　　　　　　　　　　　楠木（くすのき）/樟、香樟
オーキシン/生长素、植物生长激素　　　　クローバー/三叶草、苜蓿
オーツ/燕麦　　　　　　　　　　　　　　クログワイ/荸荠
オート/燕麦　　　　　　　　　　　　　　桑（くわ）/桑、桑树
オオバナオケラ/白术　　　　　　　　　　鍬（くわ）/锄头

口译指南

ケマージー/农业化学
小束(こたば)/小束、小把
昆虫(こんちゅう)/昆虫
コンバイン/康拜因、联合收割机
サイネリア/瓜叶菊
栽培(さいばい)/培育
蛹(さなぎ)/蛹
サボテン/仙人掌
産地(さんち)/产地
敷き藁(しきわら)/铺草(铺麦秆等)
敷く(しく)/铺、垫
芍薬(しゃくやく)/芍药
棕櫚(しゅろ)/棕榈
漏斗(じょうご)/漏斗
如露(じょろ)/喷壶
犁(すき)/犁
杉材(すぎざい)/杉木材
筋蒔き(すじまき)/条播
ステーション/站、台、所
ストックヤード/家畜饲养场、牲畜围场
スプレー/喷雾、喷雾器
スミレ/紫花地丁
成虫(せいちゅう)/成虫
セダー/雪松、洋杉
大豆(だいず)/大豆、黄豆
立ち枯れ病(たちがれびょう)/枯萎病
種(たね)/种子
種を蒔く(たねをまく)/播种
タンポポ/蒲公英
接ぎ(つぎ)/接枝、嫁接
土盛り(つちもり)/堆土、壅土
土寄せ(つちよせ)/培土
椿の花(つばきのはな)/山茶花

玉蜀黍(とうもろこし)/玉蜀黍、玉米
栃ノ木(とちのき)/七叶树
苗立数(なえたちすう)/出苗数量
棗(なつめ)/枣、枣树
生木(なまき)/活树、刚砍下来的树、未干的柴
縄(なわ)/绳、绳索
根を下ろす(ねをおろす)/扎根
ネブライザー/喷雾器
麦芽(ばくが)/麦芽
畑(はたけ)/旱田、旱地
春蒔き(はるまき)/春播
ビニルハウス/塑料大棚、塑料薄膜覆盖栽培法
向日葵(ひまわり)/向日葵
篩(ふるい)/筛子
分(ぶん)けつする/分蘖
ボケ/木瓜
真竹(まだけ)/苦竹
松の木(まつのき)/松树
丸木(まるき)/原木
丸太(まるた)/原木
蚯蚓(みみず)/蚯蚓
海松(みる)/水松
メントール/薄荷醇
基肥(もとごえ)/基肥、底肥
柳(やなぎ)/柳树
蓬(よもぎ)/艾、蒿子
リチヌス/蓖麻子
藁縄(わらなわ)/草绳
害虫(がいちゅう)/害虫：
薊馬(あざみうま)/蓟马
蚜虫(あぶらむし)/蚜虫

蟻(あり)/蚂蚁
蝗(いなご)/蝗虫、蚱蜢
蚊(か)/蚊子
蛾(が)/蛾
ケラ/蝼蛄
蟋蟀(こおろぎ)/蟋蟀
ゴキブリ/蟑螂
ジムシ/スクモムシ/蛴螬
蝉(せみ)/蝉
根切り虫(ねきりむし)/咬根的害虫
夜盗虫(よとうむし)/地蚕、地老虎等夜间危害作物的害虫
ハモグリバエ/潜叶蝇

農薬(のうやく)/农药：
アジンホスメチル/谷硫磷
アセフェート/乙酰甲胺磷
イソプロチオラン/稲瘟灵
グリホサート/草甘膦
クロロジメフォルム/杀虫脒
ジクロルボス(DDVP)/敌敌畏
ジコホール/三氯杀螨醇
シハロトリン/氯氟氰菊酯
シペルメトリン/氯氰菊酯
ジメトエート/乐果
ディプテレックス/敌百虫
テトラジホン/四氯杀螨砜
デメトンーS－メチル/内吸磷，别名1059
ニトロフェン/除草醚
ビフェノックス/治草醚
フェノキサニル/禾草灵
ホキシム/辛硫磷
ホレート/甲拌磷
マラチオン/马拉硫磷
マンコゼブ/代森锰锌
メタミドホス/甲胺磷
メタラキシル/甲霜灵
モノクロトホス/久效磷

6. 社交

通訳は　ソシアルインターコースのブリッジで、社交の内容はとても豊富で、政治や経済や文化などの各分野が含まれています。

外資誘致とか対外貿易とか民間交流とか、色々な業界で、ソシアルの語彙がよく使われています。

宣伝や接待や交流などの場合　使われた常用語彙は　次のように。

挨拶(あいさつ)/问候、寒暄、致辞、讲话
アイテム/条款、项目、品目
アウタルキー/自给自足、自主经济
赤電話(あかでんわ)/公用电话
斡旋(あっせん)/斡旋、居中、调停、介绍
宛先(あてさき)/收件人姓名、地址
アドバイス/建议、忠告
後回し(あとまわし)/推迟、缓办、搁到后办
穴埋め(あなうめ)/埋坑、弥补、填补
アニメーション/动画片
アポイント/任命、约会、预约
アマチュア/业余爱好者、非专业人员、外行

謝る(あやまる)/赔礼、道歉、认输、谢绝
争い(あらそい)/争论、纠纷、争吵
アルバイト/打工、工读、勤工俭学
案内状(あんないじょう)/通知、请帖
案文(あんぶん)/底稿、稿子
印鑑(いんかん)/印鉴、图章
インターナショナル/国际的
インタープリテーション/口译
受付(うけつけ)/接受、受理、收发室、传达室、问讯处
憂い(うれい)/忧、愁、忧虑
エンジニアリング/工程、工程技术
応募(おうぼ)/应募、应征
大家(おおや)/房东、房主
可笑しい(おかしい)/滑稽、可笑、奇怪、不正常
お構(かま)いなく/别张罗、别费心了
お疲(つか)れ様(さま)/您辛苦了
オフィス/办公室、办事处
を問(と)わず/不问……、不管……
オリエンタル/东方的、东洋的、东方风格的
オリエンタルエンヂニアリング株式会社(かぶしきがいしゃ)/东方工程公司
改革開放(かいかくかいほう)/改革开放
改廃(かいはい)/改革和废除
開発区(かいはつく)/开发区
歌舞伎(かぶき)/歌舞伎
カルテ/病历卡
企画(きかく)/规划
記入(きにゅう)/记上、填入
キャンペーン/政治运动、宣传运动、选举运动

求人広告(きゅうじんこうこく)/招聘广告
行事(ぎょうじ)/活动、仪式
勤務時間(きんむじかん)/上班时间、工作时间
籤引き(くじびき)/抽签
苦情(くじょう)/苦楚、抱怨、不满
下戸(げこ)/不会喝酒的人、酒量极小的人
交歓(こうかん)/联欢
公衆電話(こうしゅうでんわ)/公用电话
講(こう)じる/讲说、谋求、采取(措施等)
ご遠慮(えんりょ)なく/别客气、别拘束
コミュニケーション/通信、传达
コンサルタント/顾问
コンビニストア/方便商店
コンピューター/计算机、电脑
コンベンション/惯例、习俗、常规、传统、会议、代表大会
サービス/服务、招待、接待
サービスセンター/服务中心
サインペン/信号笔、(细体字用)万能笔
さばさば/爽朗、干脆、畅快、轻松愉快
茶飯事(さはんじ)/常有(见)的事、家常便饭、司空见惯的
寂しい(さびしい)/寂寞的、孤单的、凄凉的、萧条冷落的
サマータイム/夏令时
騒がしい(さわがしい)/吵闹、骚乱、不安稳的
参画(さんかく)/参与……策划
司会(しかい)/司仪、会议主持人
躾(しつけ)/教养、管教、规矩、礼貌
ジップ/邮政编码

第三章　前もっての準備と常用語彙

芝居(しばい)/戏、戏剧、把戏、花招
締切日(しめきりび)/截止日期
ジャーナリスト/报界人士、新闻工作者
シャープペンシル/自动铅笔
ジャンル/(文艺作品的)种类、体裁、(美术)风俗画、流派
招聘状(しょうへいじょう)/聘请书
書道(しょどう)/书法
知(し)らず知(し)らず/不知不觉地
シングル/单个、单一、单人、单独、单的
シンプル/简单的、简易的、朴素的、单纯的
推薦状(すいせんじょう)/推荐信
硯(すずり)/砚台
スタートライン/起跑线
スタッフ/参谋、干部、职员、阵容、班子
ストライキ/罢工
スナップスイッチ/快动开关、瞬动开关
スピーチ原稿(げんこう)/演讲稿
スペシャル/特别的、特殊的
スマート/潇洒的、漂亮的、时髦的、俏的
スムーズ/顺利的、流利的、流畅的
鋭い(するどい)/锐利、尖锐、敏锐、快
スローガン/标语、口号
清潔(せいけつ)/清洁、洁净
清掃(せいそう)/清扫、打扫
整頓(せいとん)/整顿、收拾、拾掇
整理(せいり)/整理、收拾、处理废弃物等
戦略(せんりゃく)/战略、策略
速達(そくたつ)/快递、快信
ソシアルインターコース/交际、社交
ソシアルダンス/交际舞
備(そな)えあれば患(うれ)いなし/有备无患
備(そな)える/具备、具有
対処(たいしょ)/对待、应付
ダイニングキッチン/厨房兼餐室
絶えず(たえず)/不断、经常、无休止
絶え絶え(たえだえ)/断断续续
ダブル/对、双、两倍、双重
ダンスパーティー/舞会
チャチャチャ/恰恰，拉丁舞的一种
チューインガム/口香糖、胶姆糖
調印(ちょういん)/签字、签署、签订
直面(ちょくめん)/面临、面对
面当て(つらあて)/讽刺、指桑骂槐
貫く(つらぬく)/贯穿、贯彻、完成
テーマ/主题、题目
手続(てつづき)/手续
手渡し(てわたし)/面交、传递
転嫁(てんか)/转嫁、推诿
転職(てんしょく)/调职、改行
添付(てんぷ)/添上、附上
添付書(てんぷしょ)/附件
当該官庁(とうがいかんちょう)/有关当局
トランスレーション/笔译
情(なさ)け容赦(ようしゃ)もなく/毫不留情、不讲情面
ナショナル/国民的、国家的、国立的、民族的
名札(なふだ)/胸卡、名卡
ナンバー/数字、号码
ナンバープレート/号码牌、车牌
ナンバーワン/头号、第一号、第一名
日進月歩(にっしんげつぽ)/日新月异
ニュース/新闻、消息

ニューフェース/新人、新颖的、新式的、新鲜事物
ネクタイ/领带
ネクタイピン/领带针
ネクタイホルダー/领带夹
粘り強い(ねばりずよい)/不屈不挠的、黏性大的、柔韧的
ノウハウ/专门知识、秘诀、技术指导费
飲める口(のめるくち)/能喝酒、海量
パーティー/聚会、宴会、舞会、晚会
ハイテクプロジェクト/高科技项目
バイブレーター/振动器、电动按摩器
捗る(はかどる)/进展
計る(はかる)/量、测、称、衡量、计算、推测、咨询、商洽
パテント/专利、专利权
パテントオフィス/专利局
パンフレット/小册子
反応が素早い(はんのうがすばやい)/反应敏捷
ピーアール/公共关系、宣传
ヒステリー/癔症、歇斯底里
ヒストグラム/(统计)直方图、矩形图
ビデオ/录像机、视频、影像
皮肉(ひにく)/挖苦、奚落、讽刺、讥笑、不如意
フィードバック/反馈
フラッシュランプ/闪光灯、镁光灯
プロ/专业的、职业的
ヘッドホン/随身听
ペナルティー/处罚
変更(へんこう)/变更
弁護士(べんごし)/律师、辩护士

ポップス/流行歌曲
マスコミ/大众传播
町(まち)づくり/城市建设
マナー/风度、礼仪、态度
マンション/高级公寓、公寓大厦
ミーティング/会、集会
ミス/失误
耳障り(みみざわり)/刺耳
目指す(めざす)/指向、对着、作为目标
目覚ましい(めざましい)/惊人的、异常的
免状(めんじょう)/许可证、执照、毕业证书
面接試験(めんせつしけん)/面试
無駄(むだ)/徒劳、白费、浪费
無駄足(むだあし)/白走、白跑一趟
名刺(めいし)/名片
メンバー/成员
申込書(もうしこみしょ)/申请书
モニタリング/监视、监测、监控
落札(らくさつ)/中标
リゾート/休养胜地、度假区
領収書(りょうしゅうしょ)/收据、收条
履歴書(りれきしょ)/履历书
ルール/规则、规定
ワルツ/华尔兹舞、圆舞曲
我先に(われさきに)/争先恐后、抢先
パソコン/个人电脑
アットマーク/@
アドレス/地址
インストール/安装
インターネット/因特网、互联网
ウインドウズ/视窗
ウエブサイト/网站

第三章　前もっての準備と常用語彙

キーボード/键盘	ファイル/文件夹、文档
クリック/按动、点击	フロッピディスク/软塑料磁盘、软盘
シーディーロム/只读光盘	ホームページ/网页、网站主页
ダウンロード/下载	マウス/鼠标
ディスプレー/显示器	マウスパッド/鼠标垫
電子(でんし)メール/电子邮件	マッキントッシュ/苹果机、麦金塔电脑
ネットサーフィン/上网	ユーエスビー/USB、连接线
ネットワーク/网络	ウェーチャット/微信
パスワード/口令、密码	

7．ビジネス

　1993年5月から、私は　塩城市沙蚕ステーションからの招きに応じて　国際電話によって　日本兵庫県明石市大観町の小林様と連絡して、航空便によって　釣り餌の沙蚕を輸出し、ビジネス通訳になりました。

　1994年3月に、私は　大豊市対外貿易公司に転職して、国際電話とファクシミリによって　対日貿易をやり始めました。

　インターネットの普及によって、その後、パソコンによって　各日本会社のビジネスパートナーにメールを送信して、ネットビジネスをやり始めていきました。

　通常、ビジネスに使われた常用語彙は　次のように。

相手方(あいてがた)/対方	受戻し(うけもどし)/赎回
頭金(あたまきん)/定金	打ち合わせ(うちあわせ)/碰头、商洽
アメンド/修改	有無相通ずる(うむあいつうずる)/互通有無
委託加工貿易(いたくかこうぼうえき)/来料加工	裏書(うらがき)/背书、票背签字
委託販売(いたくはんばい)/委托销售、寄售、托售	売切れ(うりきれ)/卖完、售罄
	売口(うりくち)/销路
一覧払為替手形(いちらんばらいかわせてがた)/即期汇票	売手(うりて)/卖方
	売れ行き(うれゆき)/销路、行销
一手販売(いってはんばい)/独家销售、包销	上回る(うわまわる)/超过、超出
	運賃表(うんちんひょう)/运价表
違約(いやく)/违约	営業中(えいぎょうちゅう)/正在营业
インフレ/通貨膨張	営業免許(えいぎょうめんきょ)/营业执照
インボイス/发票	
受取済(うけとりずみ)/收讫	役務契約(えきむけいやく)/劳务合同

053

円決済(えんけっさい)/用日元结算
円相場(えんそうば)/日元汇价
延滞金(えんたいきん)/欠款
オーダー/定购、定货
応募(おうぼ)/认购、认股
横領(おうりょう)/私吞、贪污、侵占
大手輸入商社(おおてゆにゅうしょうしゃ)/大进口商
送り状(おくりじょう)/发货单、发货票、托运单
オファー/报价
覚書(おぼえがき)/备忘录
折り合う(おりあう)/(经磋商而)妥协、和解
卸売業者(おろしうりぎょうしゃ)/批发商
カーゴ/船货、货物
カートン/纸盒
海外向け販売(かいがいむけはんばい)/外销
会計監査(かいけいかんさ)/审计、查账
外国為替(がいこくかわせ)リスク/外汇风险
外資導入(がいしどうにゅう)/引进外资
買い占め(かいしめ)/囤积居奇
買い付け(かいつけ)/收购
買手(かいて)/买方
回転資金(かいてんしきん)/周转资金
買取り(かいとり)/结汇、议付
カウンターオファー/还价、回盘
書留郵便(かきとめゆうびん)/挂号信
書留料金(かきとめりょうきん)/挂号费
格安値段(かくやすねだん)/特廉价

掛け合う(かけあう)/相互、轮流、交涉、商洽
掛売り(かけうり)/赊销
駆け引き(かけひき)/讨价还价、策略
貸越し(かしこし)/透支
貸付銀行(かしつけぎんこう)/信贷银行
稼げる(かせげる)/能赚钱
カタログ/样本、商品目录
ガット(GATT)/关税及贸易总协定
下等品(かとうひん)/劣货、劣等品
稼働率(かどうりつ)/开工率、开动率
黴(かび)/霉
黴付き(かびつき)/发霉
空取引(からとりひき)/买空卖空
空荷運賃(からにうんちん)/空舱费、亏舱运费
為替(かわせ)/汇兑、汇款、汇票、汇率
為替相場(かわせそうば)/汇价、汇率
勘定(かんじょう)/算、结算、算账
関税(かんぜい)/关税
逆輸入(ぎゃくゆにゅう)/再进口
キャンセル/取消合同、解约
競売(きょうばい)/拍卖
クォータ/限额、配额、定额
クォーター/四分之一、一刻钟、季节、25美分
クレーム/索赔
クレジットカード/信用卡
グロスウエート/毛重
燻蒸(くんじょう)/熏蒸
契約書(けいやくしょ)/合同书
契約違反(けいやくいはん)/违约
ケースナンバー/箱号

決済(けっさい)/清账、付清
検疫(けんえき)/检疫
減価償却(げんかしょうきゃく)/折旧
現金払い(げんきんばらい)/现金付款
検査済み(けんさずみ)/验讫
原産地(げんさんち)/原产地
兼職(けんしょく)/兼职
コーナー/角落、柜台
公金(こうきん)/公款
口座(こうざ)/账户
小売り(こうり)/零售
公定価格(こうていかかく)/法定价格、平价
購買販売協同組合(こうばいはんばいきょうどうくみあい)/供销合作社
国際為替(こくさいかわせ)/外汇
国際見本市(こくさいみほんし)/国际展览会
顧客(こきゃく)/顾客、主顾
コスト/成本
コストアップ/成本增高、提高成本
コストダウン/降低成本
コピーライター/广告作者
コマーシャル/商业的
コミッション/手续费、佣金
コンサイナー/发货人
コンサイニー/收货人
コンテナー/集装箱
コンテナー埠頭(ふとう)/集装箱码头
サービスステーション/服务站
サーベイリポート/检验报告
在庫(ざいこ)/库存
サイズ/尺寸

先物(さきもの)/期货
差し押さえ(さしおさえ)/没收、查封
差し引く(さしひく)/扣除、减去
捌け口(さばけぐち)/销路
さび跡(さびあと)/锈迹
サプライヤー/供应厂商、供应者
サレンダーBL/电放提单
残金(ざんきん)/余款、余额、尾款
残高(ざんだか)/未用余额
仕入れる(しいれる)/采购、收购
シェア/股份、市场占有率
敷金(しききん)/保证金、押金
資金繰り(しきんぐり)/资金周转
至急電報(しきゅうでんぽう)/急电、加急电报
市況(しきょう)/市场情况、商情
下請け業者(したうけぎょうしゃ)/分包人
湿気用心(しっけようしん)/切勿受潮、注意防潮
シッピングドキュメント/货物运输单据
支店(してん)/分店、分公司
品切れ(しなぎれ)/卖光、缺货
支払い(しはらい)/支付、付款
締切り(しめきり)/截止
受注(じゅちゅう)/接单、接受订单
出荷(しゅっか)/装运、发货
需要(じゅよう)/需要
順調(じゅんちょう)/顺利
仕様(しよう)/规格
償却(しょうきゃく)/偿还、抵消
ショーウインドー/橱窗、商品陈列窗
ショートデリバリー/交货不足

商談(しょうだん)/商谈、商业上的谈判
譲渡(じょうと)/转让
仕分け(しわけ)/分类、分科
真空(しんくう)パック/真空包装
申告(しんこく)/申报
信用状(しんようじょう)/信用证
スーパーマーケット/超市
スイッチ貿易(ぼうえき)/转口贸易、转手贸易
ストック/库存品
セールスマン/推销员
税関(ぜいかん)/海关
税金払い戻し(ぜいきんはらいもどし)/退还税款
成約(せいやく)/成交
専門取扱品(せんもんとりあつかいひん)/专营商品
送金(そうきん)/汇款、寄钱
相場(そうば)/行市、市价
訴訟(そしょう)/诉讼
代金(だいきん)/货款
滞納金(たいのうきん)/滞纳金、欠款
代表取締役(だいひょうとりしまりやく)/董事长
タイムカード/计时卡
タイムチャーター/定期租船
ダイヤマーク/菱形唛
立入禁止区域(たちいりきんしくいき)/禁入地区
立替払い(たてかえばらい)/垫付
棚卸し(たなおろし)/盘货、盘点
樽詰め(たるづめ)/桶装
ダンピング/倾销

段(だん)ボール/瓦楞纸、板纸箱
チエーンストアー/连锁商店
チャージ/费用
着払い(ちゃくばらい)/到付、货到付运费
仲裁(ちゅうさい)/仲裁、调停、说和
注文(ちゅうもん)/订购、订货
沈滞市況(ちんたいしきょう)/市场疲软
追加注文(ついかちゅうもん)/追加订单
追加発送(ついかはっそう)/补发
積卸し(つみおろし)/装卸
積替え(つみかえ)/转运
詰替え(つめかえ)/改装、换装、重新包装
詰物(つめもの)/填料
データ/数据、资料
データー/日期戳子
手当(てあて)/津贴、补贴
提案(ていあん)/提案、提议
定価(ていか)/定价
呈示払い(ていじばらい)/见票即付
抵当品(ていとうひん)/担保品、抵押品
手形(てがた)/票据、汇票
手形割引(てがたわりびき)/票据贴现
出来値(できね)/成交价
手数料(てすうりょう)/手续费
テスト購入(こうにゅう)/试购
手配(てはい)/筹备、安排
点検払い(てんけんばらい)/验货付款
天地無用(てんちむよう)/勿倒置
転売(てんばい)/转卖、转售
トータル/总计、总额、合计
凍結(とうけつ)/冻结
当座資産(とうざしさん)/活动资产
得意先(とくいさき)/主顾、顾客

特許(とっきょ)/专利
留置き(とめおき)/留下、扣留
トライアルオーダー/试定
トラブル/纠纷、纠葛
取り扱い科目(とりあつかいかもく)/经营范围
取決め(とりきめ)/规定、商定
取り消し不能信用状(とりけしふのうしんようじょう)/不可撤销的信用证
取消す(とりけす)/撤销
取引(とりひき)/交易、买卖
取引先(とりひきさき)/客户
ドル/美元
トン/吨
問屋(とんや)/批发商
中身(なかみ)/内装物、装在里面的东西
流れ作業(ながれさぎょう)/流水作业
投売り(なげうり)/抛售、甩卖
並等品(なみとうひん)/普通产品、大路货
ニーズ/客人要求、需要
荷揚げ(にあげ)/起货、起卸
荷卸し(におろし)/卸货
偽物(にせもの)/冒牌货
荷造り(にづくり)/打包、包装
日当(にっとう)/日薪、日津贴
入札(にゅうさつ)/投标
入札募集(にゅうさつぼしゅう)/招标
俄か景気(にわかけいき)/一时繁荣
荷渡し(にわたし)/交货
認可(にんか)/许可、批准
人気商品(にんきしょうひん)/抢手货
抜取検査(ぬきとりけんさ)/抽样检查、抽查

濡物用心(ぬれものようしん)/勿受潮
値上がり(ねあがり)/涨价
値下がり(ねさがり)/跌价
値段(ねだん)/价钱
賠償(ばいしょう)/赔偿
ネットウエート/净重
値引き(ねびき)/减价
納品(のうひん)/交货
納付(のうふ)/缴纳
ノンデリバリー/未交货、无法投递
バーゲニング/交易、谈判、讨价还价
バーゲンセール/大减价、大廉价
バーコード/条形码
バーコードシンボル/条形码标记
パートナー/伙伴
配当(はいとう)/分配、分红、红利
薄利多売(はくりたばい)/薄利多销
箱詰め(はこづめ)/装箱、装盒
箱割れ(はこわれ)/箱子坏了
裸値段(はだかねだん)/净价
罰金(ばっきん)/罚款
パッキング/包装
パッキンリスト/装箱单
パッケージ/包装、包扎、一揽子计划
発効(はっこう)/生效
発注書(はっちゅうしょ)/订单
波止場(はとば)/码头
払い込み催促(はらいこみさいそく)/催款通知
払い込む(はらいこむ)/缴纳
バラ積み(づみ)/散装
バルクプライス/整批出售价格
バンクローン/银行贷款

販売競争(はんばいきょうそう)/销售竞争
販売(はんばい)ルート/销路
控え(ひかえ)/存根、副本
引き合い(ひきあい)/询价、交易
引き受け(ひきうけ)/承兑
ビジネス/商业、实务、业务、工作
ビジネスホテル/商人旅馆、廉价旅馆
ビジネスマンション/商业大厦
一手販売(ひとてはんばい)/独家销售
ブース/货摊、摊位
歩合(ぶあい)/比率、比值、百分率
ファイナル/最终的、最后的
ファクシミリ/传真
付加価値税(ふかかちぜい)/增值税
不可抗力(ふかこうりょく)/不可抗力
不純物(ふじゅんぶつ)/杂质
歩留まり(ぶどまり)/成品率、成品对原料的比率
踏み倒す(ふみたおす)/欠账不还、赖账
プライス/价格
プライスリスト/定价表、价格表
フランチャイズシステム/经销制、代销方式
振替(ふりかえ)/调换、转账、过户
振込み(ふりこみ)/存入、拨入
プレミアム/溢价、贴水
分割払い(ぶんかつばらい)/分期付款
分割船積み(ぶんかつふなづみ)/分批装运、分期装运
ベストオファー/最好发价
返金(へんきん)/还账、还债、退款
弁償(べんしょう)/赔偿
返品(へんぴん)/退货
保険証券(ほけんしょうけん)/保险单
ボーナス/红利、奖金
マーケット/市场
マーケットアナリシス/市场分析
マーケティング/市场买卖、销售
前受金(まえうけきん)/预收款
幕張メッセ(まくはりめっせ)/幕张(地名)展览馆
マスコミ/大众传媒、新闻媒介
まったく無傷(まったくむきず)/完好无损
丸損(まるぞん)/全赔、整个赔光
見返り(みかえり)/回头、对应、抵消
見積書(みつもりしょ)/估价单
ミニマルロット/起订量
見本(みほん)/样品、样本、货样
虫食い(むしくい)/虫蛀
無料(むりょう)/免费
銘柄品(めいがらひん)/名牌产品
明細書(めいさいしょ)/清单
目方(めかた)/重量、分量
免状(めんじょう)/执照、许可证
免責歩合(めんせきぶあい)/免赔率
儲ける(もうける)/赚钱
安売り(やすうり)/廉价出售
やみ市場(やみしじょう)/黑市
闇相場(やみそうば)/黑市价、暗盘
輸出(ゆしゅつ)/出口
輸出戻し税(ゆしゅつもどしぜい)/出口退税
弱含み(よわふくみ)/疲软、行情下跌的趋势

ライセンス/許可、許可証
ライバル/競争者、対手
リース/租借
リードタイム/研制周期、订货至交货的时间
リスク/风险
リスト/目录、一览表
利幅(りはば)/差额、赚头
リピート/重复、追加翻单
リベート/回扣、折扣
レート/率、比率
冷蔵貨車(れいぞうかしゃ)/冷藏车
冷凍車(れいとうしゃ)/制冷车
レシート/收条、收据
レンタル/租赁、出租
ロス/损失、亏损、损耗
ロットナンバー/批号
ロングセラー/长期畅销商品
割合(わりあい)/比例
割当額(わりあてがく)/配额
割引(わりびき)/折扣、减价
割引歩合(わりびきぶあい)/贴水率、贴现率、折扣率

8. 旅行

　旅行は　楽しいことで、私は　何度も、日本の皇居外苑や二重橋や平和公園や大涌谷などの観光地に行ったことがあります。日本のお客様と、一緒に蘇州の拙政園や留園などの名園を見物した後で、蘇州市園林管理局の責任者と造園技術について　相談したこともあります。

　普通、旅行に使われた常用語彙は　次のように。

危ない(あぶない)/危险
網棚(あみだな)/放行李的网架
アルコール消毒(しょうどく)/酒精消毒
アルバム/影集、相片簿
アンケート/征询意见、调查
暇乞い(いとまごい)/告辞、辞别、请假
インフルエンザ/流行性感冒
ウイルス/病毒
ウェーター/男服务员
ウェートレス/女服务员
薄味(うすあじ)/味淡
エアゾルによる感染(かんせん)/由气溶胶传播
駅(えき)/站、车站
縁日(えんにち)/庙会、香市
オートバイ/摩托车
オートボート/汽艇、摩托艇
応接間(おうせつま)/客厅、会客厅
横断歩道(おうだんほどう)/人行横道
往復切符(おうふくきっぷ)/往返车票
おしぼり/手巾把、热毛巾
お土産(おみやげ)/土产、礼物、纪念品
折り畳む(おりたたむ)/折叠
温泉(おんせん)/温泉
外出(がいしゅつ)を控える(ひかえる)/减少外出
海鮮(かいせん)/海鲜
買物(かいもの)/买东西
回遊式庭園(かいゆうしきていえん)/环游式庭园

核酸検査(かくさんけんさ)/核酸检测
傘(かさ)/伞
ガソリンスタンド/(汽车)加油站
片付く(かたづく)/收拾、整理、得到解决
片道(かたみち)/单程、单方面
花壇(かだん)/花坛
剃刀(かみそり)/剃刀、刮脸刀
空咳(からせき)/干咳
観光(かんこう)バス/游览车
感染(かんせん)/感染
感染(かんせん)を疑う患者(うたがうかんじゃ)/疑似感染者
疑似症例(ぎじしょうれい)/疑似病例
切符(きっぷ)/票、车票、船票、飞机票、入场券
急行(きゅうこう)/快车、急往
休日(きゅうじつ)/休息日、休假日
桐(きり)/梧桐
霧(きり)/雾
切花(きりばな)/剪下的带茎鲜花
空港(くうこう)/飞机场
嚏(くしゃみ)が出る(でる)/打喷嚏
クリスマス/圣诞节
携帯外貨(けいたいがいか)/携带外币
携帯品申告書(けいたいひんしんこくしょ)/行李申报单
景色(けしき)/风景、景色、景致
下痢(げり)/腹泻
玄関(げんかん)/正门、大门
玄関払い(げんかんばらい)/拒见、闭门羹
倦怠感(けんたいかん)/乏力
コース/路线
コイン/硬币

高速道路(こうそくどうろ)/高速公路
荒天(こうてん)/暴风雨的天气、恶劣天气
蝙蝠(こうもり)/蝙蝠
呼吸困難(こきゅうこんなん)/呼吸困难
古跡(こせき)/古迹
込み合う(こみあう)/人多、拥挤
サージカルマスク/医用外科口罩
サーズ/非典
サービス/服务
在宅勤務(ざいたくきんむ)/在家办公
サウナ/桑拿浴
杯(さかずき)/酒杯
酒手(さかて)/小费、酒钱
査証(さしょう)/签证
座席(ざせき)/座位
皿(さら)/盘子、碟子
時速(じそく)/时速
指定席(していせき)/对号座位
借景(しゃっけい)/借景
シャブシャブ用(よう)鍋(なべ)/火锅
ジャル(JAL)/日本航空公司
重症化(じゅうしょうか)/病情加重
自由席(じゆうせき)/不对号座位
終発(しゅうはつ)/末班车
住民票(じゅうみんひょう)/居民身份证
出札所(しゅっさつしょ)/售票处
食器(しょっき)/餐具
症状(しょうじょう)/症状
招待状(しょうたいじょう)/请帖
除菌液(じょきんえき)/消毒液
除菌(じょきん)シート/消毒湿巾
ショッピング/购物、买东西
診察(しんさつ)/诊断

第三章　前もっての準備と常用語彙

新型(しんがた)コロナウイルス/新型冠状病毒
新型(しんがた)コロナウイルスによる肺炎(はいえん)/新冠肺炎
スケジュール/日程、时间表
頭痛(ずつう)/头痛
スナック/快餐、小吃、小吃店
セーフティーレザー/安全的刮脸刀、保险刀
贅沢(ぜいたく)/奢侈、浪费、铺张、过分
咳(せき)/咳嗽
咳が止まらない(せきがとまらない)/咳嗽不止
接触感染(せっしょくかんせん)/接触传染
セルフサービス/自取饭菜、顾客自理、无人售货
潜伏期間(せんぷくきかん)/潜伏期
体温測定(たいおんそくてい)/测量体温
退屈(たいくつ)/无聊、寂寞、发闷
対景(たいけい)/对景
ダイヤモンド/金刚石、钻石
託送(たくそう)/托运
凧(たこ)/风筝
チェンジ/兑换、变换
チケット/票、券、入场券、车票、船票、票房
致死率(ちしりつ)/死亡率
彫刻(ちょうこく)/雕刻
追突(ついとつ)/追尾、从后面撞上、冲撞
築山(つきやま)/假山
爪楊枝(つまようじ)/牙签
テーブルスピーチ/席间致词
テーブルマナー/就餐礼节

手洗(てあら)い/洗手间、厕所
出来事(できごと)/事件、变故
デマ/谣言
出迎え(でむかえ)/迎接
伝染病(でんせんびょう)/传染病
電話番号(でんわばんごう)/电话号码
トイレ/化妆室、厕所
到着(とうちゃく)/到达
土鍋(どなべ)/砂锅
ドラッグストア/药店
トラベラーズチェック/旅行支票
鳥(とり)インフルエンザ/禽流感
トンネル/隧道、山洞、风洞
長旅(ながたび)/长途(长期)旅行
慰める(なぐさめる)/安慰、欣慰、安抚、慰问
名残惜しい(なごりおしい)/惜别、恋恋不舍
ナビゲーション/导航
ナプキン/餐巾
ナプキンペーパー/餐巾纸
鍋(なべ)/锅
荷札(にふだ)/货签、行李标签
荷物(にもつ)/行李
荷物一時預かり所(にもついちじあずかりしょ)/行李寄存处
入国(にゅうこく)カード/入境卡
入国手続き(にゅうこくてつづき)/入境手续
熱(ねつ)が出る(でる)/发热
濃厚接触者(のうこうせっしょくしゃ)/密切接触者
乗換(のりかえ)/换乘、改乘

パーティー/招待会、宴会
パスポート/护照
吐き気(はきけ)/恶心
バクテリア/细菌
バスターミナル/公共汽车终点站
発熱(はつねつ)/发热
ビザ/签证
人(ひと)から人(ひと)への感染(かんせん)/由人传染人
人(ひと)との接触(せっしょく)を減らす(へらす)/减少与他人接触
飛沫(ひまつ)/飞沫
飛沫感染(ひまつかんせん)/飞沫传播
頻繁(ひんぱん)に手(て)を洗う(あらう)/勤洗手
封鎖状態(ふうさじょうたい)/封城
ホーム/月台、站台
防護服(ぼうごふく)/防护服
ホテル/旅馆、饭店
ボランティア/志愿者
マイク/话筒、麦克风
前売券(まえうりけん)/预售票
マスク/口罩
マスクを着用(ちゃくよう)する/戴口罩
待合室(まちあいしつ)/候车室、候诊室
マッサージ/按摩、推拿
真っ直ぐ(まっすぐ)/笔直、一直
満員(まんいん)/满座、客满、满员、名額已满
マンション/公馆、公寓
見送り(みおくり)/送行、送别

御影石(みかげいし)/花岗岩
見出し(みだし)/标题、索引、目录
身の回り品(みのまわりひん)/随身用品
身分証明書(みぶんしょうめいしょ)/身份证书
名勝(めいしょう)/名胜
メッセージ/电文、留言、消息、音信、口信
メニュー/菜谱、菜单
免疫証明書(めんえきしょうめいしょ)/免疫证明
免税品(めんぜいひん)/免税商品
持ち込み制限(もちこみせいげん)/限制带进
紅葉(もみじ)/红叶、枫叶
矢印(やじるし)/箭形符号
野生動物(やせいどうぶつ)/野生动物
行先(ゆきさき)/要去的地方
予防(よぼう)/预防
予防接種証明書(よぼうせっしゅしょうめいしょ)/预防接种证明书
ラッシュアワー/(交通)拥挤时间、高峰时间
リゾート/休养胜地、避暑胜地、避寒胜地、游览胜地
リムジン/高级轿车
両替(りょうがえ)/兑换
料理(りょうり)/烹调、饭菜
臨時便(りんじびん)/临时班机
レセプション/招待会
ワクチン/疫苗

9. 環境保護

　人類は　生存と発展のために、環境保護が重視されました。野生動物を保護するために、1984年8月から1988年2月まで、私は　華東師範大学生物系からの招きに応じて、江蘇省や山東省や河南省や浙江省などのところに行って、ラジオテレメトリーによって「鼬の数量と鼠の関係」や「鼬のテリトリーと活動リズム」などのテーマを研究したことがあります。1987年5月に、日本の飯島正広様は　5年におよぶネパール、インドでの取材の成果『偉大なる密林の王者トラ』という本をくださいました。虎を研究する場合も、ラジオテレメトリーが採用されました。

　環境保護について　野生動物を保護するほかに、汚水処理やゴミ処理などがあります。

　環境保護に使われた常用語彙は　次のように。

アンテナ/天线
アンバランス/不平均、失衡
生捕り(いけどり)/生擒、活捉
ウラニウム/铀
エアモニター/大気污染监测器
エコノマイザー/省煤器、节约装置
エネルギー/能、能量、精力
エネルギー資源(しげん)/能源
煙突(えんとつ)/烟囱
大掃除(おおそうじ)/大扫除、大清扫
厳しい(きびしい)/严重的、严峻的
キルン/窑
キロメートル/千米
首輪(くびわ)/项圈
クリーナー/吸尘器、清洁工
クリーニング/洗涤、扫除
クリンカー/熔块、渣块、烧结块
ゴミ箱(ばこ)/垃圾桶
コンクリート/混凝土
サイクル/周期
サイクロン/旋风器、分尘器
晒し粉(さらしこ)/漂白粉

周波数(しゅうはすう)/频率
消火器(しょうかき)/灭火器
焼却炉(しょうきゃくろ)/焚烧炉
スラグ/矿渣、熔渣、炉渣
セジメント/沉积、沉淀、沉积物
掃除機(そうじき)/吸尘器
ダイオキシン類(るい)/二噁英类
タイヤ/轮胎、轮箍
タイヤチューブ/内胎
ダスト/灰尘、尘埃、粉尘
ダストコレクター/聚尘器、积尘器
炭酸(たんさん)ガス/二氧化碳
ダンパー/气闸、气流调节器、翻斗车、垃圾车、卸货车
厨芥(ちゅうかい)/厨房的垃圾
テリトリー/领域、地盘、势力范围
テレメトリー/遥測技術
天然(てんねん)ガス/天然气
溝(どぶ)/阴沟、下水道
二酸化炭素(にさんかたんそ)/二氧化碳
延べ坪(のべつぼ)/(楼房)建筑总面积
バイオマス/生物量

 口译指南

排水(はいすい)/供水、排水、废水
バグフィルター/袋滤器
発泡(はっぽう)スチロール/泡沫苯乙烯
発泡(はっぽう)プラスチック/泡沫塑料
プロット/标绘、标绘图
ヘッドホン/头戴式耳机
方位角(ほういかく)/方位角
箒(ほうき)/扫帚
ポリシー/政策、政略、策略、方针
麻酔銃(ますいじゅう)/麻醉枪
マテリアルリサイクル/材料再生利用
マトリックス/矩阵、矩阵型
無線電送信器(むせんでんそうしんき)/
　　无线电信号发生器、无线电发报机
メガヘルツ/兆赫
目詰まり(めづまり)/细小的孔眼被堵塞
溶融(ようゆう)/熔化、溶解
ラジウム/镭
ラジオテレメトリー/无线电遥测技术
リサイクル/废物再生利用
リチウム電池(でんち)/锂电池
ロータリーキルン/旋转窑、回转窑
ロートヒーティング/路面加热
ロートブロック/路障

動物(どうぶつ)/动物：

象(ぞう)/象
ライオン/狮子
虎(とら)/虎
豹(ひょう)/豹
犬(いぬ)/狗
狼(おおかみ)/狼
猫(ねこ)/猫
鼠(ねずみ)/鼠
鼬(いたち)/黄鼬、黄鼠狼
猪(いのしし)/野猪
馬(うま)/马
オオトカゲ/鳄蜥
オッター/水獭
狐(きつね)/狐
熊(くま)/熊
猿(さる)/猴、猿猴
鹿(しか)/鹿
四不像(しぶぞう)/四不像、麋鹿
ゼブラ/斑马
ダイノソア/恐龙
狸(たぬき)/狸
ノロ/獐
パンダ/熊猫
豚(ぶた)/猪
針鼠(はりねずみ)/刺猬
山荒らし(やまあらし)/豪猪
リス/松鼠
驢馬(ろば)/驴
鰐(わに)/鳄鱼
オストリッチ/鸵鸟
烏(からす)/乌鸦
雁(がん)/雁
孔雀(くじゃく)/孔雀
クロツラヘラサギ/黑脸琵鹭
雀(すずめ)/麻雀
丹頂鶴(たんちょうづる)/丹顶鹤
燕(つばめ)/燕子
白鳥(はくちょう)/鹄、天鹅
鳩(はと)/鸽子

10. その他

通訳者として、覚えられた語彙は　多ければ多いほど良いので、多量の語彙がマスターできれば　通訳する場合　自信満々です。

自分の専門と需要によって　工夫に工夫を積んで、常用語彙を勉強しなければなりません。

その他に使われた常用語彙は　次のように。

暗号(あんごう)/密码
委員会(いいんかい)/委员会
言(い)うまでもない/不用说、不言而喻
委託(いたく)/委托
イデオロギー/意识形态
うなぎ登り(のぼり)/直线上涨
運転免許(うんてんめんきょ)/驾驶执照
オープナー/开瓶刀、开听刀、开口机
大鋸屑(おがくず)/锯末、锯木屑
カーボンペーパー/复写纸
改正(かいせい)/改正
カプセル/胶囊、密封容器
株主(かぶぬし)/股东
カルク/石灰
カルシウム/钙
カロリー/卡路里，热量的非法定计量单位
瓦(かわら)/瓦
基準(きじゅん)/基准、标准
ギター/吉他
きっぱり断る(ことわる)/断然拒绝
許可(きょか)/允许、许可、准许、批准
癖(くせ)/脾气、毛病、癖
クラフト紙(し)/牛皮纸
ゲーム/游戏
広告(こうこく)/广告
公判(こうはん)/公审
交番(こうばん)/派出所、警亭、轮班
合弁会社(ごうべんかいしゃ)/合营企业
沙蚕(ごかい)/沙蚕
項目(こうもく)/项目
コンクール/会演
コンテスト/比赛、比赛会
債権(さいけん)/债权
債務(さいむ)/债务
逆様(さかさま)/颠倒、相反、逆、倒
作業(さぎょう)/作业、劳动、工作
サッカリンメーター/糖度表
サボタージュ/怠工
参考(さんこう)/参考
住宅貸付(じゅうたくかしつけ)/住房贷款
簾(すだれ)/竹、苇编的帘子
ストライキ/罢工
実施(じっし)/实施、施行
四半期(しはんき)/一年的四分之一、季度
主催(しゅさい)/举办、主办
守秘(しゅひ)/保密
条項(じょうこう)/条款
錠剤(じょうざい)/药片
審査(しんさ)/审查
スリッパー/拖鞋
ソーラーバッテリー/太阳能电池
ソーラーパネル/太阳能电池板
怠業(たいぎょう)/怠工

大至急(だいしきゅう)/火速、十万火急
タイプライター/打字机
出来高払い(できだかばらい)/计件付酬、计件工资
釣り餌(つりえさ)/钓饵
釣竿(つりざお)/钓鱼竿
提出(ていしゅつ)/提出、提交
倒産(とうさん)/破产
ドクロ/骷髅头
床屋(とこや)/理发店、理发师
ドライアイス/干冰
トランプ/王牌
縫(ぬ)いぐるみ/布绒玩具
パーセント/百分之几
ファースト/第一、首先、最初、头等
鞴(ふいご)/风箱、皮老虎
背任(はいにん)/渎职
バイリンガル/两国语的
ヒル/蛭

ペンギン/企鹅
ボーリング/钻孔、钻探、保龄球
ボール紙(がみ)/纸板、马粪纸
保険公司(ほけんこうし)/保险公司
ホルマリン/福尔马林
ポンド/磅
マカオ/澳门
マッチ/火柴、火柴棒
面倒臭い(めんどうくさい)/太麻烦、麻烦极了
ヤード/码
溶媒(ようばい)/溶剂
ライター/打火机、点火器
リズム/韵律、节奏
ルーター/路由器
レポート/报告书
煉瓦(れんが)/砖
濾紙(ろし)/滤纸
ロボット/机器人、机器手

二、常用词汇

1. 工具

从日本进口先进的设备后，装配也好，维修也好，都需要工具。准备工作做不好的话，工作就不能顺利地进行。如果在装配的现场不能正确口译工具名称，就会影响到装配的进度。

工具的名称从测微计到大吊车不胜枚举。2009年11月，在大丰市森威精锻有限公司，装配日本栗本压机股份公司生产的C2F-20GWL压机时，使用过的工具名称如下。略。

2. 纺织品

1987年9月开始，我应盐城市胶鞋厂、盐城市虹宇时装有限公司、大丰市淮南纺织厂、亚丰针织厂、华美地毯厂、东台丝毯厂等企业的邀请，在纺织行业担任口译。曾去东京、大阪、广州、上海等地的国际展览馆参加过日本室内纺织品展览会、中国国际地面材料

及铺装技术等的展览会。

在展览会的摊位、纺织厂、服装厂等的现场，进行口译时，使用过的常用词汇如下。略。

3. 食品

1994年3月，我从中日合资丰东热处理有限公司到大丰市对外贸易公司，开始改行做对日贸易，主要出口到日本的是盐城地区生产的钓饵沙蚕、海蜇、辣根等商品。

说到食品，种类繁多。通常，贸易和接待上使用的常用词汇如下。略。

4. 工业

1987年1月开始，我应盐城市电子元件厂的邀请，开始做工业行业的口译。

接着，在大丰飞轮厂、中日合资丰东热处理有限公司、大丰市森威精锻有限公司等工厂担任口译。

工业行业使用的常用词汇如下。略。

5. 农业

我的故乡在江苏省无锡市，1964年9月，初中毕业后我作为知青下放到位于黄海之滨的新洋农业试验站，在那里干了25年农活。

依靠自学成为翻译后，我应新洋农业试验站、盐城市绿苑海蓬开发有限公司、大丰市棉花原种场、大丰市农林学校等单位的邀请，担任了农作物栽培、海水蔬菜开发等的口译。

农业的常用词汇如下。略。

6. 社交

口译是社交的桥梁，社交的内容十分丰富，包含政治、经济、文化等各个领域。引进外资、开展对外贸易、展开民间交流等，在各式各样的行业常常使用社交词汇。

宣传、接待、交流等时候使用的常用词汇如下。略。

7. 商务

从1993年5月开始，我应盐城市沙蚕站的邀请，靠国际电话和日本兵库县明石市大观镇的小林先生联系空运出口钓饵沙蚕，成为商务翻译。

1994年3月，我改行到大丰市对外贸易公司，靠国际电话和传真，开始做对日贸易。

由于互联网的普及，之后，我通过电脑给各个日本公司的商务合作伙伴发邮件，开始做起电子商务来。

通常，商务上使用的常用词汇如下。略。

8. 旅行

旅行是件愉快的事情，我多次去过日本的皇宫外苑、二重桥、和平公园、大涌谷等旅

游胜地,陪同日本客商一起游览苏州的拙政园、留园等有名园林后,与苏州市园林管理局的负责人就造园技术进行过洽谈。

通常,旅行上使用的常用词汇如下。略。

9. **环境保护**

人类为了生存和发展而重视环境保护。为了保护野生动物,从 1984 年 8 月到 1988 年 2 月,我应华东师范大学生物系的邀请,去了江苏、山东、河南、浙江等省,依靠无线电遥测术,研究过"黄鼬的数量和老鼠的关系""黄鼬的领域和活动节律"等课题。1987 年 5 月,日本的饭岛正广先生将他历时五年,在尼泊尔、印度取材的成果《伟大的林中之王老虎》这本书,送给了我。研究老虎时,他也采用了无线电遥测术。

关于环境保护,除了保护野生动物之外,还有污水处理、垃圾处理等。

环境保护上使用的常用词汇如下。略。

10. **其他**

作为译员,记牢的词语越多越好,如果能够掌握大量词语,口译时,就能充满自信。译员必须根据自己的专业和需要,不断下功夫,学习常用词汇。

其他方面使用的常用词汇如下。略。

第四章　現場の通訳

一、メモリーのスピードと長さ

　同時通訳を担当する場合　通訳は　話し手の発言と、ほぼ同時に行うので、メモリーの部分が少なくて、通常、一人の通訳者だけで、通訳することができます。

　逐次通訳を担当する場合　話し手が話しているうちに、通訳者は聞き取りながら、記憶していき、話し手の話が終わったところ、通訳者は　訳出の言葉で、その内容を通訳し始めます。

　もし、話し手の話が一分間か、二分間の短いうちに終わって、通訳しますと、あまり難しくないことですが、もし、話し手の話が十分間か、二十分間か、あるいはもっと長い時間で、終わりますと、通訳の難しさは相応に高くなります。記憶力は　通訳のキーポイントになりました。

　通常、通訳者の記憶力は　抜群で、地獄耳で、聞いたことは　忘れない腕前があります。

　私は　現場で逐次通訳を担当する場合、記憶力をアップする方法は　次のように。

1. メモリーの言語

　通訳の言語は　訳入語と訳出語の外に、メモリー語もあります。訳入語は　話し手から話した言葉などを通訳させるものです。訳出語は　訳入語の意味を訳出語の意味に訳してから、通訳者から聞き手に訳出する言葉です。メモリー語は　訳入語の意味によって、通訳者の頭にメモリーされた母国語です。

　私の母国語は　中国語ですので、通訳する場合、中国語は　私のメモリー語になります。

　言うまでもなく、強い責任感を持って、一心不乱で、聞き取れば、大脳皮質のメモリー機能がアップされます。

　私は　現場で通訳する場合、日本語を聞いているうちに、その意味が分かった同時に、対応の中国語を話す内容として、記憶しておきます。

　つまり、聞き取りながら、中国語で記憶し続けています。

何故ならば、私は　中国人で、一番使い慣れた言葉は　中国語で、中国語で記憶する場合　メモリーし易いから、通訳する場合　詳しく説明することができます。
　ですから、通訳の内容は　日本語でも、中国語でも、矢張り一番使い慣れた母国語で、記憶する方が良いと思います。

2. メモリーのキーポイント

　通訳者は　テープレコーダーではないので、地獄耳があっても、長々しい内容を全部マスターしかねます。
　現場で通訳する場合、私は　話し手から話した内容によって、キーポイントを掴んで、記憶しておきます。後は、掴んだキーポイントの内容によって、縮めた内容をもとの意味に拡大されてから、訳出語で話し出します。
　もし、記憶する場合　キーポイントの内容を掴まないで、十把一絡げに取り上げると、通訳する場合「彼方立てれば、此方が立たぬ」の現象が出てくるに違いありません。

3. ノートしない習慣

　通訳するうちに、ノートする場合もあるし、ノートしない場合もあります。現場で通訳する場合、聞き取った内容を忘れないために、聞き取りながら、ノートする方法はよく使われています。ノートした要点によって、通訳すれば　楽は　楽になりますが、ノートする場合は　手で書き留める動作がありますので、気を散らして、注意力の集中ができないので、話し手から話した内容を聞き落したり、聞いてから忘れたりする場合があり、このような寸進尺退で、引き合わないのです。
　また、注意力をノートに転移した後で、通訳の正しさに悪い影響を及ぼします。
　通訳の実践によって、ノートする場合とノートしない場合を繰り返して、比べてみますと、矢張りノートしない方が良いと思います。ノートしない習慣を養成しますと、全ての精力を集中して、専らに聞き取れば、聞き落す現象を防止することができます。
　ノートしない場合　大脳のドーパミンやアナリシスやメモリーなどの機能がもっとアップされ、聞き忘れる現象も防止できます。つまり、通訳する場合　なるべく頭を使って、手を使わないようにします。ノートする習慣が養成されたら、依頼性があり、改正しがたいのです。
　現場で通訳する場合　ノートしない目的は　全ての精力を集中して、専らに聞き取って、スムーズに転換され、しっかりと覚えられ、完璧に通訳します。ですから、私は最初からノートしない方法を採用し、長期にわたる粘り強い努力によって、終にノートしない習慣が養成されました。
　普通、通訳が終わりますと、私は　使われた新出単語や専門用語などを手帳に書き留

めます。

4. ながら族の腕前

現代社会の速やかな発展につれて、人々の生活リズムがますます速くなり、ながら族という人が現れてきました。私も畑で綿を摘みながら、ラジオ日本語講座を聞いたことによって、通訳になりました。

同時通訳を担当する場合　通訳者の口は　話し手から話した第一番目のセンテンスを訳出の言葉で話し出し、頭は　話し手から話した第二番目のセンテンスを考えて、耳は　話し手から話した第三番目のセンテンスを聞き取って、常に、話し、考え、聞き取り、三つの仕事が同時に行なわれています。

逐次通訳を担当する場合　話し手から話した内容を聞き取って〜転換して、記憶しながら、聞き取って、続いて転換して、記憶しながら、聞き取って……話し手の話が終わるまで、ずっと、ながら族の腕前で、繰り返して、やり続けていきます。話し手の話が終わると、記憶した内容を訳出の言葉で、話し出します。

また、話し手から話した内容を聞き取る場合　通訳者の目は　話し手の表情や動作などに注目しなければなりません。例えば、服装工場の作業場で、技術者佐藤さんは右手の二本指で、クリックしながら、「にほんばり」と話したところ、私は　注目しながら、聞き取って、直ぐ「二本針」が分かりました。もし、話し手の表情や動作などに注目しなければ、聞き取るだけで、「にほんばり」を「日本針」として、通訳しますと、冗談じゃないですか。

なお、通訳する場合　笑顔を忘れないで、気楽な状態があらわれています。もし、顔が赤くなって　大慌てで、緊張が高まると、必ず通訳できない状態に陥ります。

通訳者は　様々な困難を乗り越えて、長期の実践を通じて、独りでに、ながら族の腕前が形成されます。

5. 通訳のスピード

普通、通訳の正確さを保証する上で、通訳のスピードは　速ければ、速いほどよいですが、通訳のスピードは　通訳者の成熟度や熟知度や熟練度などに関連しています。

成熟度とは　主に、通訳する場合　両国の言葉を転換する能力です。この能力は勉強することによって、獲得することができます。勉強すれば、するほど、成熟度がアップされます。通訳できるかどうかは　通訳者の成熟度によって、決められます。成熟度の高い通訳者は　両国の言葉の応用は　不自由なしなので、スムーズに通訳することができます。成熟度の低い通訳者は　新出単語や文法などの面で、時々困ったことがありますので、通訳する場合　とぎれとぎれにして、何度も中断することがあります。

熟知度とは　通訳の内容に対して、よく知っています。通訳の内容を熟知すれば、前もっての準備がありますので、通訳する場合　まるでポケットの中から、物を取り出すような便利です。例えば、1987年1月に、私は　塩城市電子部品工場からの招きに応じて、輸入したプラント設備の取扱説明書を翻訳する場合、マイナスドライバーという新出単語に出会いましたが、その意味は　分かりませんでした。日本語外来語辞典を引きましたが、マイナスドライバーという単語は　ありません。辞典には　日本語のマイナスは　中国語の「負的」という意味で、日本語のドライバーは　中国語の「起子」という意味で、もし、日本語のマイナスドライバーを中国語の「負的起子」に通訳しますと、どんなものか？自分でも、分かりません。

　分からないうちに、家内は　台所から声を掛けて、「昼ご飯よ！」

　私は　台所に行く場合　突然にドアの扉に、マイナスドライバーで、ドアロックを取り付ける場合　残した刻み目が見られました。あー！その一のような刻み目を見て、日本語のマイナスドライバーは　中国語の「平口起子」が分かりました。推理によって、日本語のプラスドライバーは　中国語の「十字起子」も分かりました。翻訳は　順調に続けられていきました。

　1987年6月に、日本製鋼所株式会社のサービスマン山本様はプラントのアフターサービスのために、塩城市電子部品工場に来られました。作業場で、第一番目に必要な道具は　マイナスドライバーで、私は　直ぐに、日本語のマイナスドライバーを中国語の「平口起子」に通訳しました。

　熟練度とは　同じの内容が何度も繰り返して、通訳されましたか、毎日、作業場の現場で、ぐるぐる回って、各工程に対して、よく知っていますか、通訳した内容は　しっかり覚えられたので、再び通訳する場合、熟練したうえで、極めて速いスピードで、スムーズに通訳することができます。

　例えば、私は　技術者佐藤さんの通訳として、毎日、服装工場の作業場に行って、裁断から包装までの各工程を検査して、指導の意見を出します。夕方の会議場で、佐藤さんは　一日中の意見を纏めて、長々と話しても、私は　楽に、速やかなスピードで、通訳することができます。それから見ると、どんな難しい内容としても、熟練してから、慣れれば、みな楽に正しく通訳することが分かりました。

6. 記憶の簡便な方法

　1988年10月に、大豊県フリーホイール工場の講堂で、日本前田工業株式会社の技術者平井栄三様は　フリーホイール工場の技術者たちに授業する場合、私は　現場で通訳を担当します。

　授業の内容には　専門用語の外に、たくさんのデータもあります。正しく訳出する

第四章　現場の通訳

ために、逐次通訳するうちに、何分毎に、平井様の話をストップして、通訳が完成されてから、平井様に　話し続けてもらいました。昼ご飯の場合、若者の丁さんから声が掛かりました。「朱さんの通訳レベルは高いですが、平井さんの話をストップしないで、始めから終わるまで、一息で通訳ができますか。」

私は「できますよ。」と答えました。

午後、私は　平井様に「昼ご飯の場合、若者の丁さんから、一息で通訳する要望を提出してくれましたが、おっしゃることには専門用語や略語やデータなどは　沢山がありますので、チョークで黒板に書きながら、話してくださいませんか。」と言いました。平井様は「はい、はい、」と言って、チョークで、黒板に書きながら、話し始めました。こうして、話した内容は　どんなに長々しくても、私は　黒板に書いた字を見て、一息で楽に通訳することができます。

記憶の簡便な方法は　文字を書く外に、プロジェクターを利用した投影法もあります。投影した内容を見ながら、通訳する場合も楽になります。

また、通訳する前に、話し手のスピーチ原稿や参考資料などを手に入れて、前もって、メモリーして、よく準備すれば　通訳する場合も楽になります。

勿論、何も知らないうちに、通訳させる場合もあります。このような状況に対して、普段からメモリーに力を入れて、多量の語彙をしっかり覚えなければなりません。

第四章　现场口译

一、记忆的速度和长度

进行同声传译时，口译和说话人的发言几乎是同时进行的。因此，记忆的部分少。通常，只需要一名译员，就能进行口译。

交替传译时，说话人在说话的时候，译员边听边记忆。说话人说话结束时，译员用译出语言开始口译其内容。

如果说话人的话在一分钟或者两分钟的短时间内结束，进行口译就不怎么难。但是，如果说话人的话十分钟、二十分钟，或者更长的时间才结束，口译的难度相应会增加。记忆力成了口译的关键。

通常，译员的记忆力都很出众，耳朵灵，有过耳不忘的本事。

我在现场担任交替传译时，增强记忆力的方法如下。

1. 记忆的语言

口译的语言,除了译入语和译出语之外,还有记忆语。译入语,是说话人说的语言等让人口译的东西。译出语,是将译入语,译成译出语之后,由译员向听话人说出的语言。记忆语,是根据译入语的意思,被记忆在译员大脑里的母语。

因为我的母语是汉语,所以口译时,汉语成了我的记忆语。

不言而喻,有强烈的责任感,专心致志地听,大脑皮层的记忆机能就能提高。

我在现场进行口译时,听日语的时候,就懂了其意思,同时将对应的汉语,作为说的内容,进行记忆,即听取,边用汉语不断进行记忆。

因为我是中国人,用惯的语言是汉语,用汉语进行记忆对我而言比较容易,所以口译时,能够详细地进行说明。

因此,为了增加记忆的速度和长度,口译的内容日语也好汉语也好,还是要用最习惯的母语进行记忆比较好。

2. 记忆的要点

译员不是磁带录音机,即使过耳不忘,也很难全部掌握很长的内容。

在现场进行口译时,对说话人说的内容,我先抓住要点进行记忆。之后,根据抓住的要点将压缩了的内容扩展到原本的意思之后,用译出语说出来。

记忆时不抓要点内容,不分青红皂白、眉毛胡子一把抓的话,口译时一定会出现顾此失彼的现象。

3. 不记笔记的习惯

口译时,既有记笔记的也有不记笔记的。在现场进行口译时,为了不忘记听到的内容,常用边听边记笔记的方法。根据记下的要点口译的话轻松是轻松,但是因为记笔记时有用手记下来的动作,所以导致精神分散不能集中注意力,或者听漏了说话人说的内容,或者出现听了忘掉的情形,这样做得不偿失,不合算。

再则,将注意力转移到笔记上会给口译的正确性带来不良影响。

我根据口译的实践,将记笔记和不记笔记的情况进行反复比较,觉得还是不记笔记为好。一旦养成不记笔记的习惯,集中全部精力专心听的话,就能防止听漏的现象。

不记笔记时,大脑皮层的输入、分析、记忆等机能进一步提高,能防止听了忘记的现象,即口译时尽量用脑而不用手。养成了记笔记的习惯的话就有依赖性,难以改正。

在现场进行口译时,不记笔记的目的是集中全部的精力,专心地听,顺利地转换,牢牢记住,完美口译。因此,我一开始就采用不记笔记的方法,依靠长期不懈努力,终于养成了不记笔记的习惯。

一般，口译一结束，我就会把用过的新单词、专业术语等记到笔记本上。

4. 一心两用的本事

随着现代社会的迅速发展，人们的生活节奏变得越来越快，出现了一心两用的人。我也是在田里，一边摘棉花，一边听日语广播讲座，然后成了一名翻译。

同声传译时，译员用译出语说出说话人说的第一个句子；头脑中考虑着说话人说的第二个句子；耳朵听着说话人说的第三个句子；经常是，说话、思考、听取，三项工作同时进行。

交替传译时，听取说话人说的内容要边转换、记忆，边听取，再继续边转换、记忆，边听取……直到说话人的话结束，一直用一心两用的本事反复做下去。说话人的话一结束就将记忆的内容用译出语言说出来。

再则，听取说话人说的内容时，译员的眼睛必须注视说话人的表情、动作等。例如，在服装厂的车间，技术员佐藤先生一边用右手的两根手指做点击动作，一边说："にほんばり"，我边注视边听，马上明白了"二本針"（双针）。如果不注视说话人的表情、动作，只是听，将"にほんばり"译成"日本針"的话，不是开玩笑了吗？

还有，进行口译时要面带微笑，呈现一种轻松的状态。如果面红耳赤、慌慌张张、精神紧张的话，必然会陷于不能口译的状态。

译员克服种种困难，通过长期实践，会自然而然地培养一心两用的本事。

5. 口译的速度

一般，在保证口译准确性的前提下，口译的速度越快越好，然而，口译的速度与译员的成熟度、熟悉度、熟练度等相关。

所谓成熟度，主要指口译时转换两国语言的能力。该能力能够依靠学习获得。学的越多，成熟度越高。是否能够口译由译员的成熟度决定。成熟度高的译员对两国语言的应用炉火纯青，因此能够顺利地口译。成熟度低的译员，因为时常为新单词、语法等方面而苦恼，所以口译时断断续续。

所谓熟悉度，是对口译的内容非常了解。熟悉口译内容，因为有了预先的准备，所以口译的时候犹如探囊取物。例如，1987年1月，我应盐城市电子元件厂的邀请，翻译进口成套设备的使用说明书时，遇到了"マイナスドライバー"这个新单词，不知道它的意思。我查了日语外来语词典，但没有"マイナスドライバー"这个单词。词典里，日语的"マイナス"，是"负的"这个意思，日语的"ドライバー"，是"起子"这个意思。如果将日语的"マイナスドライバー"译成"负的起子"，是什么东西连我自己也不知道。

就在不明白时，妻子在厨房叫道："吃饭啦！"

我去厨房时，突然看到了门板上用平口起子安装门锁时留下的刻痕。啊！

看到那个像"一"一样的刻痕,我明白了日语的"マイナスドライバー"是汉语的平口起子。按照推理,也就知道了日语的"プラスドライバー"是汉语的十字起子,翻译顺利地继续下去了。

1987年6月,日本制钢所股份公司的技师山本先生,为了成套设备的售后服务,来到了盐城市电子元件厂,在车间第一个要的工具,就是"マイナスドライバー",我马上将日语的"マイナスドライバー"口译成"平口起子"。

所谓熟练度,是指相同的内容被反复口译,或者译员每天在车间不停地转,对各道工序非常了解,口译的内容已被牢牢记住,所以译员再次口译时就能以极快的速度,流畅地进行口译。

例如,我作为技术员佐藤先生的翻译,每天去服装厂的车间,检查从裁剪到包装的各道工序,并提出指导意见。在傍晚的会场上,即使佐藤先生归纳了一整天的意见,说了很长的话,我也能轻松地以很快的速度进行口译。由此可见,不管多么难的内容,熟练之后都能轻松、正确地进行口译。

6. 记忆的简易方法

1988年10月,在大丰县飞轮厂的大礼堂,日本前田工业股份公司的技术员平井荣三先生给飞轮厂的技术员们授课时,我在现场担任口译。

授课的内容除了专业术语之外还有许多数据。为了正确地译出,在进行交替传译时,每隔几分钟我就打断平井先生的话,译完后,平井先生继续说。吃午饭时,年轻人小丁发问道:"老朱的口译水平蛮高的,但能否不打断平井先生的话,从始至终,一口气译完?"

我回答:"能啊!"

下午,我对平井先生说:"吃午饭时,年轻人小丁给我提出了一口气译完的要求,但您说的话里面,有许多专业术语、略语、数据等。因此,能否请您用粉笔在黑板上一边写一边说?"平井先生说:"行!行!"于是开始一边用粉笔在黑板上写一边说。这样一来,不管说的内容多么长,我看着黑板上写的字,就能够一口气轻松地译出。

记忆的简易方法除了写字之外也有使用投影仪的投影法,一边看投影的内容,一边口译,也就轻松不少。

再则,口译之前,将说话人的演讲稿、参考资料等弄到手,预先记忆、充分准备,进行口译时也会变得轻松。

当然,也有在一无所知的情况下进行口译的。针对这样的状况,就必须平时在记忆上下功夫,牢牢记住大量的词汇。

二、困った場合

1. 聞き取れない場合

　話し手の声が小さくて、聞き取りにくい場合、聞き手としての通訳者は　話し手に近付いて、一心不乱に聞けば、聞き取れない問題が解決できます。

　早口で聞き取れに間に合わないのを解決する方法は、普通、テープレコーダーの早送りボタンを押して、早送りの方法で、発音のスピードをアップして、読みこなした内容を二倍のスピードで聴けば　トレーニングによって、慣れてから、どんなに早口でも、聞き取れます。

2. 分からない場合

　世界中の知識は　まるで広い海のようで、どんな立派な人でも、全部マスターできるのは　不可能です。通訳者も同じで、時々分からない内容に遭ったことがあります。

　通訳するうちに、分からない内容に遭ったら、私の解決する方法は　次のように。

（1）話し手や他の人などに聞きます

　話し手の方言やミスなどの原因で、話した言葉が分からない場合　念のために、話し手に聞いて、確認してから、通訳します。例えば、1989年10月に、私は　中日合資豊東熱処理有限公司研修団の通訳として、オリエンタルエンヂニアリング株式会社の川越工場に行きました。埼玉県川越市芳野台の寮に入ってから、日本人の招待係様は　日本語で「先ずは、にてについて　話しましょう」と話しましたが、通訳者としての私は『にて』とはっきり聞いたのに、その意味が分かりません。招待係様から話した「にて」をロジックによって、推測しますと、日本語の日程ですが、日程の発音は「にってい」で、「に」の後には「促音」があり、『て』の後には『い』があります。

　念のために、招待係様に「にては　日本の日、程度の程で、にっていですか」と聞きました。

　招待係様は　「はい、そうです。」と答えました。

　私は　スケジュールの意味が分かった後で、中国語の「首先,说一下日程吧」に通訳しました。後は　招待係様の話を聞き慣れてから、聞けば、すぐ分かりました。

　また、専門用語が分からない場合もあります。例えば、1997年5月に、私は　大豊市紡績工場で、通訳を担当する場合、工場の作業場に入ったばかり、作業場の責任者は中国語で「请问一下:钢箔什么时候到?」と聞きましたが、中国人としての私は　「钢箔」の意味が分からないので、日本語で対応の専門用語に通訳できませんでした。私は中国語で、作業場の責任者に「钢箔是什么?」と聞きました。作業場の責任者は　一つ壊れた部品を指差しながら、『那个部件就是钢箔』と答えました。

　　すると、私は　あの部品を指差しながら、中国語の「请问一下：钢箝什么时候到?」を日本語の「ちょっと伺いますが、あの部品はいつ到着しますか」に通訳しました。日本人のサービスマン様は「来週に到着します」と答えました。私は　中国語の「下个星期到」に通訳してから、日本語で「あの部品は　日本語で何と言いますか」と聞きました。日本人のサービスマン様は「オサ」と答えました。その後、「オサ」という専門用語は　何時までも、覚えられています。

　　逆に、分からない場合、聞き手に聞いたこともあります。例えば、2005年、私は　青巒株式会社の山田部長様と一緒に山東省招遠金都塔林食品有限公司で、緑豆春雨の品質管理について相談する場合、山田部長様は『過酸化ベンゾイル』と話しました。私は中国語で工場の責任者に「刚刚山田先生说：过氧化什么的啊?」と聞きますと、工場の責任者は　直ぐに中国語で『过氧化苯酰』と答えました。

　　一体、どちら様に聞きますか、これは　現場の状況によって、決められます。

（2）続けざまに推測します

　　通訳するうちに、分からない内容に遭ったら、キーポイントの内容は出来るだけ話し手や他の人などに聞いて、確認した後で、通訳します。普通の内容に遭ったら、分からなくても、文中の意味やロジックの常識や自分の理解などによって、続けざまに推測することができます。例えば、日本農業技術者様の講座には「夜盗虫」という害虫の名前が出てきました。夜盗虫という専門用語は　初耳で、その意味が分りませんが、私の経験によって、夜に出てくる地下害虫は　中国語の「土蚕」で、「地老虎」とも呼ばれています。

　　すると、続けざまに推測して日本語の夜盗虫を中国語の「地老虎」に通訳しました。

　　また、人名や地名や薬品などの名称に対して、分からない場合、その発音によって、音訳することもできます。もし、分からない場合　ストップして、通訳できないと、双方の交流も途絶します。ですから、順調に通訳を続けていくために、続けざまに推測することも、不可欠です。

（3）量より質です

　　もし、どんなに推測しても、通訳できなければ　仕方がないので、この分からない部分を省略して、いたずらに量の多さを求めるよりむしろ、欠けている方が良い原則に基いて、ただ、分かった内容を通訳してみます。もし、通訳者は　分からない部分を出鱈目に通訳すれば、通訳した内容は　冗談になりがちです。この分からない部分を省略して、通訳する方法は　仕方がない方法で、提唱に値しません。

　　分からない現象を予防するために　通訳者は　前もって　各分野の様々な知識をよく勉強し、博識の人材になり、ロジックのある考えや両国の言葉の転換などの能力をア

ップし、通訳のスピードを上げて、スムーズに通訳する習慣を養成してから、余裕を持って、困難に対処することができます。

3. 揃わない場合

言葉は　思惟の殻で、通常、言葉の辻褄は　論理に合っていますが、辻褄の合わないことが出たら、論理的な混乱も出て来ます。

論理的な混乱が出たら、揃わない場合も出て来ます。

通訳するうちに、揃わない場合は　次のように：

（1）前後が揃わない場合

話し手でも、通訳者でも、話した内容は　前後が揃わなければなりません。

話した内容は　前後が揃わないと、信用もなくなるので、時々冗談になります。

（2）両側が揃わない場合

通訳を担当するうちに、時々話し手から問題を提出してから、聞き手は　問題に答える場合、頓珍漢になって、問題を履き違えて、答えることに遭ったことがあります。

例えば、1992年6月に、私は　福建省南平市のホテルで、夕食を食べる場合、席上で、日本の川西社長様は　ウエートレスに「このあたりの山奥には　真竹がありますか」と聞きました。

私は　中国語の『这一带山里有苦竹吗?』に通訳しました。

ウエートレスは　中国語で『这一带山里有很多竹子。』と答えました。

私は　中国語で『社长问的是这一带山里有没有苦竹？没有问竹子的数量，请考虑好后再回答。』と説明しました。

ウエートレスは　中国語で『不知道有没有苦竹。』と答えました。

川西社長様は「何？何？」と聞きました。

私は「先程、社長からは　このあたりの山奥には　真竹がありますかと聞きましたが、彼女は　このあたりの山奥には　竹はたくさんがあると答えました。もし、そのままに通訳しますと、彼女から答えた内容は　社長から聞いた内容と履き違えてきたので、通訳しても、両側の意味が揃わないんです。ですから、彼女に社長から聞いたのは　このあたりの山奥には　真竹がありますか、竹の数量を聞いているわけじゃないで、よく考えてから、答えてください。彼女から真竹のあるかどうかは　分かりませんと答えました。」

川西社長様から　国際レベルの通訳ですね、感情を抑えられないように、褒められてしまいました。

4. 忘れた場合

話し手が長々と喋った後で、逐次通訳させますと、話し手から始めて話した内容を忘

れた場合もあります。

通常、大部分の内容を忘れた場合、覚えられたキーポイントの字などを活用して、通訳することができます。

例えば、話し手は 中国語で「风雨送春归,飞雪迎春到,春天终于来了。我代表工厂的全体员工,衷心感谢您远道而来……」とひっきりなしに喋っていき、十五分間の内容を喋った後で、逐次通訳させますが、通訳者は 始めに聞いた内容は 殆ど忘れてしまいました、ただ、雨……雪……春天……代表……感謝……だけを覚えています。日本語で 風雨は 春を送り、雪は 飛雪して、春を迎え、やっと、春が来ました。私は 工場の全員を代表して、遠いところから、お越しいただいて、心から感謝していたします……に通訳できません。すると、雨と雪が降るうちに、春が来ました。私は 工場の全員を代表して、皆様のご来場を感謝していたします……に通訳します。

5. 両立の場合

1992年6月に、私は 上海ホテルで、同時に川西造園土木株式会社と蘇州市園林管理局や朝生林業株式会社と上海金橋貿易公司などの通訳を担当します。川西造園土木株式会社と蘇州市園林管理局は 造園技術について、相談し、借景や対景や回遊式庭園などの専門用語をよく使います。朝生林業株式会社と上海金橋貿易公司は 竹を輸入することについて、竹の品種や産地や燻蒸処理などを打ち合わせます。両側に両立で通訳する場合 その難しさは 想像し難いで、次のことに注意しなければなりません。

(1) 注意力を集中して、聞き取ります

多方面にわたって、会話する場合、通訳者は 注意力を集中して、耳をすませばよいのです。頭は 聞き取った内容を記憶し、聞き取った内容は 日本語ならば、その外国語を使い慣れた中国語に転換してから、記憶します。続いて、聞き取りながら、記憶した内容を繰り返して、復習する同時に、記憶しながら、聞き取り続けていきます。初めから終わるまで、通訳する過程が完全に感知されます。目も見逃さないように、現場の状況に注目しています。

(2) 早口の方式で通訳します

両立の場合、通訳の内容は 普通の二倍になり、通訳のスピードは 速ければ速いほどよいで、通訳者は できるだけ早口の方式で、通訳します。早口の方式で通訳してから、聞き取りに集中して、笑顔で冷静に待って、次の通訳するために、準備をします。

(3) 通訳のリズムに注意します

両側の通訳をきちんとして、乱れないように、進めるために、通訳者は 現場の状況によって、通訳のリズムに注意しながら、通訳します。

リズムの設定する方法は 次のように。

第四章　現場の通訳

　　段落の内容に応じて、リズムを設定します。通訳者は　左側の話し手から話した内容を通訳しながら、右側の話し手から話した内容を聞き取ります。左側の話し手から話した内容を訳了しますと、右側の話し手から話した内容を通訳しながら、左側の話し手から話した内容を聞き取ります。両側の話した言葉に対しては　段落の内容に応じて　一定のリズムで、切り替えして、逐次通訳します。

　　時間によって　リズムを設定します。両側を二交代に分けて、五分間ごとに、安定的なリズムで、それぞれに、逐次通訳します。

　　お客様の要望によって　リズムを変えます。キーポイントの内容を相談する場合、お客様の要望によって、片側で通訳し続けていますので、リズムも変わります。

6. 訳了と纏め

　　通常、訳了した後で、司会者の指令によって、行動し、全員で写真を撮る場合もあるし、パーティーに参加する場合もあります。それは　場合によりけりです。通訳者としては、話し手に注目するほかに、周りの人々を見まわして、もし、皆様は　何も言わなければ、身の回り品を片付け始めます。暇乞いをする場合、礼儀作法を忘れないようにして、トップリーダーやお客様などの後で、席を外します。

　　通常、私は　通訳するうちに、ノートしないで、帰ってから、通訳した内容を振り返って、新出単語などを纏めて、手帳にノートします。もし、専門用語に対して　疑問があれば、業界の専門家に聞いて、確認してから、ノートします。例えば、1989年1月に、私は　中日合資豊東熱処理有限公司の通訳になったところ、日本語の「浸炭窒化」を中国語の「滲碳氮化」に通訳しましたが、熱処理の専門家孫さんは　「滲碳氮化」を熱処理の専門用語の「碳氮共滲」に修正してくれました。その後、わたしは　日本語の「浸炭窒化」を中国語の「碳氮共滲」に通訳し始めました。

　　また、工業炉の前扉に、「バターフライ」という部品があります。外来語辞書を引きますと、日本語の「バターフライ」は　中国語の「遮羞布、野妓、蝶泳」などのですが、意味が全然合わないので、バターフライを書いた図面を持って、機械と熱処理の専門家に聞きました。機械の劉さんから　これは　プッシュプルカーのフックの出入り口のドアだと答えました。熱処理の孫さんから　これは前扉のブロックだと答えました。すると、私は　日本語のバターフライを中国語の「前門挡块」に訳して、手帳にノートしました。

　　なお、インターネットによって、日本側の同業界のホームページを調べて、専門用語を確認してから、ノートした場合もあります。通訳者にとって、毎回の通訳が完成された後で、纏めることはとても重要です。

　　通訳するうちに、成功した部分は　経験で、失敗した部分は　教訓で、失敗から教訓

をくみ取れば、失敗したことはたぶん二度と起こりません。纏めることによって、少しずつ、積み重ねて、通訳の腕は 必ず上達します。

二、感到难以应付时

1. 听不清

　　说话人的声音小，难以听清时，作为听者的译员，可以靠近说话的人。专心致志地听的话，就能解决听不清的问题。

　　解决因为说得快，来不及听的问题，一般是平时按磁带录音机的快进键，用快进的方法，加快发音的速度，将读透的内容，用两倍的速度听，依靠训练，习惯之后不管说得多么快也能听清楚。

2. 弄不懂

　　世界上的知识犹如辽阔的大海一样，不管多么卓越的人也不可能全部掌握。译员也一样，常常遇到听不懂的内容。

　　口译时，遇到不懂的内容，我的解决方法如下。

　　（1）问说话人、其他人等

　　由于说话人的口音、失误等原因，当听不明白说的话时，谨慎起见，可问说话人，确认之后再口译。例如，1989年10月，我作为中日合资丰东热处理有限公司研修团的翻译，去了东方工程公司的川越工厂，进了埼玉县川越市芳野台的宿舍后，日本人的接待员用日语说了："先ずは、にてについて　話しましょう"。作为译员的我，清楚地听到了"にて"，却不知道其意思。

　　如果将接待员说的"にて"，根据逻辑进行推测的话，是日语的日程。但日程的发音是"にってい"，在"に"的后面，有个"促音"，在"て"的后面，有个"い"。谨慎起见，我问了接待员："'にて'是日本的'日'、程度的'程'，是'にってい'吗？"

　　接待员答道："对，是的。"

　　我知道了日程的意思后，口译成"首先，说一下日程吧"。后来，听惯了接待员的话之后，一听就懂了。

　　再则，也有不懂专业术语的时候。例如，1997年5月，我在大丰市纺织厂担任口译，刚刚进工厂的车间，车间的负责人就用汉语问："请问一下，钢筘什么时候到？"作为中国人的我，不知道"钢筘"的意思。因此，不能用日语口译成对应的专业术语。我用汉语问车间的负责人："钢筘是什么？"车间的负责人，一边用手指着一个损坏的部件，一边回答："那个部件，就是钢筘。"

于是，我一边用手指着那个部件，一边将汉语"请问一下，钢箍什么时候到？"口译成日语"ちょっと伺いますが、あの部品はいつ到着しますか？（请问一下，那个部件什么时候到？）"日本技师回答："来週に到着します。（下个星期到。）"我口译成汉语"下个星期到"之后，用日语问："あの部品は日本語で何と言いますか（那个部件，用日语怎么说？）"日本技师回答："オサ"。之后，"オサ"这个专业术语我就永远记住了。

反之，不懂时也有问听话人的。例如，2005 年，我和青峦股份公司的山田部长先生，一起在山东省招远金都塔林食品有限公司，就绿豆粉丝的品质管理进行洽谈时，山田先生说了："過酸化ベンゾイル"。我用汉语问工厂的负责人："刚刚山田先生说过氧化什么啊？"工厂的负责人就用汉语回答"过氧化苯酰"。

究竟问哪一位，这要根据现场的况状来决定。

（2）连估带猜

口译中，遇到听不懂的内容，如果是关键的内容，尽量问说话的人或其他人等，确认后再口译；如果是一般的内容，即使不明白也可以根据文中的意思、逻辑常识、自己的理解等，连估带猜。例如，在日本农业技术员的讲座里，出现了"夜盗虫"这个害虫的名称。我第一次听到"夜盗虫"这个专业术语，不知道其意思，但根据我的经验，在夜里出来的地下害虫，在汉语中称作"土蚕"，也称作"地老虎"。于是，我连估带猜将日语的"夜盗虫"口译成了汉语的"地老虎"。

再则，对人名、地名、药品等的名称，弄不懂时，也可以根据其发音进行音译。如果听不懂就停下来，双方也就难交流了。因此，为了顺利地将口译继续下去，连估带猜也是不可欠缺的。

（3）宁缺毋滥

不管怎么推测也不能口译的话，实在没有办法，只好将不懂的部分进行省略。基于宁缺毋滥的原则，只能将懂的内容进行口译。如果译员将不懂的部分胡乱口译，往往会出现笑话。省略不懂部分进行口译是没有办法的办法，不值得提倡。

为了预防听不懂的状况，译员预先要好好学习各个领域的各种各样的知识，成为知识渊博的人才，提高逻辑思维能力、两国语言转换能力等，加快口译速度，口译时就能游刃有余。

3. 不一致

语言是思维的外壳。通常，前后文是符合逻辑的。假如出现了无条理的情况，逻辑的混乱也就出现了。假如出现了逻辑的混乱，那么不一致的情形也就出来了。

口译中不一致的情形如下。

(1) 前后不一致

说话的人也好，译员也好，说的内容必须前后一致。说的内容前后不一致，就会失去信用，有时还会闹笑话。

(2) 两边不一致

担任口译时，常常遇到说话的人提出问题之后，听的人回答问题时前言不搭后语、答非所问的情况。例如，1992年6月，我在福建省南平市的宾馆吃晚饭时，席上，日本的川西社长问服务员："このあたりの山奥には真竹がありますか。"我口译成汉语："这一带山里有苦竹吗？"

服务员用汉语回答："这一带山里有很多竹子。"

我用汉语进行说明："社长问的是这一带山里有苦竹吗？没有问竹子的数量，请考虑好后再回答。"

服务员用汉语回答："不知道有没有苦竹。"

川西社长问："什么？什么？"

我说："刚才社长问了，这一带山里有苦竹吗？她回答，这一带山里有很多竹子。如果照旧口译的话，她回答的内容就答非所问，即使口译，两边的意思也不一致。因此，我对她说，社长问的是这一带山里有没有苦竹，没有问竹子的数量，请好好考虑后再回答。她回答不知道有没有苦竹。"

川西社长情不自禁地夸道："国际水平的口译啊！"

4. 忘记

说话的人长篇大论后让人交替传译的话，译员也有将说话人开始说的内容忘记的情形。

通常，忘记大部分内容时可以有效运用记住的关键字等进行口译。

例如，说话人用汉语说："风雨送春归，飞雪迎春到，春天终于来了。我代表工厂的全体员工，衷心感谢您远道而来……"喋喋不休地说了15分钟后，让人交替传译。但是，译员开始听到的内容，几乎忘掉了，只记得："雨……雪……春天……代表……感谢……"。不能用日语口译成："風雨は　春を送り、雪は　飛雪して、春を迎え、やっと春が来ました。私は　工場の全員を代表して、遠いところからお越しいただいて、心から感謝していたします……"。于是，口译成："雨と雪が降るうちに、春が来ました。私は工場の全員を代表して、心から皆様のご来場を感謝していたします……（雨雪降落之际，春天来到了。我代表工厂的全体员工，衷心感谢诸位到场……）"。

5. 并存

1992年6月,我在上海宾馆同时担任川西造园土木股份公司和苏州市园林管理局、朝生林业股份公司和上海金桥贸易公司等的口译。川西造园土木股份公司和苏州市园林管理局就造园技术进行洽谈,常用借景、对景、回游式庭院等专业术语。朝生林业股份公司和上海金桥贸易公司,就进口竹子,磋商竹子的品种、产地、熏蒸处理等。两边同时口译,其难度难以想象,必须注意下面的事项。

(1) 集中注意力听

涉及各方面会话时,译员集中注意力侧耳倾听为好。头脑记忆听到的内容,如果听到的内容是日语的话,就将该外语转换成使用习惯的汉语之后进行记忆。接着,一边听取,一边反复记忆内容,进行复习的同时,继续边记忆,边听,自始至终完全能够感觉到口译的过程。眼睛也不要错过看的机会,注视现场的状况。

(2) 用嘴快的方式口译

并存时,口译的内容是平时两倍的量,口译的速度越快越好。译员尽量用嘴快的方式口译。用嘴快的方式进行口译后,集中精力听,保持微笑,冷静等待,为下次口译做准备。

(3) 注意口译的节奏

为了将两边的口译有条不紊地进行下去,译员要根据现场的状况,一边注意口译的节奏,一边进行口译。

节奏的设定方法如下:

根据段落的内容设定节奏。译员一边口译左边说话人说的内容,一边听右边说话人说的内容。一译完左边说话人说的内容,就一边将右边说话人说的内容进行口译,一边听取左边说话人说的内容。对两边说的话语,根据段落内容,以一定的节奏进行转换,交替传译。

根据时间设定节奏。将两边分成两班制,每隔五分钟时间,以稳定的节奏分别交替传译。

根据客户的要求改变节奏。洽谈关键内容时,根据客户的要求,在一侧继续口译。因此,节奏也变了。

6. 译完和归纳

通常,译完后要根据会议主持人的指令行动,有全体人员拍照的,也有参加宴会的,那就要视情况而定。作为译员,除了注视说话人之外,还要环顾周围的人们,如果大家都没说什么,就开始收拾随身物品。告辞时,不要忘记辞别礼仪,在最大的领导、客户等的后面离席。

通常，我口译时不记笔记，回去后，回顾口译过的内容，归纳新单词等，并记在笔记本上。对专业术语有疑问的就问行业专家，确认之后再记笔记。例如，1989年1月，我成为中日合资丰东热处理有限公司的翻译时，将日语的"浸炭窒化"口译成汉语的"渗碳氮化"。但是，热处理的专家孙先生将"渗碳氮化"修正为热处理的专业术语"碳氮共渗"。之后，我就开始将日语的"浸炭窒化"口译成汉语的"碳氮共渗"。

再则，工业炉的前门上有"バターフライ"这个部件，一查外来语词典，日语的"バターフライ"是汉语"遮羞布、野妓、蝶泳"等，意思完全不对。我拿了写着"バターフライ"的图纸问了机械和热处理的专家。机械的刘先生回答："这是推拉车翻钩出入口的门。"热处理的孙先生回答："这是前门的挡块。"于是，我将日语的"バターフライ"译成汉语"前门挡块"，并记在了笔记本上。

还有通过互联网查日本那边同行业的网站，确认专业术语后再记笔记的情况。

对译员而言，每次口译完成后进行归纳十分重要。口译中，成功的部分是经验，失败的部分是教训。从失败中吸取教训的话，同样的失败可能就不会再次发生。依靠归纳，一点一点地积累，口译的本事，必定长进。

 第五章　ビジネス通訳

一、従来のビジネス

　1978年から、通訳者になった場合、日本産の射出成型機などのプラント設備の輸入でも、中国産の教育シューズなどの商品の輸出でも、殆ど全ての輸入輸出のビジネスはみな、省級対外貿易公司の窓口によって、経営します。

　数年後、市級対外貿易公司も　対外貿易をやり始めました。1994年3月に、私は大豊県対外貿易公司に転職したところ、丁度、県級対外貿易公司は　市級対外貿易公司の支社として、対外貿易も　できました。

　その時のビジネスは　主に、上海国際展示センターで、開催された「華東交易会」によって、展開します。従来のビジネスは　国際電話とファクシミリによって、お客様と連絡します。ビジネスの範囲は　狭くて、主に、紡績品や海産物や農産物などのものを輸出します。国際の通信料金やお客様の招待費などの支出額が大きいので、利得が非常に小さいです。

　時々、香港や上海などの事務所によって、中間取引のビジネスも　あります。

第五章　商务口译

一、以前的商务

　1978年，我成为译员时，日本生产的注塑机等成套设备的进口也好，中国生产的教育鞋等商品的出口也好，所有的进出口业务，都是依靠省级对外贸易公司的窗口进行经营。

　数年后，市级对外贸易公司也开始做对外贸易了。1994年3月，我到大丰县对外贸易公司时，恰好，县级对外贸易公司也能作为市级对外贸易公司的分公司开展对外贸易了。

口译指南

> 那时的商务，主要依靠在上海国际展览中心召开的华东交易会开展。以前的商务，靠国际电话和传真与客户进行联系，业务范围小，主要出口纺织品、海产品、农产品等。国际通信费、客户招待费等的开支金额大，收益非常小。
>
> 通常也有靠香港、上海等办事处做中介生意的时候。

二、展示会

1994年3月に、私は　大豊県対外貿易公司に転職してから、直ぐに、上海国際展示センターで、開催された「華東交易会」に参加しました。

後は　前後31回で、上海や広州や東京や大阪などの国際展示場に行って、開催されたインテリアファブリックや食品などの展示会に参加したことがあります。

展示会には　生産工場は　製品を展示し、貿易公司は　サンプルを展示します。展示会のブースで、ビジネス通訳を担当する場合　特に、価値のある情報を掴んで、販売のチャンスを逃がさないように、ビジネスの成功を促進します。例えば、2002年1月に、東京幕張メッセで、開催されたJAPANTEX展示会のブースで、日本のお客様と相談するうちに、3月の初め、上海浦東国際展示センターで、第29回中国国際カーペット展示会の開催することを聞いた後で、直ちに日本から大豊市華美毯業有限公司の責任者に電話を入れて、カーペット展示会の情報を報告しました。

翌日に、責任者の姚工場長は　全員を集めて、「我々は　カーペットを生産するメーカーで、今まで既に28回も中国国際カーペット展示会が開催されましたが、我々は　知らないなんて、まったく冗談で、早速申告して、朱先生と一緒に第29回中国国際カーペット展示会に参加しましょう」と話しました。

第29回中国国際カーペット展示会のブースで、石光商事の赤工社長様は　幅2.4メートルのアクリルジャカードカーペットを探しましたが、残念ながら、工場から生産されたカーペットは　一番広い幅が2メートルだけで、幅2.4メートルの要望に満足しませんでした。工場の技術者は　携帯電話で、天津紡績機械工場と連絡してから、「広い幅の筬などの部品を購入したら、幅2.4メートルのカーペットが生産できる」と説明してくれました。私は　直ぐ赤工社長様と連絡して、製品のデザインや柄やサイズや価格などのことも　相談によって、決められました。その後、幅2.4メートルの新製品を開発して、サンプルが郵送されてから、終にビジネスが成功しました。

また、2005年3月に、私は　塩城市偉冠食品有限公司の祁総経理と一緒に日本コンベンションセンター（幕張メッセ）に行って、国際食品・飲料展のFOODEX JAPAN2005展示会に参加する場合、ブースで、ホースラディッシュ製品を展示して、注

文書を受け取りました。

　万城食品株式会社のブースに行く途中で、鹿児島椎茸株式会社のブースに寄る場合、鷲見会長様に会いました。挨拶を交わしてから、私は　日本語で中国慶元県産の食用菌や江蘇省塩城産のホースラディッシュフレークや山東省招遠産の緑豆春雨や大連産のカットワカメなどの製品を紹介してみました。鷲見会長様は　大連産のカットワカメ製品に対して、興味がありますので、帰国してから、大連産カットワカメ製品のサンプルを鷲見会長宛に郵送しました。大連産カットワカメ製品のビジネスが成功した後で、洞頭県産の乾燥ひじき製品のビジネスも　成功しました。

　展示会のビジネス通訳を担当する場合、次のことに注意します。

1．展示品と資料を準備します

　展示品は　企業のイメージと実力を代表します。通常、ニューモデルと値段が安くて、品が良い製品は　人気があります。

　製品のデザインやサイズや品質や価格やロットや納期などの資料のほかに、名刺や企業のカタログ資料なども準備しておきます。お客様から特別に注文されたサンプルは　隠しておいて、そのお客様がブースに到着する場合、取り出して、渡します。なお、品質見本や在庫リストや新製品のリードタイムなどの資料も　前もって、準備しておきます。

2．お客様を招請します

　展示会のブースナンバーが分り次第、電子メールで、お客様に招請状を発送します。

　招請状の例は　次のように：

　××××社長様

　陽春の候、いよいよご清勝のこととお喜び申し上げます。

　さて、第四十一回中国国際カーペット展示会は　2014年3月25日～27日に、上海浦東新区龍陽路2345号の上海浦東新国際展覧中心で、開催する予定です。

弊社のブースナンバーはW4F38～39で、小生の携帯電話番号は　13851013667です。
弊社のブースまで、ご光来、ご愛顧になることを心から歓迎いたします。
末永く一層ご支援、ご指導の程心から、お願い申し上げ、ごあいさつといたします。
　　　　　　　　　　　　　　　　　　　大豊市今雅毯業有限公司　朱蘊忠敬具
　　　　　　　　　　　　　　　　　　　　　　　　　　　　　　　2014年3月18日

3．市況によって、打ち合わせます

　市況は　波のように、上がったり、下がったりして、景気の場合も　あるし、不況の場

合も あります。展示会のブースで、ビジネス通訳を担当する場合、市況の変化を先取することができます。市況によって、打ち合わせをすれば ビジネスは 成功する可能性があります。例えば、20年前に、韓国商人は 塩城で、アクリルジャカードカーベットを生産し始め、製品の供給が需要に追い付かないので、平米の単価は 12ドル以上になったことがあります。その後、中国各地で、カーベットを生産する工場は まるで雨後の筍ように出て来ました。カーベットの在庫が日増しに多くなったので、河南省のあるカーベット工場は 倒産して、織機をくず鉄として、投げ売りしました。

　2002年1月に、私は JAPANTEX展示会に参加する前に、大豊市華美毯業有限公司の責任者から、平米の単価は 12ドルの要望を提出してくれましたが、展示会のブースで、平米の単価は 8ドル乃至9ドルの実況が分かりました。すると、帰国してから、第29回中国国際カーベット展示会のブースで、平米の単価は9.5ドルで、成約しました。もし、平米の単価は 12ドルで、オファーしますと、値段が高すぎる原因で、成約は できません。

4. ブースをしっかりと守ります

　通常、展示ブースの手配から撤収までは 三日間乃至五日間で、折角遠いところから来て、展示しますので、どんなに疲れても、ブースをしっかりと守らなければなりません。もし、ブースを離れて、外出するうちに、お客様が来られますと、どんな立派な製品を展示しても、ビジネスのチャンスを逃がして、無駄足になってしまいます。例えば、1997年3月に、上海で華東交易会に参加する場合、土産畜産科の王さんは たくさんのブラシ見本を展示しているうちに、ブースを離れてしまいました。お客様が来られて、ブラシを注文したいですが、ほかの人は ブラシの品番や価格などは 全然知らないので、がっかりしたお客様が隣りのブースに行って、ブラシの販売契約書を作成して、ビジネスが成功されました。午後、王さんは ブースに到着する場合、隣りブースの経理は お客様から開設された信用状を受け取りました。

二、展览会

　1994年3月，我到大丰县对外贸易公司后，马上就参加了在上海国际展览中心召开的华东交易会。

　之后，我先后31次到上海、广州、东京、大阪等地的国际展览馆，参加过室内纺织品、食品等的展览会。

　展览会上，生产工厂展示产品，外贸公司展示样品。在展览会的摊位上担任商务口译时，尤其要抓住有价值的信息，不错失销售的机会，促进商务的成功。例如，2002年1月，

在东京幕张国际展览中心召开的日本纺织品展览会的摊位上,我在和日本客商的洽谈中,听到 3 月初在上海国际展览中心召开第 29 届中国国际地毯展览会的消息。我马上从日本打电话给大丰市华美毯业有限公司的负责人,报告了地毯展览会的信息。

第二天,负责人姚厂长召集了全体员工,说:"我们是生产地毯的厂商,至今已经召开了 28 届中国国际地毯展览会,但是我们都不知道,简直是笑话。赶快申报,和朱老师一起去参加第 29 届中国国际地毯展览会吧!"

在第 29 届中国国际地毯展览会的摊位上,石光商事的赤工社长,寻找幅宽 2.4 米的腈纶提花地毯。遗憾的是,工厂生产的地毯最宽的只有 2 米,满足不了幅宽 2.4 米的要求。工厂的技术员用手机和天津纺织机械厂联系后对我说:"如果购买宽幅的钢筘等部件的话,就能生产 2.4 米宽的地毯。"我马上和赤工社长联系,通过洽谈,将产品的款式、花型、尺寸、价格等定了下来。之后开发了 2.4 米宽的新产品,邮寄样品后,最终商务成功了。

再则,2005 年 3 月,我和盐城市伟冠食品有限公司的祁总经理,一起去日本会展中心(幕张国际展览中心)参加了国际食品・饮料展 FOODEX JAPAN 2005 展览会,在摊位上展出辣根产品,接到了订单。

我在去万城食品股份公司摊位的途中,靠近鹿儿岛椎茸股份公司的摊位时,遇到了鹫见会长,互道寒暄后,我用日语介绍了中国庆元县产的食用菌、江苏省盐城产的辣根片、山东省招远产的绿豆粉丝、大连产的切碎裙带菜等产品。因为鹫见会长对大连产的切碎裙带菜产品感兴趣,所以回国后我邮寄了大连产的切碎裙带菜样品。大连产切碎裙带菜产品的商务成功后,我又做成功了洞头县生产的干燥羊栖菜产品的商务。

担任展览会的商务口译时,要注意以下事项。

1. 准备展品和资料

展品代表着企业的形象和实力。一般,新款式和物美价廉的产品受人欢迎。

除了产品的款式、尺寸、品质、价格、批量、交货期等资料外,还要预先准备名片、企业的样本资料等。客户定做的样品,要隐蔽放置,等那个客户到摊位时再拿出来给他。还有,品质样品、库存一览表、新产品订货至交货的时间等资料,也要预先准备好。

2. 邀请客户

一知道展览会的摊位号码,就用电子邮件给客户发送邀请函。

邀请函的例子如下:

××××社长先生

阳春之际,谅各位越发健康,可喜可贺!

且说第 41 届中国国际地毯展览会,预定于 2014 年 3 月 25 日~27 日,在上海浦东新区龙阳路 2345 号上海浦东新国际展览中心召开。

> 我司的摊位号是 W4F38~39,我的手机号码是 13851013667,衷心欢迎光顾我司摊位。恳请今后仍能多加支持、多加指导。
>
> 以上是我的问候。
>
> 大丰市今雅毯业有限公司 朱蕴忠 敬具
2014 年 3 月 18 日

3. 根据行情,进行商洽

市场行情,就像波浪那样忽高忽低,既有景气的时候,也有不景气的时候。在展览会摊位上担任商务口译时,能够率先得知行情的变化。根据市场行情进行洽谈的话,商务就有成功的可能性。例如,20 年前,韩国商人开始在盐城市生产腈纶提花地毯。因为产品供不应求,所以每平方米的单价在 12 美元以上。之后,中国各地生产地毯的工厂犹如雨后春笋般出现。因为地毯的库存日益增多,所以河南省的某个地毯厂倒闭,将织机作为废铁甩卖掉了。

2002 年 1 月,我参加日本纺织品展览会之前,大丰市华美毯业有限公司的负责人给我提出了每平方米单价 12 美元的要求。但是,在展览会摊位上,我知道了每平方米单价 8 美元至 9 美元的实际情况。于是,回国后,在第 29 届中国国际地毯展览会的摊位上,我以每平方米单价 9.5 美元成交了。如果以每平方米单价 12 美元报价的话,就会因价格太高而不能成交。

4. 坚守摊位

一般,从展示摊位的布展到撤展时间是 3 至 5 天。

好不容易远道而来参加展览,不管多么疲劳也必须坚守摊位。如果离开摊位,外出期间来客商的话,不管展览何等出色的商品,也会错失商务机会,会自己白跑一趟。例如,1997 年 3 月在上海参加华东交易会时,土畜产科的老王在展出许多刷子样品后离开了摊位。客商来了,想订购刷子,但是其他人根本不知道刷子的编号、价格等。失望的客商跑到隔壁摊位,签订了刷子的销售合同,商务成功了。下午,老王到摊位时,隔壁摊位的经理已经收到了客商开设的信用证。

三、ネットビジネス

2002 年に、私は　就職していた大豊市対外貿易公司が倒産されて、毎月に180 元人民

第五章　ビジネス通訳

幣の失業手当をもらったので、対外貿易の通信料金も問題になりました。中間取引のビジネスマンとして、コストが一番高いのは　国際の通信料金です。

　当時、人民幣で計算しますと、中国から日本に電話をかける場合　一分毎に12元で、IP電話でも、一分毎に3.6元です。もし、一週間で、30分の通信時間がかかりますと、年中の通信料金は　5,500元以上に達します。実は　年間の通信料金は　八千元以上あります。

　国際の通信料金を減らすために、わたしは　パソコンを買って、電子メールによって、ネットビジネスをやり始めました。2006年に、私は　ネットビジネスによって、大連産のカットワカメや、山東省招遠産の葛切りや、江蘇省興化産の乾燥青ネギや、塩城産のホースラディッシュ製品や、大豊産のアクリルジャカードカーペットや、浙江省洞頭県産の乾燥ひじきなどの商品がどんどん輸出されている場合、ネットで　ネットビジネス専門を卒業した大学卒業生の就職率は　ただ20％だけで、多くのネットビジネス専門の大学生は　まだ卒業していないのに、すでに失業の現状に直面しなければならないと言う報道が目に入りました。

　失業した後で、ネットビジネスによって　生活の改善された私は　まだ卒業しないのに、すでに失業に直面するネットビジネス専門の大学生たちに　ネットビジネスの実践を紹介するために、2007年3月に、『電子商務世界』の雑誌に「対日貿易にネットビジネスの応用」という原稿を投稿しました。間もなく、『電子商務世界』雑誌の記者にインタビューされまして、2007年第10号『電子商務世界』雑誌のネットビジネス欄に「対日輸出空手道」という文章が発表されました。大勢の読者は　ネットビジネスの経験を勉強するために、次々と、私を訪ねて来ました。皆様の要望に応じて、私は『ネットビジネス空手道』という本を書いて、2013年6月に、中国国際文化出版社から、出版されました。

　ネットビジネスと従来のビジネスを比べると、少なくとも、次のメリットがあります。

1. コストダウンと集約経営ができます

　従来の方法で、対外貿易をやれば　年中の国際通信料金は6000元以上に達し、出張や招待などの諸経費を加えて、年中の支出額は　万元ぐらいになり、年間に、商品を輸出する数量は　3ないし5本コンテナーだけです。

　ネットビジネスで、対外貿易をやれば　年中のインターネット使用料は　600元だけで、出張や招待などの諸経費も　大幅に減少しました。

　年間に、商品を輸出する数量は　20本コンテナーに達しました。つまり、ネットビジネスと従来のビジネスを比べると、年中の国際通信料金は　従来の十分の一だけで、年

間に、商品を輸出する数量は　四倍になりました。

輸出された商品の地域も　地元から全国各地に拡大されました。

2. リスクが避けられます

全ての仕事は　みな、リスクがあり、ビジネスも　例外ではありません。私は　ネットビジネスをやる場合、通常、資金を投下しないで、ただ、自分の知識と才能によって、パソコンとインターネットを利用して、良い販売チャンスを掴んで、ビジネスの成功を促成してから、約束したコミッションを貰うだけで、国際貿易のルールによって、正しくやれば、完全にリスクが避けられます。万が一、ビジネスが失敗しますと、私にとって、損失したものは　ただ、通信料金と時間ですので、このような空取引のネットビジネスは　周りの人々に、「電子商務空手道」と名付けられました。

3. 運命が変えられます

世界経済とマッチングし、知識で運命を変えるというスローガンは　曽て、流行したことがあります。私は　農民や通訳者やビジネスマンなどをやったことがあり、知識があっても、運命は変わりません。ネットビジネスをやってから、終に、運命を変えました。レイオフで、職場を離れて、失業者になった後で、上には　上司がいなくて、下には　部下も　いません。自分で、自分を管理して、パソコンとインターネットを利用して、年間に、20本コンテナーの商品を輸出して、ネットビジネスの空取引によって、いつも気楽で、のんびりした状態で、お金を儲けて、運命が変えられました。

4. 老いて、益々盛んになります

大豊市対外貿易公司が倒産された後で、対外貿易の通信料金を節約するために、私は57歳から、様々な困難を乗り越えて、ネットビジネスをやり始め、60歳で退職してからも、ずっとネットビジネスをやり続けています。

定年後、年の原因で、きつい肉体労働をやれば、やりたいけれども、実力が伴わないがちですが、ネットビジネスをやる場合、キーボードを叩くだけで、あまり力を使わないで、豊富な知識と経験によって、60歳を超えても　老いて、益々盛んになり、順調に捗ることができます。

三、电子商务

2002年，我所在的大丰市对外贸易公司倒闭，我每个月领取180元人民币的失业金。因此，对外贸易的通信费也就成了问题。作为中间商，成本最高的是国际通信费。

当时，用人民币计算的话，从中国打电话到日本每分钟为12元，即使是IP电话，每分钟也要3.6元，如果一周花费30分钟通信时间的话，全年的通信费在5500元以上。实

际上，一年间的通信费在 8000 元以上。

为了减少国际通信费，我买了电脑，通过电子邮件开始做电子商务。2006 年，我靠电子商务将大连产的切碎裙带菜、山东省招远产的葛粉条、江苏省兴化产的脱水青葱、盐城产的辣根产品、大丰产的腈纶提花地毯、浙江省洞头县产的干燥羊栖菜等商品，接连不断出口时，在网上看到电子商务专业毕业的大学毕业生，就业率仅仅为 20%，许多电子商务专业的大学生，面临着尚未毕业，就已失业的状况。

失业后，依靠电子商务改善了生活的我，为了给尚未毕业就已失业的电子商务专业的大学生们介绍电子商务的实践，2007 年 3 月，给《电子商务世界》杂志投了《电子商务在对日贸易中的应用》一稿。不久，《电子商务世界》杂志的记者采访了我，在 2007 年第 10 期《电子商务世界》杂志的电子商务栏目，发表了《对日出口空手道》这篇文章。许多读者为了学习电子商务的经验，纷纷询问我。根据大家的要求，我写了《电子商务空手道》一书，2013 年 6 月，由中国国际文化出版社出版。

电子商务和以前的商务比较的话，至少有以下优点。

1. **能够降低成本，集约经营**

   用以前的方法做对外贸易的话，全年的国际通信费在 6000 元以上，加上出差、招待等各种费用，全年支出的金额上万元，年间出口商品的数量只是 3 至 5 个集装箱。

   用电子商务做对外贸易的话，全年的上网费用只有 600 元，出差、招待等的各种费用也大幅度减少，年间出口商品的数量达到 20 个集装箱。即电子商务和以前的商务比较的话，全年的国际通信费只是以前的十分之一，年间出口商品的数量则为四倍，出口商品的地域，也从本地扩大到全国各地。

2. **能够避免风险**

   所有的工作都有风险，商务也不例外。我做电子商务时一般不投资，只是靠自己的知识和才能，利用电脑和互联网抓住好的销售机会，促成商务后，拿取约定的佣金。根据国际贸易的规则做的话，完全能够避免风险。万一商务失败，对我而言，损失的只是通信费和时间。这样买空卖空的电子商务，被周围的人们称为"电子商务空手道"。

3. **能够改变命运**

   曾经流行过"与世界经济接轨，靠知识改变命运"的口号。我做过农民、译员、商人等，即使有知识，也没有改变命运。做电子商务后，终于改变了命运。下岗成为失业人员后，上无领导，下无部下，自己管理自己。期间，我利用电脑和互联网，出口 20 个集装箱的商品，依靠电子商务的买空卖空，在轻松闲散的状态下赚钞票，改变了命运。

4. 老当益壮

　　大丰市对外贸易公司倒闭后，为了节约对外贸易的通信费，我从57岁起，克服种种困难，开始做电子商务。60岁退休后，也一直继续做电子商务。

　　退休后，由于年龄的原因，干繁重的体力劳动的话，往往力不从心。但是，做电子商务时，只是敲敲键盘，不怎么用力，依靠丰富的知识和经验，即使超过60岁也老当益壮，进展顺利。

四、ネットビジネスの書類

　日本側の商務パートナーとネットビジネスをやるうちに、大量の日本語ビジネスレターを受け取りました。

　今回、代表的なビジネスレターの後に、訳文を添付して、商務パートナーの同意を得た上で、参考まで、公開して、出版します。

1. 日本側の商務パートナーから、送信していただいたネットビジネスの書類は　次のように。

　（1）引き合い

例一

朱蘊忠様　　　　　　　　　　　　　　　　　　　　　　　　　　　　Jul 30．2002

　FAXまたTEL 有難うございました。

現在、日本のスーパーや食品店で販売されている中国産の乾物の一部で、下記の品物を参考のためにお送りします。

　① はるさめ（春雨）——山東省龍口市
　② 唐辛子ホール及びカット——山東省　水分 14％ MAX
　③ ねぎ（カット）——山東省
　④ カットワカメ——山東省　水分 8％ MAX

　朱さんの方で推せんできる品がありましたら、少量で結構ですから、サンプルと価格をお知らせ下さい。

　もし訪日の予定がありましたら、お合いして、いろいろと細部にわたる話ができれば取引の可能性が大きくなると思います。

　また機械類も取り扱っておりますので希望のものがありましたら、連絡して下さい。資料等もお送り致します。（工具類材料関係も含めて、食品機械も含めて）何でも結構です。どんなことでも言って下さい。

20年前海苔の加工機械(乾燥、切断、包装、味付装置)を多く輸出しました。(乾味付海苔の最初の頃は韓国です)。

私は いつも外出することが多いので 前回通り 私の家の方にFAXお願いします。

山田達雄　敬具

例二

朱蘊忠様

8日のメールありがとうございました。

東京は台風は来なかったのですが、地震があり、また近いうちに起きるのでは……と言っており、危機管理が話題になっております。連日すごく暑いです。

① カットワカメ

まだ返事がなく、もう少しお待ち下さい。

連絡あり次第すぐメールします。

② 春雨の見積りのお願い

下記の条件で曲さんの方と打ち合せお願いします。

3～4社との競争になりますので1回(入札方式)で決まると思いますので、価格をよくよく検討して提出してください。

緑豆はるさめ

緑豆100％

ストレート

18 cm

100 g入りPP

4色刷り

30袋入り/カートン

40FCL 単位

C&F YOKOHAMA USD?

納期:L/C到着(受領)何日?

＊100入り袋のデザインの原稿は　提出します。

＊カートンのデザインも提出します(葛きりと似たようになると思います)

③ てんぐさ(寒天の原料)

至急EMSにて70～100g送ってくださるようお願いします。急ぎます。

在庫3トンですね。返事お待ちします。

日本の会社は8月12日から3～10日間位夏休みになります。

2005/8/9

山田達雄

例三

朱蘊忠様

おはようございます。

次の引き合いがありますので 調査お願いします。

葛粉(葛根粉、葛きりに入っている葛粉です)を購入したい。

問合せの会社は精製専門の会社ですから、日本で精製もできますので 半製品でもよいです。食用に使用します。

中国では漢方薬にも使うでしょう。日本でも風邪に葛根湯(かつこんとう)として薬店で販売しています。

インドネシアやその他も探しているが「中国が一番よいと聞いているので」と当方に連絡あったのです。

① 産地はどこですか? 産地はたくさんありますか?

② 形状は塊ですか? 板状ですか? 粉ですか?

③ 決まれば産地の会社近くに日本側の社員が立合いのため常駐してもよいと考えていると言っています。

最初は 私も同行します。

2月18日

山田達雄　事務所より

(2) 打合せ

例一

朱蘊忠様

2月6日メールありがとうございました。

楽しいお正月を過ごされていることと思います。

横浜の中華街もいろいろ中国のお正月の行事で賑わっております。

緑豆春雨 100ｇ入り

確認しましたら製品の仕上がり具合(品質、包装材)の検証をしたいとのことで、下記の品の提出の要請を受けました。

デザインを打合せ中なので 決まったあとのことです。

初回生産品:5個(100ｇ入り) 日付けやロットの印字の入った最終製品

包装袋(PP袋):5枚　文字印刷済み

包装カートン(ダンボール):5枚 平たい、たいらの状態(箱に組み立てない状態)でこれも印刷済みのもの デザインが決まり次第 連絡いたします。

珪石
Na値が高く使用不可能との連絡がありました。2月9日に合いますので　詳細を聞いてから　メールします。

小えび
白えびの方だけでよいですから　水分がわかりましたら　教えてください。
赤えびは　あまり品質よくなく、破損が多いので不可でした。
白えびも現状では　必ずしも成約するとは限りませんので　難しいですが、懸命の努力はします。
2006年2月7日
山田達雄

例二
朱蘊忠様
4月10日のメールありがとうございました。
朱さんの価格ことはよくわかります。
和興とも多くの打合せがありますので　近日中に合うようにします。
　和興は取扱い品目も増えているのですが、在日の中国系の商社と取引が増加しています。中国系ですので　中国現地との密接な関係があり、価格面では競争にならないです。これは　もし日本の場合でも外国で日系企業と組むことがあり、どの国の場合も同じで仕方がないことです。特に食品は　薄利多売ですので、なお一層のこと競争が激しいです。
　朱さんも弊社との取引がなかなか思うように伸びないと思いますので、日本からの輸入の方を伸ばした方がよいと思いますがいかがですか？私も少しでも朱さんとの取引を増やしたいです。輸入資料の提供は　努力しますから考えてください。
　当社としては　石英ガラスや珪石関係で輸入が増大しております。
　食品関係以外が伸びております。
2006年4月12日
山田達雄

(3) 成約

例一
朱蘊忠様
ワカメに関して

口译指南

4/21送っていただきました品質の品物でOKです。
今年は朱さんに注文しますのでよろしくお願いします。
L/Cはその都度発行するようにします。
大体10コンテナーを見込んでおります。
まずは箱を作って下さい。
大きさは390 mm×630 mm×375 mmです。
40Ft(Hi)コンテナーに798カートン(79800 kg)
10 kg入(ポリ袋入り)

箱には ＊DRIED CUT WAKAMEか
乾燥カットワカメ(日本語の印刷ができる場合)
＊30×30 mm
＊10 kg
＊会社名か商標マークだけでもよいです。
＊白い箱がよいと思います。

輸出者より直接SEIRAN宛に英文で下記のことをFAXして下さい(OFFER)。
① DRIED CUT WAKAME　30×30MM
② 7.98MT，798CARTONS, 40FCL (HIGH-CONTAINER)
③ PRICE USD××××/MT C&F YOKOHAMA

輸出者の住所、電話、FAX番号、取引銀行名、取引銀行支店名、取引銀行支店の住所もFAXして下さい。

第1回目 5/27か5/28出荷できますか?

加工工程表を英文で提出して下さい。FAXにて

不明な点はTEL下さい。
今、会社におります。
2003年4月29日
山田達雄

例二

朱蘊忠様

急用！！

本日 葛きりと契約書を受け取りました。

明日 契約書をEMSにて送ります。

葛きりの見本について

① 賞味期限の刻印位置をもっと下にして下さい。

シール部15 mmのところにして下さい。

シール部と品物が入っているところのに刻印してあり、きれいに刻印してありません。もっと字体が大きくなりませんか？

② 見本品の日付が「2004.08.15」となっていますが 実際は2年後ですよ。

大丈夫ですね。「2006.08.15」ですよ！！

確認お願いします。

(もし 2004になっていれば 全部やり直しです)。

2004年8月10日

山田達雄

(4) 出荷

例一

朱蘊忠様

東京地方もようやく梅雨が終ろうとして（「梅雨があける」と言います）います。今日も雨です。今年はいつもより長いです。

カットワカメ

① 今回は798カートン(7,980 kg) 積むことが出きたのですか。

② 7/27(日) 出港したのですか。

③ B/L、INVOICE、PACKING LISTを会社の方へFAXお願いします。

(今 会社におります)

日本では 一部夏休みの会社もありますが、8月中旬頃 大体7日間位休みになります。

今後の取扱い商品に関して いろいろと調査しております。

2003年7月30日

山田達雄

例二

朱蘊忠様

① カットワカメ出荷に関して

3本目798カートンを7月2日(日)の本船に積込みお願いします。

納期大丈夫でしょう。

今度からカートンが変わるのですね。期待しています。

② 緑豆春雨に関して

来週打合せします。

新しい工場は完成したのですか?

もう稼動しているのですか?

新担当者が見学の希望があれば、見ることができますか?

(ただし、夜の食事の接待は 必要ありません。)

仕様確認:

緑豆100%

100 g/PP袋

100 g×30/カートン(3 kg入り)

20Ftコンテナー

1,050カートン

3,150 kg

31,500袋

C&F YOKOHAMA USD××××

印刷仕様は早く連絡するようにします。

以上、連絡いたします。

2006年6月13日

山田達雄

(5) クレーム

例一

朱蘊忠様

3月出荷カットワカメのクレームに関して

先般から何回も連絡しました通り、重量不足と異物混入のことで取引先より呼び出しがあり、私の立合いのもとで再検量(10 kgポリ袋)した結果6.9 kgでした。

そのことから、私も一緒に何箱か開けて、ポリ袋のまま検査したところ、9.7 kg、9.85 kgとか10 kgの満たないものがあり、今後、全数検査するということになってしまいました。

また、異物も非常に多くて、その一部を郵送したので 現地の工場とチェックして、な

ぜ今回こんなことになったのか、回答して下さい。今までは良好でしたのに、全く当方の信用がなくなってしまいました。

今回の品物は　検査していないものと思われます。

コンベアーの上で、誰が見てわかるはずです。

次回のものは　十分気をつけて、出荷して下さい。

① なぜ3月の出荷がこんなことになったのですか?

② 4月出荷のもの、そのあと残りの2コンテナーは　大丈夫ですか?

検査徹底しなければ信用問題であり、他の取引商品やこれからの新商品の取引に影響します。

私の方も頑張っていますが、補償はしなければなりません。

全数の重量検査や異物の取り出し、作業のための作業員の増員や自動包装装置の速度も落とす必要もあり、経費もかかることを私に強く言って来ています。

そこで補償費として、40ケースを無償代納することにしましたので、了承していただきたく、工場の方にも現況をよく説明して下さい。

残りの品物の検査の徹底をするように、重ねてお願いします。

私も朱さんとの取引をもっと増やしたいと思って、努力しています。

2004年4月25日

山田達雄

例二

朱蘊忠様

葛きり

2回目の船積みの準備をお願いします(40FCL)

L/Cの開設申請を10月21日に銀行にします。番号決まり次第連絡します。

金額は前回の不足分を差し引いてありますが、1855カートン積んで下さい。

船積期限は一応12月10日にしてあります。

前回と同様に公的機関の検査証が必要です。

こちらの方でも過酸化ベンゾイル、サイクラミン酸の検査を要すると言っています。

前回、問題なかったのですが　また検査すると言っています。

シール　前回のときは　納期の問題で少しぐらい斜めでも良いと申しましたが、今回は丁寧に貼って下さい。お願いします。

カットワカメ

クレーム　異物混入は大きなものはカートンのシール材(シールテープ)が入ってい

たもので その他は 注意すれば解決できます。

洗浄を2回するとか、もう少し時間をかけるとか、選別もう少し丁寧にすれば解決できます。

シール材の混入はどうして入ったのかよくわかりませんが、包装するときに見つかると思うのですが……

とにかく補償することにしました。

新規　次回5本から6本 C&F YOKOHAMA USD××××でできないでしょうか。
呂さんは無理ですか？或いはどこか他にないですか？
急いでいます。

ビーフン
安いところがあれば連絡お願いします。
私の方でも探して見ます。
2004年10月21日
山田達雄

2. こちらから送信したネットビジネスの書類は　次のように：

(1) 初取引

TO：××××株式会社

拝啓　御社ますます御隆昌のこととお喜び申し上げます。

さて、突然メール差し上げる失礼をご容赦ください。

中国ひじきのふるさとと呼ばれていた洞頭県華勝海特産製品有限公司の常務副総経理の朱蘊忠でございます。

このたびは 乾燥ひじき製品の輸出について ご連絡いたします。

今年10月20日に、皆様は お忙しいところ、遠いところをお越しになって、弊社の工場を見学していただき 誠に ありがとうございました。

今まで、弊社で生産した乾燥ひじき製品は ずっと 日本に輸出しています。

多くの機械装置と熟練作業者によって、しっかり選別したもので、品質は 絶対に保証できます。

また、きれいな海域で養殖したひじき原料を選別して、乾燥した製品ので、完全に日本側で実施されたポジティブリスト制に対応できます。

御社と初取引ですので 目下、乾燥ひじき製品のベストオファー価格は CIF JAPAN USD××××/MTになります。

ご要望がありましたら いつも サンプルが郵送できます。

ご連絡したいことは たくさんありますが、ご協力を賜わりますよう、よろしくお願い申し上げます。

当方の携帯電話番号：13851013667 電話番号：0086-515-8203-1538
FAX：0086-515-8352-2049　E-mail：zyz366@163.com

以上、ごあいさつかたがたご連絡まで。

××××代表取締役社長様

朱蘊忠 敬具 11月21日

(2) ご連絡

例一

拝復 毎々格別のお引き立てにあずかり、厚く御礼申し上げます。

さて、6月10日にFAXしていただいた『輸入食品等試験成績証明書』を受取りました。どうも ありがとうございました。

① 乾燥カットワカメ製品の二酸化硫黄の検査について、一般的に実際入港した貨物より抜き取り検査によって、貨物を引取りになりますね。もし、先行サンプルのご要望がありましたら まえもって そのサンプルの数量と送り先などをメールかFAXにて お知らせください。普通、二酸化硫黄の輸出禁止限界は $SO_2 < 30$ ppm/gです。もし、オンドルような古い設備を利用して、煤を燃焼する場合 燃えたガスが管から作業場に出てきますと、二酸化硫黄の含用量は 輸出禁止限界の以上になる可能性があります。乾燥カットワカメ製品のほかに、他の食品も同じです。

② 人工栽培された冬虫夏草について、薬品として輸入する場合 大変難しいですが、健康食品として輸入する場合 便利なのだそうです。今のところ、栽培基地から見積りしてくれた人工栽培冬虫夏草の価格は C&F TOKYO USD×××/KGです。

③ 日本のお客様の話によりますと、食用菌のエリンギという健康食品は 大阪の商社によって、よく売れ、多くの利潤を得たそうです。もし販売のチャンスがありましたら ご協力を賜わりますよう、よろしくお願い申し上げます。

④ ××公司の乾燥手剥きホースフレーク製品の手持ち品は 150トンが在庫しています。価格は C&F JAPAN USD××××/MTです。

⑤ 山東省煙台××春雨工場は 葛きり製品を生産し始めました。詳細は 後ほどご報告いたします。

以上、取り敢えず御礼かたがたご連絡まで。

××××部長様

朱蘊忠 敬具 6月11日

例二

　拝復　たびたびお引き立てにあずかり、厚く御礼申し上げます。

　さて、10月8日のメールありがとうございました。

　① 乾燥ひじきサンプルの菌数検査結果について、今回の乾燥ひじきサンプルは　同じ製品を二つの袋に入れて　検査しましたが、中国で検査した結果は　日本で検査した結果に比べると　月と鼈の差がありますので　大変驚きました。

　すぐ原因を調べます。

　② 次回、船積の商品は　一番よいひじき原料を利用して、生産し始め、殺菌の温度は80度だけで、製品の柔らかさが保証でき、最新の機械装置と熟練作業者による綿密な選別のほかに、殺菌機械コンベアの両側でも、再選別の工程があります。異物と細いものは　完全に取り除きますので　製品の品質が保証できます。今度　参考まで　コンベア両側での再選別の写真をメールの附属件として、送信いたします。

　③ 計画によりますと、10月18日に、船積みの予定です。出港日が決まり次第、船名などをご報告いたします。

　まずは、取り急ぎ御礼かたがたご返信まで。

　××××社長様

朱蘊忠 敬具 10月8日

(3) 打合せ

　いつもいろいろとお世話になっております。

　さて、9月16日のメールを拝受後　すぐ　弊社は　真剣に検討いたしました。

　殺菌の菌数について、初めて試運転の場合　殺菌設備のコンベアの材質は　よくなく、殺菌温度が上がると、コンベアが加熱されて、焼損したことがあります。後は、材質のよいコンベアを利用して、殺菌温度を上げてから、細菌と大腸菌群の検査結果は　よくなりました。新しい製品のサンプルは　今のところ、省の検査部門で、細菌と大腸菌群を検査しています。来週に、御社にEMSにて郵送いたします。

　今回、1kg入りの価格について、2,000kgの商品代金から　$800を値引きしますと、弊社は　大きな損失を蒙るので　成約しかねます。

　ほかの日本商社に輸出した乾燥ひじき1kg入りの価格は　$×××ですので　御社に輸出した乾燥ひじきの価格は　一番安いです。

　殺菌の場合　工賃、電気料、重さのロスなどの原因で、トンあたり$300の費用がかかります。また、水戻しの倍率と色は　前回の製品と同じです。

　したがいまして、新しい製品のサンプルが御社に届いてから、もう一度、ご検討のほどお願いいたします。

なお、今後とも、いっそうお引き立てのほど、よろしくお願いいたします。
以上、取り敢えず御礼かたがたご返信まで。
××××社長様

朱蘊忠 敬具 9月18日

(4) 成約

拝復 毎々格別の御愛顧を賜わり、厚く御礼申し上げます。

さて、9月26日 FAXしていただいたSALES CONFIRMATIONを受取りました。どうも ありがとうございました。

Sサイズ乾燥ひじきのサンプルは 今日 EMSにて御社に郵送いたしました。送り状のナンバーは EB027807087CNです。ご査収くださるよう、お願いいたします。

ひじき製品の生産、選別、包装、商品検査などは 時間がかかりますので、サンプルが御社に届きましたら、早くご確認、その情況をフィードバックしてください。

今回、製品の殺菌した菌数として、一般性細菌数は 180 cfu/gで、大腸菌群は 陰性です。殺菌の温度は 100度で、製品の焦げたことはありません。今度、参考まで菌数検査のレポートを御社にFAXいたします。

また、乾燥ひじき製品の製造工程表や放射線殺菌していないという証明書などの書類は 船積み書類と一緒に御社に郵送することにします。

その他、何かご要望がありましたら 何時でも ご指示ください。

末永く一層ご支援、ご協力の程心から、お願い申し上げ、ごあいさつといたします。
××××社長様

朱蘊忠 敬具 9月26日

(5) 出荷

拝啓 毎々格別のお引き立てを蒙り深謝いたします。

さて、今日 弊社で生産した乾燥ひじき製品は すでに出荷しました。

今回、20フィートコンテナーの実際積載量は 次のように：

Sサイズの乾燥ひじき製品は 320カートンで、20 kg/カートン×320カートン＝6,400 kgです。

SSサイズの乾燥ひじき製品は 75カートンで、20 kg/カートン×75カートン＝1,500 kgです。

Sサイズの乾燥ひじき製品とSSサイズの乾燥ひじき製品の合計積載量は 395カートンで、20 kg/カートン×395カートン＝7,900 kgです。

12月27日（土曜日）に、寧波港で、通関が終わり、来週の月曜日（12月29日）に、寧波

港より、四日市に向かう予定です。

　船名は　HARRIER 027Eです。

　B/Lなどの船積み書類は 入手次第、御社にFAXいたします。

　まずは、取り急ぎ船積みの通知まで。

　××××社長様

朱蘊忠 敬具 12 月 26 日

(6) クレーム

前略

　さて、今日×××さんからクレームについてのメールを拝受した後で、当方は　大変驚きました。

　すぐ 江蘇××食品に電話を入れて 何度も連絡しました。

　3月18日に、「SUHUAJII」に積んだ江蘇××食品の乾燥青ネギを使用して、製造した麻婆豆腐の素の「とろみ粉」から、石がたくさん検出されたことについて、その可能性がないと唐総経理が説明してくれました。

　その理由として

① 興化の栽培基地では　石がない、泥しかありません。

② その製品は　日本で再選別したことがあり、もし製品から石がたくさん検出されますと 日本の専門選別会社で、確認してください。

　また、4月12日に「SITC KOBE」に積んだ興化××食品の乾燥青ネギ7トンと5月26日に「PANDRA」に積んだ3.5トンと合わせて、合計10.5トンの乾燥青ネギのクレームについて、興化××食品の王総経理と電話及びメールにて、連絡しました。

　王総経理の話によりますと、ネギは　土から収穫したもので,製品には　土の付着する可能性があるかもしれません。工場は　すでに何回も選別したことがあります。クレームの補償については 異物の存在する情況によって、解決のために、いつでも相談ができます。

　今のところ、10.5トンの乾燥青ネギは　何トンを使用したのですか。或いは何トンが再選別されましたか。日本側の詳しい情況をお知らせください。

　当方は　日本側の情況によって、興化××食品の王総経理と再交渉します。

　まずは、取り急ぎ御礼かたがたご返信まで。

　×××様

朱蘊忠 敬具 6 月 19 日

四、电子商务文件

在和日本商务合作伙伴做电子商务的时间里,我收到了大量的日文商务函件。这次,在具有代表性的商务函件后面附上译文,得到商务合作伙伴的同意后,进行公开出版,以供参考。

1. 日本商务合作伙伴,给我发来的电子商务文件如下。

(1)询价

例子一

朱蕴忠先生:

感谢你来传真、电话。

现将日本超市、食品店正在销售的中国产的以下晒干食品寄给您参考。

① 粉丝——山东省龙口市

② 辣椒整根以及切碎——山东省　水分最大14%

③ 葱(切碎)——山东省

④ 切碎的裙带菜——山东省　水分最大8%

若朱先生那边有能够推荐的商品,少量也行,请告诉我样品(信息)和价格。

如有访日预定的话,想和您见见面,如能就细节进行交谈,交易的可能性就会加大。

再则,我也在做机械类商品。因此,如果有想要的东西,请联系。我给您邮寄资料等(包括工具材料之类,也包括食品机械)。不管什么都请讲。

20年前,我出口了许多加工海苔的机械(干燥、切断、包装、调味设备)。(最早加工干燥调味海苔的是韩国)。

我经常外出,因此,像上次那样,请传真到我家里。

山田达雄

2002年7月30日

例子二

朱蕴忠先生:

感谢8号的邮件。

东京不曾刮台风,但说是有地震,且在近期可能发生……抗震救灾成了话题。连日来相当热。

① 切碎的裙带菜

尚未回复,请再稍等。一有消息,马上给你邮件。

② 请报粉丝的价格

请以下述条件,和曲经理那边磋商。因为要和3～4家公司竞争,以一次性(投标方式)决定,所以请好好研讨后报价。

绿豆粉丝

绿豆 100%

直线型

长度 18 cm

100 g 装进 PP 袋

PP 袋 4 种颜色印刷

一个纸箱装 30 袋

以 40 英尺(高柜)①集装箱为单位

成本加运费、货物到达日本横滨港、每吨多少美元?

交货期为接到信用证后多少天?

＊我提供 100 g 包装袋款式的原稿。

＊也提供纸箱的款式(我认为和葛粉条相似)。

③ 石花菜(洋粉的原料)

请赶快用 EMS 寄 70 g～100 g 样品来。要得急。

库存是 3 吨吧? 等待回复。

日本公司从 8 月 12 日起,放 3～10 天的暑假。

山田達雄
2005 年 8 月 9 日

例子三

朱蕴忠先生:

早上好!

因有如下询价,请调查。

我想购进葛粉(葛根粉、放进葛粉条里的葛粉)。

询问的公司是精制专门公司,能在日本精制,因此,半成品也行。用途为食用。

在中国,中药里也使用吧? 在日本,也作为治伤风的葛根汤在药店销售。

客户也在印度尼西亚以及其他地方寻找,但"听说中国产的最好",因此与我联系了。

① 产地是哪里? 产地很多吗?

② 形状是块状、板状,还是粉状?

---

① 40 英尺高框集装箱内容积为 11.8 m×2.13 m×2.72 m,体积约 68 m^3。

③ 客户说了,定下来的话,考虑派日本方面的职员到现场,可以常驻在产地公司附近。一开始,我也同行。

山田达雄 发自办事处
2月8日

(2) 磋商
例子一
朱蕴忠先生:
谢谢2月6日的邮件。
我想,您正在欢度春节。
横滨的中华街也很热闹,正在进行各种各样的中国春节活动。

绿豆粉丝100克小包装
如果确认了的话,想验证产品的完成状况(品质、包装材料),我收到了客户需要以下东西的要求。
款式正在磋商,因此,是决定后的事情。
第一次生产的产品:5个(100克小包装)打上日期、批次号码的最终产品。
包装袋(PP袋):5片 印刷好文字。
包装箱(瓦楞纸箱):5片 以平坦的状态(不装配成箱子的状态),这也是印刷好的东西,款式一定下来,即与你联系。

硅石
联系过了,因Na值高,不能使用。2月9日我与客户见面,询问详细情况后,给您邮件。
小虾
只是白虾可以,如果知道水分的话,请告诉我。
红虾品质不怎么好,破碎多,因此不能用。
按现状,白虾也未必能成交,生意难做,但我会努力。

山田达雄
2006年2月7日

例子二
朱蕴忠先生:
谢谢4月10日的邮件。
我充分理解朱先生的价格。我和和兴公司也有多次磋商,近日内打算与之会面。

和兴公司做的品种也在增加,但是,正在和在日本的与中国有关的商社增加交易。因为是与中国有关的商社,所以和中国当地有着密切的关系,在价格方面无法竞争。这个,如果换作日本,也会在外国和与日本有关系的企业联合起来。哪个国家都一样,是没有办法的事情。特别是食品,因为薄利多销,所以竞争更加激烈。我认为朱先生和本公司的交易,也很难称心如意地开展。因此,我认为开展从日本进口方面的业务为好。怎么样?我想,即使是少许也要增加和朱先生的交易量,努力提供进口资料,请考虑。

本公司在石英玻璃、硅石方面,进口正在增加。

除了食品之外,其他业务都在开展。

山田达雄
2006年4月12日

(3) 成交

例子一

朱蕴忠先生:

关于裙带菜,4月21日给我寄来的东西,品质可以。

今年,我向朱先生订货,因此,请多关照。

信用证分批开设。

预计大约是10个集装箱。

先请制作纸箱。大小是390 mm×630 mm×375 mm。

40英尺(高柜)集装箱装798箱。(10个集装箱是79800 kg)。

10 kg包装(装进塑料口袋)。

箱子上印刷 ＊DRIED CUT WAKAME 或者

乾燥カットワカメ(能用日语印刷时)

＊30 mm×30 mm

＊10 kg

＊只要公司名称或者商标唛头就行。

＊我认为白的纸箱好。

请从出口方直接给SEIRAN方用英文传真下述内容(发盘)。

① DRIED CUT WAKAME　30×30MM

② 7.98MT, 798CARTONS, 40FCL (HIGH-CONTAINER)

③ PRICE USD××××/MT C&F YOKOHAMA

也请将出口方的地址、电话、传真号码、交易银行名称、交易银行分行名称、交易银行分行的地址发传真。

第一次 5 月 27 日或者 5 月 28 日能够出货吗?

请用英文提供加工工艺表。用传真。

有不明确的地方请来电话。
现在我在公司。

山田达雄
2003 年 4 月 29 日

例子二
朱蕴忠先生:
  急事!!
  今天收到了葛粉条和合同书。
  明天将合同书用 EMS 寄给你。
  关于葛粉条的样品
  ① 请将赏味期限的打印位置向下移一些。
  请打印在离封口处 15 mm 的地方。
  (寄来的样品)打印在封口处和东西放进去的地方,打印得不漂亮。字体能否再大些?
  ② 样品的日期为"2004 年 8 月 15 日",但是,实际上(赏味期限)是 2 年后啊!
  没问题吧!(赏味期限)是"2006 年 8 月 15 日"啊!
  请确认。
  (如果打成 2004 的话,就要全部改正)。

山田达雄
2004 年 8 月 10 日

(4) 出货

例子一
朱蕴忠先生:
  东京地区也好不容易将要结束梅雨了(叫作"出梅")。
  今天也是下雨天。今年比平常梅雨季节要长。
  切碎的裙带菜

① 这次能装798箱(7980 kg)了吗?

② 7月27日(星期天)出港了吗?

③ 请将提单、发票、装箱单传真到公司这边。

(现在,我在公司)

在日本也有一部分公司放暑假,8月中旬前后,休7天左右的假。

关于今后做的商品,我正在做种种调查。

山田达雄

2003年7月30日

例子二

朱蕴忠先生:

① 关于切碎裙带菜的出货

第三个集装箱798箱裙带菜,请装7月2日(星期天)的这条船。

交货期没问题吧!

从这次开始纸箱(尺寸)改变了吧。期待着(装载数量的增加)。

② 关于绿豆粉丝

下周进行磋商。

新工厂完成了吗?

已在运转吗?

如果新的负责人希望实地考察的话,能够看到吗?

(但是,不必招待晚餐)

确认规格:

绿豆100％

100 g/PP袋

100 g×30袋/箱 (3 kg装)(每袋100 g,每箱30袋,一箱3 kg货物)

20英尺集装箱

1050箱货物

3150 kg

31500袋

C&F YOKOHAMA USD××××(成本加运费,货物达到横滨港,每吨××××美元)

印刷式样我在加快联系。

以上匆匆,谨作联系。

山田达雄

2006年6月13日

(5) 索赔

例子一

朱蕴忠先生：

关于3月份出货的切碎裙带菜的索赔。

正如前些日子多次联系的那样，由于重量不足和混入异物，客户那边叫了起来。

在我到场的情况下，再次（对10千克塑料袋）进行了称重，结果是6.9千克。

鉴于那种情况，我也一起打开了几箱货物，在保持塑料袋原封不动的情况下进行了检查。有9.7千克、9.85千克，不满10千克的包装，以后决定进行全数检查。

再则，异物也非常多，已将其中一部分寄给你了。因此，请你和当地工厂进行查对。请回答为什么这次成了这个样子呢？之前都好，这次却让我信用尽失。

我认为，这次的货物是没有进行检查的东西。在传送带上面，谁看了都该明白。

下次的货物，请充分注意（挑选后）再出货。

① 为什么3月份的发货成了这个样子呢？
② 4月份出货的货物，之后剩下的2个集装箱的货物，没问题吗？

如果不彻底检查就是信用问题。将影响到其他商品以及今后的新商品交易。

我也在坚持着，但是必须补偿。

客户正对我严厉提出：由于全数检查重量、取出异物作业，必须增加作业人员，降低自动包装设备的速度，都要花费经费。

因此，我决定无偿替工厂缴纳40箱货款作为补偿费，请予以了解。也请给工厂好好说明现况。

再三拜托对剩余的货物进行彻底检查。

我也在努力，想进一步增加和朱先生的交易。

山田达雄
2004年4月25日

例子二

朱蕴忠先生：

葛粉条

请做好第二次（40英尺集装箱）的装船准备。

10月21日在银行办理信用证的开证申请，号码一定下来就与你联系。

（开证）金额扣除了上次（货物）不足的部分，但（这次）请装1855箱货物。

装船期限一下子放到12月10日。

和上次一样，需要公共机关的检查证明。

日本这边也在说要检查过氧化苯酰、甜蜜素（环己烷氨基磺酸钠）。

上次没有问题，但这次还要检查。

贴标　上次由于交货期的问题，我说了贴标即使稍有歪斜也行，不过这次请仔仔细细地贴好。拜托了。

切碎的裙带菜

索赔　混入异物，大的东西是箱子的封口材料（封口胶带）混进去了。注意的话，是能够解决的。

如果清洗两次，再稍微花些时间，挑选再稍微仔细些的话，是能够解决的。

不知道封口材料是怎么混进去的。我想，在包装的时候，应该被发现。但是……

总之，决定进行补偿。

新交易　下次5～6个集装箱，货物到达日本横滨港成本加运费××××美元不行吗？

吕先生不合适做吗？或者其他什么地方没有（合适的工厂）吗？

正着急。

米线

如有便宜的地方，请联系。

我方也找找看。

山田达雄
2004年10月21日

2. 由我发送的电子商务文件如下：

（1）初次贸易

TO：××××株式会社

敬启者　恭贺贵公司日益兴旺发达。

请原谅我冒昧地给您发邮件。

我是被称作中国羊栖菜之乡洞头县华胜海特产制品有限公司的常务副总经理朱蕴忠。此次与您联系干燥羊栖菜的出口业务。

十分感谢今年10月20日，诸位在百忙之中远道而来，考察了本公司的工厂。

至今本公司生产的干燥羊栖菜产品一直出口日本。因为是多次通过机械设备和熟练工好好挑选的，所以品质绝对能够保证。

再则，因为是选用清洁海域养殖的羊栖菜原料干燥而成的产品，所以完全适应日本实施的肯定列表制。

由于是与贵公司初次贸易,因此,目前干燥羊栖菜产品的优惠报价是:成本＋保险费＋运费,货物到达日本港口,每吨××××美元。

如果您需要的话,随时可以邮寄样品。

想联系的事情很多,请大力赐助,拜托了。

我的手机号码:13851013667　电话号码:0086-515-8203-1538

FAX:0086-515-8352-2049　E-mail:zyz366@163.com

以上,谨作联系并致礼!

××××董事长社长

朱蕴忠 敬具

11月21日

(2) 联系

例子1

敬复者　每次承蒙特别照顾,特此致谢!

6月10日您传真来的《进口食品检验报告》收到了。谢谢!

① 关于干燥裙带菜产品的二氧化硫检查,一般是从实际进港的货物中,通过抽样检查来提取货物的吧。您需要先提供样品的话,请预先用邮件或者传真告知样品的数量和邮寄地址等。通常,二氧化硫的出口禁止限量为 $SO_2 < 30$ ppm/g。用火坑那样的老设备烧煤时,燃气一旦从管道里跑到车间的话,二氧化硫的含量就有可能在出口禁止限量之上。除了干燥裙带菜产品之外,其他食品也一样。

② 关于人工栽培的冬虫夏草,据说作为药品进口是十分困难的,但是作为健康食品进口是方便的。目前,栽培基地给我发来的人工栽培冬虫夏草的报价是 C&F TOKYO USD×××/kg(成本＋运费,货物到达东京,每千克×××美元)。

③ 据日本客户说,食用菌杏鲍菇这种健康食品,已通过大阪的商社畅销。据说赚到了许多利润。如果有销售机会的话,请大力赐助。拜托了。

④ ××公司的手剥皮脱水辣根片产品,有现货150吨在库,价格为 C&F JAPAN USD××××/MT(成本＋运费,货物到达日本,每吨××××美元)。

⑤ 山东省烟台××粉丝工厂,已经开始生产葛粉条产品,详细情况以后报告。

以上匆匆,谨作联系并致谢!

××××部长

朱蕴忠 敬具

6月11日

例子2

敬复者　屡屡承蒙关照,不胜感激。

谢谢10月8日的邮件。

① 关于干燥羊栖菜样品的细菌数量检查结果,这次的干燥羊栖菜样品,是将同样的产品放进两个口袋进行检查。但是,在中国检查的结果和在日本检查的结果比较起来竟有天壤之别。因此,我们非常吃惊,马上调查其原因。

② 下批装船的商品,已经用最好的羊栖菜原料开始生产。杀菌温度只有80度,能够保证产品的柔软性。除了由最新机械设备和熟练工仔细挑选之外,在杀菌机械传送带的两侧,还有再次挑选的工序。异物和细产品均能剔除,因此,能够保证产品的品质。现将传送带两侧再次挑选的照片作为邮件的附件发给您参考。

③ 按计划预定10月18日装船。出港日期一定,即报告船名等。

以上匆匆,谨作回信并致礼!

××××社长

朱蕴忠 敬具

10月8日

(3) 磋商

平常承蒙多方照顾。

收到9月16日的邮件后,本公司马上进行了认真研讨。

关于杀菌的菌数,开始调试时,由于杀菌设备的传送带材质不好,杀菌温度一上升,传送带就发热烧坏了。后来,用了好的传送带,提高了杀菌温度之后,细菌和大肠菌群的检查结果才变好了。新产品的样品现在在省级检查部门,进行细菌和大肠菌群的检查。在下周用EMS邮寄到贵公司。

关于这次1千克装的价格,如果从2000千克货款里扣除800美元的话,本公司将蒙受很大损失,因此,难以成交。

出口到其他日本商社1千克装干燥羊栖菜的价格为×××美元。因此,出口到贵公司的干燥羊栖菜的价格,是最便宜的。

杀菌时,由于工资、电费、重量损耗等原因,每吨要花费300美元的费用。再则,复水的倍率和颜色,和上次产品相同。

故新产品的样品到达贵公司之后,请再次研讨。

另外,今后仍恳请加倍地给予提携、关照。

以上匆匆,谨作回信并致礼!

××××社长

朱蕴忠 敬具

9月18日

（4）成交

敬复者 每次承蒙惠顾,谨致深切谢意!

9月26日传真来的售货确认书收到了。谢谢!

S规格干燥羊栖菜的样品,今天我用EMS给贵公司寄去了。

邮寄单的号码是EB027807087CN,请查收!

因为羊栖菜产品的生产、挑选、包装、商检等花费时间,所以,如果样品到达贵公司的话,请尽快确认,反馈情况。

这次产品杀菌后的细菌数,一般性细菌数是180 cfu/g,大肠菌群为阴性。杀菌温度为100度,产品不发焦。现将细菌数检查报告传真给贵公司参考。

再则,干燥羊栖菜产品的制造工程表、未进行放射线杀菌的证明书等文件,决定和装船单证一起邮寄到贵公司。

其他,如果有什么要求,请随时指示。

衷心恳请今后仍能多加支持,多加协作,以上谨致问候。

××××社長

朱蕴忠 敬具

9月26日

（5）出货

敬启者 每次承蒙提携,在此谨致深切的谢意!

今天本公司生产的干燥羊栖菜产品已经出货了。

这次20英尺集装箱的实际装载数量如下:

S规格干燥羊栖菜产品,是320箱,是20 kg/箱×320箱＝6400 kg。

SS规格干燥羊栖菜产品,是75箱,是20 kg/箱×75箱＝1500 kg。

S规格干燥羊栖菜产品和SS规格干燥羊栖菜产品的合计装载数量为395箱,即20 kg/箱×395箱＝7900 kg。

预定12月27日(星期六)在宁波港报关结束,下周的星期一(12月29日)从宁波港开往四日市。

船名是HARRIER 027E。

提单等装船单证,一到手即传真到贵公司。

以上匆匆,谨作装船通知。

××××社長

朱蕴忠 敬具

12月26日

（6）索赔

恕免客套。

且说，今天收到×××先生关于索赔的邮件后，我十分吃惊。

马上给江苏××食品打电话，进行了多次联系。

唐总经理给我做了说明："关于从使用3月18日装载在'SUHUAJII'船上的江苏××食品的干燥青葱制造的麻婆豆腐素的'料粉'中检查出许多石子一事，无此可能性。"

理由是：① 兴化的栽培基地没有石子，只有泥土。

② 该产品在日本进行过再次挑选，如果产品中检查出许多石子的话，请在日本的专业挑选公司确认。

再则，关于4月12日装载在"SITC KOBE"船上的兴化××食品的7吨干燥青葱，加上5月26日装载在"PANDRA"船上的3.5吨，合计10.5吨干燥青葱的索赔，我与兴化××食品的王总经理用电话以及邮件进行了联系。

据王总经理说："葱是从泥土里收获的，说不定产品里有附着泥土的可能性，工厂已经进行了多次挑选。关于索赔的补偿，根据异物存在的情况，为了解决，随时能够商谈。"

现在，10.5吨干燥青葱用了多少吨？或者，再次挑选了多少吨？请告诉我日本方面的详细情况。

我根据日本方面的情况，再与兴化××食品的王总经理进行交涉。

以上匆匆，谨作回信并致礼！

×××先生

朱蕴忠　敬具
6月19日

五、個人業務の自叙伝

2008年6月に、私は　国家資格の副訳審という職名を獲得するために、自分の通訳実績を中国の関連部署に申告したことがあります。

上の規定によりますと、個人の通訳実績は　それぞれ日本語と中国語で、個人業務の自叙伝を作成して、それを日本語で、カセットテープに録音して、申告書などの資料と一緒に関連部署に引渡します。

個人業務の自叙伝は　自分の通訳実績と感想をありのままに反映したので、参考まで、ビジネス通訳の実例として、出版します。

個人業務の自叙伝

　1997年9月に、わたしは　日本語通訳の資格証書と対外販売員の資格証書を同時に取得しましたので　日本語通訳の仕事は　対外貿易の仕事と一緒にやってきました。毎年、わたしは　上海や広州に行って、輸出商品の展示会に参加しました。

　2002年1月に、わたしは　日本の東京に行って、JAPANTEX展示会に参加しました。

　展示会のブースで、日本語でお客様と相談する際に、3月の初め、中国の上海で、第29回中国國際カーペット展示会の開催することを聞いたと同時に、アクリルジャカードカーペットの商売価格などの情報についても、よく分かりました。

　ただちに、わたしは　日本から業務提携している大豊市のカーペット工場に電話を入れました。

　また、3月の初め、わたしは　上海に行って、上海國際展示センターで、開催された第29回中国國際カーペット展示会に参加しました。

　展示会のブースで、日本語で　寺田、九装、モリリン、NITORI、高島屋、石光商事などのインテリア商社のお客様とアクリルジャカードカーペットのデザイン、柄、サイズ、パイル、材質、価格、納期、支払い条件などのことについて、よく打合せてから、順調に五万平米、五十万ドルの契約書が成約されました。

　その後、カーペット工場は　ストック製品を売り出したと同時に、毎日、二交替の残業によって、終にお客様から注文した数量が完成されました。

　2002年5月に、わたしは　もう一度　日本に行って、大阪で開催された日本大阪第七回中国江蘇輸出商品展示会に参加しました。

　わたしの努力によって、江蘇××集団から生産されたメリヤススポーツシャツは　よく日本に輸出したことがあります。

　2005年3月に、わたしは　日本千葉県で開催されたFOODEX JAPAN展示会に参加しました。帰国した後で、塩城××食品有限公司から乾燥ホースラディッシュ製品を日本によく輸出したと同時に、株式会社ヴォークストレーディングの××さんの協力によって、機械皮剥きの乾燥ホースラディッシュ製品をタイにも転売したことがあります。

　対外貿易の業務は　だんだん拡大してきたので　國際通信の費用を減らすために、わたしは　さまざまな困難を乗り越えて、終に日本語でネットビジネスの仕事もできました。

　コンピューターを利用して、電子メールを送信する場合　日本語の文字だけでなく、写真などの画像も伝送できますので　日本側の商売パートナーは　日本でも、中国工場の写

口译指南

真が見られるようになりました。

　2007年12月に、江蘇興化工場で、ストックの乾燥青白ネギを出荷する場合 ストックの乾燥青白ネギの色のあまりよくないのが見つかりました。生産工場は　信用を守るために、出荷のストップを決めてくれましたが、輸出代理公司は 船のスペースを予約しました。日本商社からは 既に取消不能一覧払いL/Cが開設されました。また、日本商社の得意先も くびを長くして、契約された乾燥青白ネギの製品を待っています。わたしは　ディジタルカメラで、ストックの乾燥青白ネギの写真を撮ってから、メールの附属件として、日本に送信しました。また、携帯電話で日本商社の商売パートナーとよくこちらの情況を伝えて、相談しました。日本商社の皆さんは　ストックの乾燥青白ネギの写真を見てから「製品の色は　問題がない、残留農薬と菌数を保証するうえで 早く出港してください」と説明してくださいました。工場は　日本商社の要望によって、早くストックの乾燥青白ネギを出荷しました。商売は　順調に捗りました。

　ネットビジネスによって、國際貿易をやってから、年間の通信費用は　従来にかかった通信費用の十分の一になりましたが、製品の輸出数量は　従来の何倍にもなりました。

　普通の場合 わたしは 毎朝 公園に行って、太極拳をやります。

　昼の場合は　一時間くらい休んで 夕方は　家内と一緒に住宅地の周りを散歩します。周りの人々の目の中には わたしは　毎日遊んでおり、楽な生活しているように写っています。実は、午前中の8時から12時まで 午後の2時から6時まで　わたしは 毎日 コンピューターによって、日本語で ネットビジネスの仕事をやっています。夜の8時から10時まではロシア語を独学したり、本や文章などを書いたり、それは 場合によって、決めております。

　日本のお客様は　各産地の工場を見学する場合　わたしは　何時も約束のスケジュールによって、温州や上海や青島などの空港までに、出迎えに行ったこともあります。わたしは　毎日、ながら族の生活方式で、一生懸命に仕事をやらなければなりません。例えば、4月6日に、わたしは　塩城に行って、ロシア語の試験に参加しなければなりませんが、四月の初めに、わたしは　大豊市経済開発区からの招きに応じて、2008年中国大豊（東京）投資環境押し広める会の通訳と『活力の大豊』日本語番組の製作する仕事を担当しました。恰度、四月の初めで、日本鹿児島××株式会社から、カットワカメの注文書と天津××食品有限公司から乾燥ひじきパウダー製品の注文書も届きました。全国各地から送信してくれたメールも　沢山があります。ロシア語の試験、日本語の通訳、英語の契約などのいろいろな仕事は　ほとんど同時にやりますので その忙しさは 想像し難いものがあります。

第五章　ビジネス通訳

　2006年5月29日に、日本では　ポジティブリスト制が実施されました。日本に食品を輸出する場合 前もって、残留農薬を検査しなければなりません。今のところ、日本にカットワカメと乾燥ひじきを輸出しても 残留農薬のメタミドホス(Methamidophos)、ジクロルボス(DDVP)(Dichiorvos)、パラチオン(Parathion)、メチルパラチオン(Parathion-methyl)、クロルピリホス(Chlorpyriphos)、および重金属の鉛(Pb)、水銀(Hg)、カドミウム(Cd)などを検査しなければなりません。また、生産工程表や放射線殺菌していないことの証明書や添加剤未使用の証明書などの書類を提出しなければなりません。

　たくさんの中国企業は　一時に製品の輸出できない状態に陥りましたが、わたしにとって、日本側の情況をよく了解し、生産工程表や放射線殺菌していないことの証明書や添加剤未使用の証明書などの製作は 朝飯前な仕事ですので AD青ネギ、カットワカメ、乾燥ひじきなどの製品は ずっと 順調に日本に輸出しています。

　要するに、1997年9月に、わたしは　日本語通訳の資格証書と対外販売員の資格証書を取得した後で 主な通訳業務は 次のように：

① 日本語によって、ネットビジネスの仕事をしたことがあります。主に、日本に輸出していた製品は 遼寧省大連産のカットワカメ、山東省招遠産の春雨と葛きり、江蘇省興化産のAD青ネギとAD青白ネギ、射陽産の乾燥ホースラディッシュ、大豊産のアクリルジャカードカーペット、浙江省洞頭産の乾燥ひじき、および慶元産の食用菌などの製品があります。

② 日本から導入されたプラントと項目の通訳仕事をしたことがあります。取扱説明書や設備の据え付けやアフターサービスなどの通訳です。

③ 時々、政府部門からの招きに応じて、中日國際交流活動大会の同時通訳を担当したことがあります。

　日本からの訪中代表団や貿易代表団や民間交流団などの通訳を担当したこともあります。

④ 塩城、大豊で、日本語の講座が開かれ、中国に滞在していた日本人の要望によって、中国語を教えたこともあります。

⑤『大豊港』、『活力の大豊』などの日本語CD番組の通訳とアフレコの仕事をしたことがあります。

⑥ しばしば、日本語のリモート通訳を担当したことがあります。

　わたしの感想といえば 山ほどありますが、主な感想として、まずは『為せば成る』と思っていたします。

　1979年1月から、ラジオ日本語講座を聞き始め、今まで、日本語を教える教師と御目

にかかったことがありません。

　完全にわたしの独学によって、通訳になりました。

　本当に、為せば成るのですね。

　次は「正しい認識は　実践から生まれる」です。

　外国語というものは　ただ学校で勉強するのは　不充分で、実践に使うのは　一番重要なことだと思っています。

　わたしは　毎日毎日、日本語を使って、日本人と交流していますので、上手になることも、当たり前なことだと思っております。

　後は「何時も前へ続け！」社会の進歩によって、言葉も豊富になってきました。片仮名用語や専門用語や新出単語は　段々増えています。片仮名用語でも、変わったこともあります。例えば、20年前に、機械を修理する場合　メンテナンスという言葉をよく使ったことがありますが、後は、アフターサービスという言葉をよく使いました。

　以上、わたしの感想です。

五、个人业务自传

　　2008年6月，我为了获得国家资格副译审这个职称，将自己的翻译实绩向中国的有关部门进行了申报。

　　根据上面的规定，个人的翻译实绩，要分别用日语和汉语制作成个人业务的自传，将其用日语录音到磁带上，和申报表等资料一起递交给有关部门。

　　因为个人业务的自传如实反映了自己的翻译实绩和感想，所以作为商务翻译的实例进行出版，以供参考。

个人业务自传

　　1997年9月，我同时取得了日语翻译资格证书和外销员资格证书。因此，日语翻译工作就和对外贸易工作一起干了起来。每年，我去上海、广州等地，参加出口商品展览会。

　　2002年1月，我去日本东京，参加了日本室内装饰品展览会。在展览会的摊位上，在用日语与客户洽谈时，我听到了3月初在中国上海举办第29届中国国际地毯展览会的消息。同时，知道了腈纶提花地毯销售价格等信息。我立即从日本打电话给有业务合作关系的大丰市的地毯厂。并且，3月初，我去上海参加了在上海国际展览中心举办的第29届中国国际地毯展览会。

　　在展览会的摊位上，我用日语与池田、九装、茉莉林、宜得利、高岛屋、石光商事等室内装饰品商社的客户就腈纶提花地毯的款式、花型、尺寸、毛高、材质、价格、交货期、支付条件等充分磋商后，顺利地成交了5万平方米、50万美元的合同。

之后,地毯厂在售出库存产品的同时,每天靠两班制加班,终于完成了客户订货的数量。

2002年5月,我再次去日本,参加了在大阪举办的第七届中国江苏出口商品展览会。由于我的努力,江苏××集团生产的针织运动衫曾经畅销日本。

2005年3月,我参加了在日本千叶县举办的日本国际食品饮料展览会。回国后,我在将盐城××食品有限公司生产的脱水辣根片产品出口到日本的同时,依靠博科贸易股份公司××先生的协助,将机器剥皮的脱水辣根片产品转卖到了泰国。

由于对外贸易的业务逐渐扩大起来了,为了减少国际通信的费用,我克服了种种困难,终于也能够用日语做电子商务了。

利用电脑发送邮件时,我不仅能够传送日文,还能够传送照片等。因此,日本那边的商业合作伙伴,在日本就能够看到中国工厂的照片。

2007年12月,在江苏兴化工厂库存的脱水青白葱出货时,发现了库存的脱水青白葱的颜色不怎么好。生产工厂为了守信用,对我提出了停止发货的请求。但是,出口代理公司已经预订了船仓。日本商社已经开出了不可撤消的即期信用证。并且,日本商社的客户也盼望和等待着成交的脱水青白葱产品。我用数码照相机,拍摄库存脱水青白葱的照片后,作为邮件的附件发到了日本。并且,用手机与日本商社的商业合作伙伴联系,充分商谈了这边的情况。日本商社的人员,看了库存脱水青白葱的照片后,说:"产品的颜色,没有问题,请在保证农残和细菌数的基础上,尽快出港。"工厂根据日本商社的要求,很快将库存的脱水青白葱发了出去。销售进行得很顺利。

用电子商务做国际贸易后,年间的通信费用,仅为原来花费的通信费的十分之一,而产品的出口数量变成原来的几倍。

平时,我每天早晨去公园打太极拳,中午休息1小时左右,傍晚和妻子一起在住宅地周围散散步。在周围人的眼里,我每天好像玩耍似地,生活得很轻松。其实,从上午的8点到中午的12点,从下午的2点到6点,我每天都通过电脑用日语做着电子商务的工作。夜里的8点到10点,或者自学俄语,或者写书啊文章什么的,那就要根据情况来决定了。

日本客户考察各个产地工厂时,我经常按照约定的日程,到温州、上海、青岛等的机场去迎接。我每天必须一心多用努力工作。例如,4月6日,我必须去盐城参加俄语考试,但是,在4月初,我应大丰市经济开发区的邀请,担任了2008年中国大丰(东京)投资环境推广会的翻译和《活力大丰》日语节目的制作工作,恰巧,在4月初,从日本鹿儿岛××股份公司发来了裙带菜的订单,从天津××食品有限公司发来了干燥羊栖菜粉末产品的订单。还有许多从全国各地发来的邮件。因为俄语考试、日语翻译、英语签合同等各式各样的工作,几乎是同时在做,所以,繁忙的程度,真是难以想象。

2006年5月29日,日本实行了肯定列表制。对日本出口食品时,事先必须检查残留农药。现在,即使对日本出口切碎的裙带菜和干燥的羊栖菜,也必须检查残留农药的甲胺磷、敌敌畏、对硫磷、甲基对硫磷、毒死蜱,以及重金属的铅、汞、镉等。并且,必须提交生产工艺表、未进行放射线杀菌的证明书、没有使用添加剂的证明书等文书。

中国的许多企业一度陷入产品不能出口的状态。但是,对于我来说,因为充分了解日本方面的情况,生产工艺表、未进行放射线杀菌的证明书、未使用添加剂的证明书等的制作,是易如反掌的工作,所以,AD青葱、切碎的裙带菜、干燥的羊栖菜等产品,一直在顺利地出口日本。

简而言之,1997年9月,我取得了日语翻译资格证书和外销员资格证书后,主要的翻译业务如下:

① 靠日语做了电子商务的工作。向日本出口的产品主要有辽宁省大连产的切碎裙带菜、山东省招远产的粉丝和葛粉条、江苏省兴化产的AD青葱和AD青白葱、射阳产的脱水辣根片、大丰产的腈纶提花地毯、浙江省洞头产的干燥羊栖菜,以及庆元产的食用菌等产品。

② 做了从日本引进的成套设备和项目的翻译工作。是使用说明书、设备安装、售后服务等的翻译。

③ 经常应政府部门的邀请,担任中日国际交流活动大会的同声口译。担任了从日本来的访华代表团、贸易代表团、民间交流团等的翻译。

④ 在盐城、大丰开办过日语班。根据逗留在中国的日本人的要求,教过汉语。

⑤ 做过《大丰港》《活力大丰》等日语CD节目的翻译和配音工作。

⑥ 屡次担任日语远程口译。

说到我的感想,真是有好多。

作为主要的感想,首先我想是"有志者事竟成"。

我从1979年1月起开始收听日语广播讲座,至今没有与教日语的老师见过面。完全依靠自学成了翻译。真是应了"有志者,事竟成"这句话吧。

其次是"实践出真知"。我认为外语这个东西,仅仅在学校学习是不够的,在实践中使用非常重要。因为我每天用日语和日本人交流,所以,成为能手也是理所当然的事情。

最后,要永远向前! 由于社会的进步,语言也变得丰富起来了。外来语、术语、新单词渐渐增加。即便是外来语,也有变化了的。例如,在20年前,修理机器时,经常使用维修这个词。后来,就经常用售后服务这个词了。

以上是我的感想。

六、注意事項

　　ビジネス通訳を担当する場合、国際貿易の略語や約束したスケジュールやサービスの対象などの面に注意しなければなりません。国際貿易の内容には　ビジネスの専門用語の外に、略語も沢山あります。例えば、国際貿易の慣例によって、国際貿易のオファー略語は　4組13種類に分けられています。その中に、よく使われた略語は　F組のFOB(Free On Board/船積港の船に荷渡し)、C組のCFR(Cost and Freight/コストに運賃を加え)、CIF(Cost Insurance and Freight/コストに保険料と運賃を加える)があります。

　　また、支払方法には　信用状のL/Cや電信送金のT/Tなどがあり、船荷証券にも、サレンダーB/Lなども　あります。通常、ビジネス通訳を担当する前に、通訳の日程は　すでに予定されたことがありますから、お客様より先着するのは　当たり前のことです。例えば、お客様は　午後二時に、空港に到着する予定で、通訳者は　約束したスケジュールによって、午後二時の前に、空港の出口で待って、予定の時間より早く到着しなければなりません。

　　なお、中国では　古代から「士は　知己のために死ぬ、女は　己を悦ぶ者のために容づくる」や「良禽は　木を選んで棲み、優れた人は　立派な主君を選んで仕える」や「朱に交われば、赤くなり、墨に近付けば、黒くなる」などの言い方があります。商界は　まるで戦場のようで、玉石混淆で、良い人と悪い人と入り混じっていますので、通訳者は　十分に注意して、「良禽択木」の原則によって、信用の良い相手をサービスの対象に選びます。

六、注意事项

　　担任商务口译时,必须注意国际贸易的缩略语、约定的日程、服务的对象等方面。国际贸易的内容除了商务专业术语之外,还有许多缩略语。例如,根据国际贸易惯例,国际贸易的发盘缩略语被分为4组13种。其中,常用的缩略语有F组的FOB(Free On Board/装运港船上交货)、C组的CFR(Cost and Freight/成本加运费)、CIF(Cost Insurance and Freight/成本加保险费、运费)。

　　再则,支付方法里,有信用证的L/C、电汇的T/T等。船货提单里,也有电放提单等。通常,在担任商务口译之前,口译的日程已被预定下来,比客户先到是理所当然的事。例如,客户预定下午两点钟到机场,译员要根据约定的日程,于下午两点之前,在机场的出口处等待,必须比预定的时间早到。

　　还有,在中国,从古代开始就有"士为知己者死,女为悦己者容""良禽择木而栖,贤士择主而事""近朱者赤,近墨者黑"等说法。商场犹如战场,鱼龙混杂,好人和坏人混在一起。因此,译员要充分注意,根据良禽择木的原则,选择信用好的服务对象。

第六章　特殊な通訳

一、外来語で通訳

　展示会のブースで、ビジネス通訳を担当する場合、いつも各国から来られたお客様に会ったことがあります。日本のお客様が来られますと、日本語でスムーズに通訳できますが、アメリカやロシアなどのお客様が来られますと、私にとって、英語とロシア語を使う場合、挨拶と日常用語は　まあまあですが、商務相談は　苦手で、よく日本語の外来語で通訳します。

　外来語は　殆ど音訳してきた言葉で、実物を見せながら、日本語の外来語で通訳しますと、相手方は　意味が分かる筈です。

　例えば、中国語の「丝绸」を例として、日本語の外来語は　シルクで、英語は　silkで、ロシア語は　шелкで、発音は　大体同じで、お客様に実物を見せると　製品の材質がすぐ分かります。

　また、日本語の農薬名称は　殆ど英語から音訳してきた外来語で、表1に示すように。

表1　農薬の外来語

中国語	英語	日本語
毒死蜱	Chlorpyriphos	クロルピリホス
氯氰菊酯	Cypermethrin	シペルメトリン
敌敌畏	Dichlorvos	ジクロルボス
乐果	Dimethoate	ジメトエート
马拉硫磷	Malathion	マラチオン
甲胺磷	Methamidophos	マタミドホス

　勿論、医薬や化学や電子などの面でも沢山の外来語があります。例えば、ペニシリン(penicillin)やメラミン(melamine)やコンピューター(computer)などがあります。

　なお、発音が殆ど同じような国際貿易の外来語は　表2に示すように。

表 2　発音が殆ど同じような国際貿易の外来語

中国語	英語	日本語
样本	catalogue	カタログ
型号	mark	マーク
港口	port	ポート
集装箱	container	コンテナー
美元	dollar	ドル
千克	kilogramme	キログラム
银行	bank	バンク
菜单	menu	メニュー
丝绸	silk	シルク

　私は　展示会のブースで、ビジネス通訳を担当する場合、日本語で通訳しても、来られたお客様によって、言葉遣いも注意します。

　例えば、中国語の「价格」という言葉は　もし、日本のお客様が来られますと、通常、日本語の価格か値段という言葉で通訳しますが、もし、アメリカやロシアなどのお客様が来られますと、英語かロシア語で、挨拶を交わしてから、商務を相談する場合、外来語のプライス(price)で通訳します。

　勿論、製品の名称や材質なども、できるだけ外来語で通訳します。

　例えば、中国語の「腈纶提花地毯」をアクリル(acryl)ジャカード(jacquard)カーペット(carpet)に通訳します。

第六章　特殊口译

一、用外来语口译

　　在展览会的摊位担任商务口译时，经常遇到从各个国家来的客商。日本客商来的话，我能用日语流利地口译。但是，美国、俄国等客商来的话，对我而言，使用英语和俄语时，寒暄和日常用语尚马马虎虎，商务洽谈就不好对付了，我常用日语的外来语进行口译。

外来语几乎都是音译过来的语言，一边让客商看实物，一边用日语的外来语口译的话，对方理应知道意思。例如，汉语的丝绸，日语的外来语是シルク，英语是 silk，俄语是шёлк，发音大致相同，让客商看实物，马上就能知道产品的材质。

再则，日语的农药名称，几乎是由英语音译过来的外来语，如表1所示。（略）

当然，医药、化学、电子等方面，也有许多外来语。

例如，ペニシリン（penicillin）青霉素（盘尼西林）、メラミン（melamine）三聚氰胺、コンピューター（computer）计算机等。还有，发音几乎相同的国际贸易外来语，如表2所示。（略）

我在展览会的摊位，担任商务口译时，即使是用日语进行口译，也根据来的客商，注意说法。例如，汉语的价格这一词语，如果是日本客商来的话，一般用日语的"価格"或者"値段"这些词语进行口译。但是，如果是美国、俄国等客商来的话，就用英语或者俄语，互道寒暄后，商务洽谈时，用外来语的"プライス（price）"进行口译。当然，产品的名称、材质等，也尽量用外来语进行口译。例如，将汉语的腈纶提花地毯，口译成アクリル（acryl）ジャカード（jacquard）カーペット（carpet）。

二、リモート通訳

最初のリモート通訳は　電話で働きます。例えば、1993年から、塩城市沙蚕ステーションの張経理は　釣り餌の沙蚕を仕入れてから、蓄養場に置いて、こちらに電話を入れて、沙蚕の輸出できる数量や規格や見積りなどを説明してくれた後で、私は　国際電話で大観商社の小林様と連絡して、来週の注文数量や規格や価格などを決めた後で、国内電話で塩城市沙蚕ステーションの張経理にリモート通訳します。

1997年から、リモート通訳は　携帯電話で働きます。時々、友達は　展示ブースか日本側から、私の携帯に電話を入れて、リモート通訳をやらせます。友達は　遠いところで、携帯電話で通訳の要望を提出してから、携帯電話を日本の方に渡します。私は　友達からの要望によって、あの日本の方とリモート通訳をします。友達とあの日本の方は　私のリモート通訳によって、交流します。

二、远程口译

最初的远程口译依靠电话运作。例如，1993年开始，盐城市沙蚕站的张经理收购了钓饵沙蚕后，放在蓄养场，打电话给我，向我说明能够出口的沙蚕数量、规格、估计价格等之后，我用国际电话和大观商店的小林先生进行联系。将下周的订货数量、规格、价格等

定下来后,用国内电话给盐城市沙蚕站的张经理进行了远程口译。

　　1997年开始,远程口译依靠手机运作。常常,朋友从展览会摊位或者日本用手机给我打电话,让我远程口译。朋友在远方用手机给我提出口译的要求后,再将手机给日本人。我根据朋友的要求,和那个日本人进行远程口译。朋友和那个日本人,靠我的远程口译进行交流。

三、ポケット通訳

　　1990年12月に、上海農場中学校に勤めている李さんは　日本語を勉強するために、日本側の国際日本語学校に入学することにし、上海農場からオートバイに乗って、大豊フリーホイール工場の拙宅に訪ねて来ました。

　　私は　李さんの要望によって、日本語で手紙を書いてから、日本側の国際日本語学校に郵送しました。

　　手紙の内容は　次のように：

　　校長様

　　拝啓　寒冷の候　貴校ますますの御発展を心からお慶び申し上げます。

　　突然ながら、お手紙を差し上げる失礼、ご容赦の程、お願い申し上げます。

　　さて、私は　李と申し、今年は　23歳で、華東師範学校を卒業してから、上海農場中学校に勤めています。

　　日本語を勉強するために、貴校に入学したいと思いますので、お手数ですが、入学案内と願書を送っていただければ　幸いです。

　　お郵送先は『〒224100 中国江蘇省大豊県上海農場中学校』まで、お願いいたします。

　　まずは、取り急ぎお願いまで、ご返事お願い申し上げます。

　　　　　　　　　　　　　　　　　　　　　　　×××敬具　1990年12月6日

　　その後、李さんは　日本側の国際日本語学校から郵送していただいた入学案内と願書を受け取って、日本に留学に行きました。

　　洋行の前に、李さんは　日本語で会話ができないので、もう一度、上海農場からオートバイに乗って、大豊フリーホイール工場の拙宅に来て、ポケット通訳書についての要望を提出しました。

　　1991年5月に、私は　李さんの要望によって、日本語で『応急日本語会話』というポケット通訳書を書きました。

　　李さんは　そのポケット通訳書を持って、日本に行きました。

　　『応急日本語会話』は　私の長年にわたる通訳の実践と日本で研修する場合、獲得した知識および中国で日本語講座が開かれた経験によって、中国人が日本に到着した後のいろいろな場面を想定し、日本語の勉強と実際の応用をよく考えて、会話や単語を精選し、ポケット通訳書として、活用できるの会話集です。

　　三十年が経ってから　振り返って見ますと、依然として、その使用価値があり、特に日本語を勉強したばかりの中国人に対して、ポケット通訳書を利用して、即席で交流することができますので、ご紹介することにします。

1. 挨拶/寒暄语

　　おはようございます。/早上好。
　　こんにちは。/你好。
　　こんばんは。/晚安。
　　はじめまして。/初次见面。
　　どうぞ、よろしく。/请多关照。
　　よくいらっしゃいました。/欢迎，欢迎。
　　どうぞ、おかけください。/请坐。
　　すみません。/对不起。
　　おねがいします。/劳驾。
　　どうぞ、おちゃを。/请喝茶。
　　おじゃましました。/打扰你了。
　　ありがとうございます。/谢谢。
　　どうちゅう、ごぶじで。/一路平安。
　　あしたまた。/明天见。
　　さようなら。/再见。

2. 質問(しつもん)/提问

　　お名前(なまえ)は？/请问您的姓名是？
　　ごめんください。/屋里有人吗？
　　どちら様(さま)ですか。/是哪一位啊？
　　これは　何(なん)ですか。/这是什么？
　　お分(わ)かりましたか。/您懂了吗？
　　手続(てつづ)きは　どうしますか。/手续怎么办？
　　この字(じ)は　どう読(よ)みますか。/这个字怎么读？
　　漢字(かんじ)で、どう書(か)きますか。/用汉字怎么写？

どう行(い)きますか。/怎么去呢？

どちらの方(ほう)ですか。/在哪边呢？

どんな使(つか)い道(みち)がありますか。/有什么用途呢？

トイレは どこですか。/厕所在哪儿？

ご存知(ぞんじ)ですか。/您知道吗？

明日(あす)会社(かいしゃ)は 休(やす)みですか。/明天公司休息吗？

川越市(かわごえし)は どこで乗(の)り換(か)えですか。/去川越市在哪里换乘呢？

出来(でき)ますか。/会吗？

何(なに)か、ご用(よう)ですか。/您有什么事吗？

これで、いいですか。/这样可以吗？

いくらですか。/多少钱？

3. 税関(ぜいかん)で/在海关

朱(しゅ)：すみませんが、査証(さしょう)は どこで取(と)り扱(あつか)っていますか。/朱：请问，签证在哪里办理？

係員(かかりいん)：あの外国人登録(がいこくじんとうろく)の窓口(まどぐち)で、扱(あつか)っています。/工作人员：在那个外国人登记的窗口办理。

朱(しゅ)：はい、どうも、承知(しょうち)しました。/朱：好，谢谢，知道了。

係員(かかりいん)：パスポートを見(み)せてください。/工作人员：请出示护照。

朱(しゅ)：はい、これです。/朱：好，这就是。

係員(かかりいん)：はい、結構(けっこう)です。税関(ぜいかん)の方(ほう)へ行(い)ってください。/工作人员：好，行了，请到海关去。

税関吏(ぜいかんり)：携帯品申告書(けいたいひんしんこくしょ)を見(み)せてください。/海关人员：请出示行李申报单。

朱(しゅ)：はい、どうぞ。/朱：是，请。

税関吏(ぜいかんり)：荷物(にもつ)は これだけですか。/海关人员：行李就这些吗？

朱(しゅ)：はい、そうです。/朱：是，是的。

税関吏(ぜいかんり)：鞄(かばん)の中(なか)に、お酒(さけ)とタバコがありますか。/海关人员：包里有酒和香烟吗？

朱(しゅ)：ありません。/朱：没有。

税関吏(ぜいかんり)：では、通関(つうかん)の手続(てつづ)きは これで終(おわ)りました。/海关人员：那么，报关手续到此结束。

4. 助(たす)けを求(もと)める/求助

李(り)：すみません、助(たす)けてください。/李：对不起，请您帮助我一下。

警察(けいさつ):どうしたんですか。/警察:您怎么啦?

李(り):会社(かいしゃ)へ行(い)きたいんです。/李:我想去公司。

警察(けいさつ):何(なに)か、お困(こま)りですか。/警察:您有什么困难吗?

李(り):道(みち)に迷(まよ)いました。/李:我迷路了。

警察:お名前(なまえ)と住所(じゅうしょ)を教(おし)えてください。/警察:请告诉我您的姓名和住址。

李(り):このページを見(み)てください。/李:请看这一页。

私(わたし)の名前(なまえ)は 李文明(りぶんめい)です。/我的姓名是李文明。

オリエンタルエンヂニアリング株式会社(かぶしきかいしゃ)で、研修(けんしゅう)しています。/我在东方工程公司研修。

会社(かいしゃ)の電話番号(でんわばんごう)は 0492-5811(ぜろよんきゅうにのごはちいちいち)です。/公司的电话号码是0492-5811。

会社に電話(でんわ)してください。/请给公司打个电话。

5. 会社(かいしゃ)の寮(りょう)で/在公司宿舍

塚田(つかた):ここは 会社(かいしゃ)の寮(りょう)で、六畳(ろくじょう)の一間(ひとま)です。/塚田:这里是公司的宿舍,是六席大小的单间。

楊(よう):そこは 水洗(すいせん)トイレですね。/杨:那边是抽水马桶吧?

塚田(つかた):はい、そうです。これは 洗濯機(せんたくき)です。それは 冷蔵庫(れいぞうこ)です。あれは テレビです。/塚田:对,是的。这是洗衣机。那是电冰箱。那边是电视机。

楊:それはそれは、ご丁寧(ていねい)にありがとう。/杨:那太好了!谢谢您,太周到了。

塚田(つかた):これは ガスストーブです。火(ひ)をつける場合(ばあい)は このツマミを押(お)して、右(みぎ)へ回(まわ)してください。/塚田:这是煤气灶。点火时,请按下这个旋钮向右转。

楊(よう):はい、どうも。/杨:是,谢谢。

塚田(つかた):ガスは 非常(ひじょう)に危険(きけん)ですので、取(と)り扱(あつか)いには 注意(ちゅうい)してください。/塚田:可燃气体是很危险的气体,因此,使用时请注意。

楊(よう):はい、よく分(わ)かりました。どうも、ありがとうございました。/杨:是,知道了,谢谢了!

塚田(つかた):もう遅(おそ)いですから、よくお休(やす)みなさい。/塚田:已经不早了,请早点休息吧。

楊(よう):では、明日(あした)また。/杨:那么,明天见。

6. 漢字(かんじ)で書(か)いてください/请用汉字写

　　高橋(たかばし)：いま、研修(けんしゅう)の日程(にってい)について相談(そうだん)しましょう。/高桥：现在，我们谈谈研修的日程吧。

　　張(ちょう)：「にってい」は何という意味(いみ)ですか。分(わ)かりません。/张：「にってい」是什么意思呢？我不懂。

　　高橋(たかばし)：ええと、スケジュールという意味(いみ)です。/高桥：嗯,是スケジュール这个意思。

　　張(ちょう)：漢字(かんじ)で書(か)けば　分(わ)かるかもしれません。/张：如果用汉字写的话,也许能明白。

　　高橋(たかばし)：では、書(か)いてみましょう。日本(にほん)の日(に)、程度(ていど)の程(てい)で、お分(わ)かりましたか。/高桥：那么,我写一下吧。是日本的日,程度的程,您懂了吗？

　　張(ちょう)：そうすれば　よく分(わ)かりました。日程(にってい)とスケジュールは同(おな)じ意味(いみ)ですか。/张：这么一来,我就懂了。日程和スケジュール,意思相同吗？

　　高橋(たかばし)：はい、そうです。スケジュールは　カタカナ用語(ようご)です。/高桥：对,是的。スケジュール是外来语。

　　張(ちょう)：そうですか。ですから、分(わ)からない場合(ばあい)は　できるだけ漢字(かんじ)で書(か)いてください。/张：是吧。因此,我不懂时,请您尽量用汉字写。

7. レストランで/在餐馆

　　看板娘(かんばんむすめ)：いらっしゃいませ、こちらへ　どうぞ。/招揽女店员：欢迎！请到这边来。

　　山本(やまもと)：お酒(さけ)とビールと、どちらが好(す)きですか。/山本：你喜欢喝清酒,还是喝啤酒？

　　李(り)：私は　どちらもだめですから、ジュースにしてください。/李：我哪种也不行,请给我果汁。

　　看板娘(かんばんむすめ)：ジュースのお客様(きゃくさま)、はい、どうぞ。/招揽女店员：要果汁的客人,来啦,请。

　　山本(やまもと)：どうぞ、召(め)し上(あ)がってください。/山本：请吃吧。

　　李(り)：はい、いただきます。これは　何(なん)ですか。/李：好的,我吃。这是什么？

　　山本(やまもと)：それは　刺身(さしみ)です。/山本：那是生鱼片。

　　李(り)：どうやって、食(た)べますか。/李：怎样吃呢？

　　山本(やまもと)：ワサビと醬油(しょうゆ)を混(ま)ぜて、それにつけて、食(た)べる

のです。/山本:将芥末和酱油混合,蘸着它吃。

李(り):これは　初耳(はつみみ)ですね。/李:这还是初次听说呢!

山本(やまもと):もう少(すこ)し、いかがですか。/山本:再吃一点怎么样?

李(り):もう結構(けっこう)です。ご馳走様(ちそうさま)。/李:已够了,承蒙款待。

山本(やまもと):いいえ、お粗末様(そまつさま)でした。/山本:粗茶淡饭,不用客气。

8. タクシー/出租车

徐(じょ):すみません、ちょっと伺(うかが)いますが。/徐:劳驾,请问一下。

通行人(つうこうにん):はい、どうぞ。/行人:行,请讲。

徐(じょ):タクシーの乗(の)り場(ば)は　どこですか。/徐:乘出租车的地方在哪里?

通行人(つうこうにん):あの郵便局(ゆうびんきょく)の後(うしろ)です。/行人:在那个邮电局的后面。

徐(じょ):どうも、ありがとうございました。/徐:谢谢了。

運転手(うんてんしゅ):行(い)き先(さき)は/驾驶员:去哪儿?

徐(じょ):川越市仙波長徳(かわごえしせんばちょうとく)ハイツまで、行(い)ってください。/徐:请去川越市仙波长德高台集体住宅。

運転手(うんてんしゅ):はい、安全(あんぜん)ベルトを締(し)めてください。/驾驶员:是,请系好安全带。

徐(じょ):はい、どうも。/徐:好的,谢谢。

運転手(うんてんしゅ):何丁目(なんちょうめ)ですか。/驾驶员:是第几条街道?

徐(じょ):あの長徳寺(ちょうとくじ)の前(まえ)で、止(と)めてください。/徐:请在那个长德寺的前面停下。

運転手(うんてんしゅ):つきました。/驾驶员:到了。

徐(じょ):いくらですか。/徐:多少钱?

運転手(うんてんしゅ):千二百円(せんにひゃくえん)です。/驾驶员:是1200日元。

徐(じょ):はい、どうぞ、ご苦労様(くろうさま)でした。/徐:好,请收下,辛苦了。

9. 道(みち)を尋(たず)ねる/问路

陳(ちん):ちょっと、お尋(たず)ねしますが。/陈:请问一下。

通行人(つうこうにん):はい、何ですか。/行人:有什么事?

陳(ちん):ロヂャース商店(しょうてん)へ行(い)きたいんですが。/陈:我想去咯加斯商店。

通行人(つうこうにん):ちょっと、分(わ)かりません。あの警察(けいさつ)に聞(き)いてください。/行人:我不太清楚。请你问那位警察。

陳(ちん):あ、どうも　すみません。/小陈:啊,不好意思。

陳(ちん):すみません、ロヂャース商店(しょうてん)へ行(い)きたいんですが、その道(みち)を教(おし)えてください。/陈:劳驾,我想去咯加斯商店,请指一下路。

　警察(けいさつ):ロヂャースならば、前(まえ)の交差点(こうさてん)を左(ひだり)に曲(ま)がってください。/警察:去咯加斯的话,请由前面的十字路口向左拐弯。

　陳(ちん):交差点(こうさてん)から遠(とお)いですか。/陈:离十字路口远吗?

　警察(けいさつ):あまり遠(とお)くありません。交差点(こうさてん)を曲(ま)がると、ロヂャースのネオンが見(み)えます。/警察:不怎么远,一拐过十字路口,就能看到咯加斯的霓虹灯。

　陳(ちん):どうも、すみませんでした。/陈:谢谢,打搅了。

10. 通勤(つうきん)/上班

　王(おう):田中(たなか)さん、会社(かいしゃ)は　何時(なんじ)に始(はじ)まりますか。/王:田中先生,公司几点开始办公?

　田中(たなか):午前(ごぜん)九時(くじ)に始(はじ)まります。/田中:上午9点开始。

　王(おう):今(いま)何時(なんじ)ですか。/王:现在是几点?

　田中(たなか):七時二分前(しちじにふんまえ)です。/田中:7点差2分。

　王(おう):寮(りょう)から会社(かいしゃ)まで、バスで何分(なんふん)かかりますか。/王:从宿舍到公司乘公共汽车要多少分钟?

　田中(たなか):二十分(にじっぷん)かかります。/田中:要20分钟。

　王(おう):八時(はちじ)に出掛(でか)けると、間(ま)に合(あ)いますか。/王:8点出门的话,来得及吗?

　田中(たなか):いいえ、間(ま)に合(あ)わないんです。/田中:不,来不及了。

　王(おう):なぜですか。/王:为什么呢?

　田中(たなか):朝七時(あさしちじ)から九時(くじ)まではラッシュアワーで、自動車(じどうしゃ)のスピードを出(だ)さないので時間(じかん)がかかります。/田中:早晨7点到9点是客流高峰时段,汽车跑不快,因此花费时间。

　王(王):もう時間(じかん)ですから、会社(かいしゃ)へ通勤(つうきん)に行(い)きましょう。/王:已经到时间了,去公司上班吧。

11. 手紙(てがみ)を出(だ)す/寄信

　張(ちょう):すみません、郵便局(ゆうびんきょく)は　どこにありますか。/张:请问,邮局在哪儿?

　警察(けいさつ):あのデパートの隣(となり)にあります。/警察:在那家百货公司的隔壁。

　張(ちょう):どうも、ありがとう。/张:谢谢。

　張(ちょう):お願(ねが)いします。この手紙(てがみ)を中国(ちゅうごく)に送(お

く)りたいんです。/张:劳驾,我想寄封信到中国去。

局員(きょくいん):はい、量(はか)ってみましょう。/邮局工作人员:好的,我称一下吧。

張(ちょう):中国(ちゅうごく)の上海宛(しゃんはいあて)ですが、いくらですか。/张:寄到中国的上海要多少钱?

局員(きょくいん):ちょうど80円(はちじゅうえん)です。/邮局工作人员:正好是80日元。

張(ちょう):はい、百円(ひゃくえん)をどうぞ。/张:好的,给你100日元。

局員(きょくいん):切手(きって)と20円(にじゅうえん)のお返(かえ)しです。/邮局工作人员:这是邮票和20日元找零。

張(ちょう):どうも、上海(しゃんはい)までは 何日(なんにち)ぐらいかかりますか。/张:谢谢。寄到上海大概要几天?

局員(きょくいん):一週間(いっしゅうかん)ぐらいです。切手(きって)を貼(は)ってから、「他府県(たふけん)」のポストに入(い)れてください。/邮局工作人员:要一星期左右,贴好邮票后,请投进"他府县"的那个邮筒。

張(ちょう):はい、分(わ)かりました。どうも、ありがとう。/张:是,知道了,多谢。

12. 工場で/在工厂

王(おう):おはようございます。/王:早上好。(您早!)

木村(きむら):おはようございます。/木村:早上好。(早安!)

王(おう):今日(きょう)の予定(よてい)は 何(なん)ですか。/王:今天的安排是什么?

木村(きむら):工場(こうじょう)の作業場(さぎょうば)を見学(けんがく)します。/木村:参观工厂的车间。

王(おう):では、現場(げんば)の所(ところ)へ行(い)きましょう。/王:那么,我们去现场吧。

木村(きむら):ちょっと、待(ま)ってください。/木村:请稍等一下。

王(おう):何か御用(ごよう)ですか。/王:您有什么事情吗?

木村(きむら):作業場(さぎょうば)にクレーンなどがあって、危(あぶ)ないですから、作業用(さぎょうよう)のヘルメットをかぶってください。/木村:因为车间里有吊车之类的,较危险,所以请戴上工作安全帽。

王(おう):はい、どうも。/王:是,谢谢。

木村(きむら):ここは 会社(かいしゃ)の組立工場(くみたてこうじょう)です。/木村:这里是公司的装配车间。

王(おう):労働者(ろうどうしゃ)は ほとんど見(み)えませんね。/王:几乎看不到工人啊!

木村(きむら):溶接(ようせつ)や塗装(とそう)などの仕事(しごと)を労働者(ろうどうしゃ)の代(か)わりに ロボットがしているのからです。/木村:这是由机器人代替工人干焊接、喷漆之类工作的缘故。

王(おう):本当(ほんとう)に素晴(すば)らしいですね。/王:真棒啊!

13. 切符(きっぷ)売場(うりば)で/在售票处

李(り):ちょっと、お願いがあるのですが……/李:我有事请求……

駅員(えきいん):はい、何(なん)でしょうか。/站务员:什么事?

李(り):切符(きっぷ)は どこで買(か)えますか。/李:车票在哪儿买?

駅員(えきいん):向(む)こうの自動券売機(じどうけんばいき)で、買(か)ってください。/站务员:请在对面的自动售票机买。

李:千円札(せんえんさつ)も使(つか)えますか。/李:也能用1000日元的纸币吗?

駅員(えきいん):使(つか)えません。隣(となり)の両替機(りょうがえき)で、百円玉(ひゃくえんだま)にくずしてください。/站务员:不能用。请用旁边的兑换机,换成100日元的硬币。

李(り):はい、どうも、ありがとうございました。/李:好的,谢谢了。

李(り):すみません、切符(きっぷ)の買(か)い方(かた)を教(おし)えてくださいませんか。/李:劳驾,能否请您教我一下买票的方法?

隣(となり)の人(ひと):どこへ行(い)きますか。/旁边的人:你去哪里?

李(り):池袋(いけぶくろ)へ行(い)きたいんです。/李:我想去池袋。

隣(となり)の人(ひと):池袋(いけぶくろ)へ行(い)くと、JR線(せん)を利用(りよう)してください。/旁边的人:如果去池袋的话,就乘JR线。

李(り):ここから池袋(いけぶくろ)までの料金(りょうきん)は いくらですか。/李:从这里到池袋的车费是多少?

隣(となり)の人(ひと):三百八十円(さんびゃくはちじゅうえん)です。/旁边的人:是380日元。

李(り):その自動券売機(じどうけんばいき)に硬貨(こうか)を入(い)れて、380円(さんびゃくはちじゅうえん)のボタンを押(お)しますか。/李:是将硬币放进那个自动售票机里,按380日元的按钮吗?

隣(となり)の人(ひと):はい、そうです。ほら、切符(きっぷ)とおつりが出(で)てきました。/旁边的人:对,是的。瞧!车票和找零出来了。

李(り):どうも、ありがとうございました。/李:谢谢您了。

14. テレビを見(み)る/看电视

上野(うえの):王(おう)さん、テレビのスイッチを入(い)れてください。/上野:小

王,请你打开电视机。

王(おう):どんな番組(ばんぐみ)が好(す)きですか。/王:你喜欢什么节目?

上野(うえの):わたしにとって、スポーツの番組(ばんぐみ)が一番(いちばん)大好(だいす)きです。/上野:对于我来说,最喜欢的是体育节目。

王(おう):今晩(こんばん)この番組(ばんぐみ)の内容(ないよう)は何(なん)ですか。/王:今晚,这个节目的内容是什么?

上野(うえの):第十一回(だいじゅういっかい)アジア運動会(うんどうかい)です。/上野:是第十一届亚运会。

王(おう):北京(ぺきん)からの実況中継放送(じっきょうちゅうけいほうそう)ですか。/王:是北京的实况转播吗?

上野(うえの):はい、そうです。王(おう)さんもよくテレビを見(み)ますか。/上野:对,是的。小王你也常看电视吗?

王(おう):毎日(まいにち)勉強(べんきょう)で忙(いそが)しいですから、あまりテレビを見(み)ません。/王:每天学习都很忙,因此不怎么看电视。

上野(うえの):そういえば、王(おう)さんの趣味(しゅみ)は読書(どくしょ)ですね。/上野:这么说来,小王的爱好是读书吧?

王(おう):はい、そうです。運動会(うんどうかい)のほかに、普通(ふつう)テレビで何(なに)か内容(ないよう)が中継放送(ちゅうけいほうそう)されますか。/王:对,是的。除了运动会之外,平时电视转播哪些内容呢?

上野(うえの):野球(やきゅう)や競馬(けいば)や相撲(すもう)は特(とく)に人気(にんき)があるので、よくテレビで中継放送(ちゅうけいほうそう)されています。/上野:因为棒球、赛马、相扑特别受人欢迎,所以电视经常转播。

王(おう):ほら、いま、丁度(ちょうど)相撲(すもう)の試合中(しあいちゅう)です。/王:瞧!现在正好是相扑比赛。

上野(うえの):ああ、背(せ)の高(たか)い選手(せんしゅ)が負(ま)けたのに……/上野:啊!高个子的选手却输了……

王(おう):どうしたんですか。/王:怎么搞的?

上野(うえの):あの足(あし)はどじょうの外(そと)に出(だ)しました。これはイサミアシといいます。/上野:那只脚迈到场地外了。这叫得意忘形。

王(おう):勝(か)つかと思うと、負(ま)けたのに、なんと面白(おもしろ)いですね。/王:以为要胜了,却败了,多么有趣啊!

上野(うえの):本当(ほんとう)にそうですね。/上野:真是啊!

15. 次(つぎ)の電話番号(でんわばんごう)を覚(おぼ)えてください/请记住下列电话号码

山田(やまだ):緊急連絡(きんきゅうれんらく)の場合(ばあい)は 次(つぎ)の電話番号(でんわばんごう)を利用(りよう)してください。/山田:紧急联系时,请用下列电话号码。

陸(りく):何(なん)の電話番号(でんわばんごう)ですか。教(おし)えてください。/陆:请告诉我,是什么电话号码呢?

山田(やまだ):火事(かじ)と急病(きゅうびょう)の時(とき) 119番(ひゃくじゅうきゅうばん)に電話(でんわ)します。/山田:火灾和生急病时,电话打119。

陸(りく):救急車(きゅうきゅうしゃ)あるいは消防車(しょうぼうしゃ)を呼(よ)ぶ場合(ばあい)は 119(ひゃくじゅうきゅう)の電話番号(でんわばんごう)を使(つか)いますね。/陆:叫救护车或救火车时,是用电话号码119吧?

山田(やまだ):はい、そうです。/山田:对,是的。

山田(やまだ):また、警察(けいさつ)を呼(よ)ぶ時(とき)110番(ひゃくとうばん)に電話(でんわ)します。/山田:再则,报警时,电话打110。

陸(りく):なるほど、日本(にほん)では 悪(わる)いやつを110番(ひゃくとうばん)のやつと呼(よ)ばれていますね。/陆:怪不得,在日本将坏蛋叫作110号的家伙呢!

山田(やまだ):ええ、でも、電報(でんぽう)を打(う)つ場合(ばあい)は 115番(ひゃくじゅうごばん)に電話(でんわ)します。/山田:嗯,不过,发电报时,电话打115。

陸(りく):そのほかには?/陆:此外呢?

山田(やまだ):時間(じかん)を確(たし)かめる時(とき) 117番(ひゃくじゅうななばん)に電話(でんわ)します。/山田:对时间时,电话打117。

陸(りく):そうですか。天気予報(てんきよほう)を聞(き)きたい時 電話番号(でんわばんごう)もありますか。/陆:是吧,想听天气预报时,也有电话号码吗?

山田(やまだ):ありますよ、その時(とき) 177番(ひゃくななじゅうななばん)に電話(でんわ)します。/山田:有啊!那时电话打177。

陸(りく):これは なかなかいいことを聞(き)きました。どうも、ありがとうございました。/陆:这些话对我很有用,谢谢了!

山田(やまだ):いいえ、どういたしまして。/山田:不用谢。

16. 電話(でんわ)を掛(か)ける/打电话

孫(そん):もし、もし和華株式会社(わかかぶしきがいしゃ)ですか。/孙:喂,喂,是和华公司吗?

係員(かかりいん):はい、そうです。/办事员:对,是的。

孫(そん):山田(やまだ)さんは いらっしゃいますか。/孙:山田先生在吗?

係員(かかりいん):はい、おります。/办事员:在。

孫(そん):電話口(でんわぐち)まで、お願(ねが)いします。/孙:请他来接电话。

係員(かかりいん):はい、ちょっと、お待ちください。/办事员:好的,请稍等。

山田(やまだ):もし、もし、山田(やまだ)です。どちら様(さま)ですか。/山田:喂,喂,我是山田。您是哪一位?

孫(そん):わたしは 中国研修生(ちゅうごくけんしゅうせい)の孫(そん)です。/孙:我是中国的研修生小孙。

山田(やまだ):あ、孫(そん)さんですか。何(なに)かご用(よう)ですか。/山田:啊,是小孙啊,有什么事吗?

孫(そん):明日(あした)から会社(かいしゃ)の週休二日(しゅうきゅうふつか)ですから、一緒(いっしょ)に振誠電機(しんせいでんき)の工場(こうじょう)を見学(けんがく)したいんですが、ご都合(つごう)は よろしいでしょうか。/孙:明天起是公司的双休日,因此,我想和您一起参观振诚电机工厂,不知您是否方便?

山田(やまだ):いいですよ。明日(あした)は 何時(なんじ)ごろ、どこで、待(ま)ち合(あ)わせますか。/山田:好啊!明天几点钟左右、在哪里碰头呢?

孫(そん):明日(あした)は 午前七時(ごぜんしちじ)に、地下鉄(ちかてつ)に乗(の)って、高田馬場(たかだばば)へ行(い)って、歩(ある)いて、行(い)きましょう。/孙:明天上午7点,我乘地铁去高田马场,走过去吧。

山田(やまだ):いいえ、それには及(およ)びません。わたしは 車(くるま)を運転(うんてん)して、行(い)きますから、会社(かいしゃ)の寮(りょう)で、待(ま)ってください。/山田:不,那倒不必,我开车去,请您在公司的宿舍等候。

孫(そん):それはそれは どうも、ありがとうございます。/孙:那太好了,谢谢!

山田(やまだ):じゃ、明日(あした)また。/山田:那么,明天见。

17. 愛知県(あいちけん)の病院(びょういん)で/在爱知县的医院

中国(ちゅうごく)から来(き)た看護婦(かんごふ)の王(おう)さんは 研修(けんしゅう)のために、愛知県(あいちけん)の病院(びょういん)に着(つ)いたばかりで、事情(じじょう)がよく分(わ)からないので、主治医(しゅじい)の村上(むらかみ)さんを訪(たず)ねてきました。/从中国来的护士小王,为了研修,刚到爱知县的医院,因为不太了解情况,所以来问主治大夫村上先生。

王(おう):すみません、病院(びょういん)のことを紹介(しょうかい)してくださいませんか。/王:不好意思,能否请您介绍一下医院的情况?

村上(むらかみ):はい、ここは 受付(うけつけ)です。そこは 薬局(やっきょく)です。あそこは 手術室(しゅじゅつしつ)です。/村上:行,这里是挂号室,那里是药房,

远处的是手术室。

王(おう):小児科(しょうにか)は どこにありますか。/王:儿科在哪里?

村上(むらかみ):二階(にかい)にあります。/村上:在二楼。

王(おう):一階(いっかい)に何(なに)がありますか。/王:一楼有什么呢?

村上(むらかみ):内科(ないか)や外科(げか)や産婦人科(さんふじんか)などがあります。/村上:有内科、外科、妇产科等。

王(おう):薬局(やっきょく)の中(なか)には どんな薬(くすり)がありますか。/王:药房里有什么药呢?

村上(むらかみ):水薬(みずぐすり)、粉薬(こなぐすり)、シロップ、解熱剤(げねつざい)、睡眠薬(すいみんやく)、痛(いた)み止(ど)め、消毒薬(しょうどくやく)、風邪薬(かぜぐすり)などのいろいろな薬(くすり)があります。/村上:有药水、药粉、糖浆,退热药、安眠药、止疼片、消毒药、感冒药等各种各样的药。

王(おう):初診(しょしん)の時 どんな書類(しょるい)を使(つか)いますか。/王:初诊时,用哪些单子呢?

村上(むらかみ):診療申込書(しんりょうもうしこみしょ)、カルテ、診療券(しんりょうけん)、健康保険証(けんこうほけんしょう)などを使(つか)います。/村上:用挂号单、病历卡、医疗卡、医保卡等。

王(おう):診察(しんさつ)を受(う)ける場合(ばあい)はどんな言葉(ことば)をよく使(つか)いますか。/王:就诊时,常用哪些词呢?

村上(むらかみ):「顔色(かおいろ)が悪(わる)い、頭(あたま)が痛(いた)い、熱(ねつ)がある、吐(は)き気(け)、体(からだ)が怠(だる)い、食欲(しょくよく)がありません」などの言葉(ことば)をよく使(つか)います。/村上:常用"气色不好、头疼、发热、恶心、浑身没劲、食欲不佳"等词。

王(おう):検査(けんさ)する場合(ばあい)は? /王:检查时呢?

村上(むらかみ):「口(くち)を開(あ)けてください、息(いき)を吸(す)ってください、上着(うわぎ)を脱(ぬ)いでください、体温(たいおん)を測(はか)ってください、少(すこ)し尿(にょう)を採(と)ってきてください」などの言葉(ことば)をよく使(つか)います。/村上:常用"请张开嘴巴、请吸气、请脱掉上衣、请量下体温、请取点小便来"等话语。

王(おう):病気(びょうき)の名前(なまえ)は 日本語(にほんご)で、何(なん)と言(い)いますか。/王:疾病的名称用日语怎么说?

村上(むらかみ):「風邪(かぜ)、下痢(げり)、肺炎(はいえん)、心臓病(しんぞうびょう)、水膨(みずぶく)れ、チブス、中風(ちゅうぶう)、ジフテリア、中毒(ちゅうどく)、ヒステリー、リューマチ」などの言葉(ことば)をよく使(つか)います。/村上:常用"感冒、

拉肚子、肺炎、心脏病、水肿、伤寒、中风、白喉、中毒、癔症、风湿病"等词。

王(おう)：これは　なかなかいいことを聞(き)きました。どうも、ありがとうございます。/王：这些话对我很有启发，十分感谢！

18. 診察(しんさつ)を受(う)ける/看病

医者(いしゃ)：顔色(かおいろ)がよくありませんね、どうしましたか。/医生：你脸色不好啊！怎么啦？

李(り)：今朝(けさ)から頭(あたま)が痛(いた)く、体(からだ)が怠(だる)いです。/李：今早起，我头痛，浑身没劲。

医者(いしゃ)：鼻(はな)が詰(つ)まっていますか。/医生：鼻子堵塞吗？

李(り)：鼻(はな)が詰(つ)まっていて、喉(のど)が痛(いた)いです。/李：我鼻塞、喉咙痛。

医者(いしゃ)：熱(ねつ)がありますか。/医生：发热吗？

李(り)：昨夜(さくや)は熱(ねつ)があったが、今(いま)は　少(すこ)し寒気(さむけ)がします。/李：昨天夜里发热，但现在身上有点发冷。

医者(いしゃ)：まずは、体温(たいおん)を測(はか)ってみましょう。/医生：先量一下体温吧。

李(り)：何度(なんど)ですか。/李：多少度？

医者(いしゃ)：三十九度(さじゅうくど)です。健康保険証(けんこうほけんしょう)がありますか。/医生：39度，有医保卡吗？

李(り)：ありますよ。でも、大丈夫(だいじょうぶ)ですか。/李：有啊！不过，不碍事吧？

医者(いしゃ)：心配(しんぱい)しないでください。風邪(かぜ)を引(ひ)いただけです。解熱剤(げねつざい)と風邪薬(かぜぐすり)をあげましょう。/医生：请不必担心。只是感冒了。给你退热药和感冒药吧。

李(り)：飲(の)み方(かた)は？/李：怎么个服法？

医者(いしゃ)：風邪薬(かぜぐすり)は　一日三回ずつ、解熱剤(げねつざい)は　熱(ねつ)のある時(とき)に飲(の)んでください。/医生：感冒药日服三次，退热药请在发热时服用。

李(り)：お湯(ゆ)をたくさん飲(の)みますか。/李：要多喝开水吗？

医者(いしゃ)：はい、そうです。後二三日(あとにさんにち)　休(やす)んでください。/医生：对，是的。请再休息两三天。

李(り)：どうも、ありがとうございます。/李：十分感谢。

19. 買(か)い物(もの)/买东西

店員(てんいん)：いらっしゃいませ。/店员：欢迎光临。

呉(ご):カメラの売場(うりば)は　ここですか。/吴:照相机的柜台是这里吗?

店員(てんいん):はい、そうです。何(なに)を差(さ)し上(あ)げましょうか。/店员:是的。您要买什么?

呉(ご):あのカメラは　いくらですか。/吴:那个照相机多少钱?

店員(てんいん):六万五千円(ろくまんごせんえん)です。/店员:65000日元。

呉(ご):もっと、安(やす)いのは　ありませんか。/吴:没有更便宜些的吗?

店員(てんいん):これは　二万五千円(にまんごせんえん)で、安(やす)くていいです。/店员:这个25000日元,又便宜又好。

呉(ご):品質(ひんしつ)は　いかがですか。/吴:质量怎么样?

店員(てんいん);これは　最新型(さいしんがた)で、お買(か)い得(どく)ですよ。/店员:这是最新式的,买它合算啊。

呉(ご):見(み)せてくださいませんか。/吴:能否让我看看?

店員(てんいん):はい、どうぞ。/店员:好,请便。

呉(ご):これは　バカチョンカメラですか。/吴:这是傻瓜相机吗?

店員(てんいん):ええ、撮影(さつえい)する場合(ばあい)は　シャッターを押(お)せばいいです。/店员:是的,拍摄时,按一下快门就行。

呉(ご):じゃ、一(ひと)つ買(か)いましょう。これは　三万円(さんまんえん)で、おつりをください。/吴:那么买一个吧。这是30000日元,请找钱。

店員(てんいん):はい、三万円(さんまんえん)お預(あず)かりします。五千円(ごせんえん)のおつりです。毎度(まいど)ありがとうございます。/店员:好,收您30000日元,找5000日元,每次都承蒙惠顾,谢谢!

20. 帰国(きこく)の前(まえ)に/回国前

池田(いけだ):ごめんください。/池田:屋里有人吗?

李(り):どちら様(さま)ですか。李:您是哪一位啊?

池田(いけだ):わたしは　総務課(そうむか)の池田(いけだ)です。/池田:我是总务科的池田。

李(り):ああ、池田(いけだ)さんですか。はい、どうぞ　お上(あ)がりください。/李:啊,是池田先生呀,好,请进。

池田(いけだ):明日(あした)は　帰国(きこく)なさるそうで、お別(わか)れにまいりました。/池田:听说您明天要回国了,我前来告别。

李(り):夜(よる)も遅(おそ)いのに、わざわざお見送(みおく)りいただき、恐縮(きょうしゅく)です。/李:这么晚了还特意来送我,太过意不去了。

池田(いけだ):お荷物(にもつ)は　もう片付(かたづ)けましたか。/池田:行李已经

收拾好了吗?

李(り):ええ、大体(だいたい)すみましたが、あとは　身(み)の回(まわ)り品(ひん)だけです。/李:嗯,大致结束了,剩下的只是些随身的小件了。

池田(いけだ):そうですか。これは　心(こころ)ばかりのものですが、どうぞ　お受(う)け取(と)りください。/池田:是吧。此物略表心意,请您收下。

李(り):結構(けっこう)なものをいただきまして、ありがとうございます。/李:谢谢你送我很好的礼品。

池田(いけだ):これは　金型(かながた)とカタログで、工場(こうじょう)の責任者(せきにんしゃ)に渡(わた)してください。/池田:这是模具和样本,请交给工厂的负责人。

李(り):はい、ご親切(しんせつ)にどうも。/李:好的,多谢您的一片盛情。

池田(いけだ):ご滞在中(たいざいちゅう)、お構(かま)いも出来(でき)ませんで、失礼(しつれい)いたしました。/池田:您逗留期间,恕招待不周,对不起了。

李(り):研修(けんしゅう)の時(とき)いろいろと、お世話(せわ)になりました、心(こころ)から感謝(かんしゃ)いたします。/李:研修时,承蒙您多方关照,我表示衷心感谢。

池田(いけだ):いえ、いえ、どういたしまして、機会(きかい)がありましたら、また、いらっしゃってください。/池田:哪里,哪里,哪儿的话,有机会的话,欢迎您再来。

李(り):池田(いけだ)さんも　ぜひ中国(ちゅうごく)へお出(い)でください。/李:请池田先生也一定去中国。

池田(いけだ):お帰(かえ)りになったら、みなさんに　よろしくお伝(つた)えください。/池田:您回去后,请代我向大家问好。

李(り):はい、必(かなら)ず、そのようにお伝(つた)えします。/李:好的,一定替您致意。

池田(いけだ):では、失礼(しつれい)します。/池田:那么,我告辞了。

李(り):わざわざおいでくださいまして、ありがとうございます。/李:谢谢你特地来一趟。

21. 空港(くうこう)での出迎(でむか)え/机场迎接

魯(ろ):あの、失礼(しつれい)ですが、前田工業株式会社(まえだこうぎょうかぶしきがいしゃ)の松井(まつい)さんですか。/鲁:喂,请问您是前田工业股份公司的松井先生吗?

松井(まつい):はい、そうです。/松井:对,是的。

魯(ろ):ようこそ　いらっしゃいました。わたしは　フリーホイール工場(こうじょう)の運転手(うんてんしゅ)で、魯(ろ)と申(もう)します。/鲁:热烈欢迎。我是飞轮厂

的司机,姓鲁。

松井(まつい):松井(まつい)です。これは わたしの名刺(めいし)です。初めまして、どうぞ、よろしく。/松井:我是松井。这是我的名片。初次见面,请多关照。

鲁(ろ):こちらこそ、お名刺(めいし)をいただきます。/鲁:请彼此关照。您的名片我收下了。

松井(まつい):わざわざお出迎(でむか)えいただいて、本当(ほんとう)に ありがとうございます。/松井:十分感谢您特地前来迎接。

鲁(ろ):いいえ、どういたしまして。/鲁:不用谢。

松井(まつい):通訳(つうやく)の朱(しゅ)さんは 来(こ)られませんか。/松井:翻译老朱没来吗?

鲁(ろ):朱(しゅ)さんは ちょっと、用事(ようじ)がありますので、来(き)ません。さあ、車(くるま)へどうぞ。/鲁:老朱因为有点事,所以没来。那么,请上车吧。

松井(まつい):はい、どうも。/松井:好,谢谢。

鲁(ろ):お荷物(にもつ)をお持(も)ちいたしましょうか。/鲁:我帮您拿行李吧。

松井(まつい):いや、結構(けっこう)です。/松井:不,不必了。

鲁(ろ):お荷物(にもつ)は 車(くるま)の後(うし)ろに置(お)いてください。/鲁:您的行李,请放在车子的后面。

松井(まつい):はい、魯(ろ)さんは 日本語(にほんご)が上手(じょうず)ですね。/松井:好的。小鲁日语真好啊!

鲁(ろ):まだ、まだ、ですよ。/鲁:还差得远呢。

松井(まつい):どこで勉強(べんきょう)しましたか。/松井:在哪儿学习的呢?

鲁(ろ):一昨年(おととし)、全国日本語通信教育(ぜんこくにほんごつうしんきょういく)センターの勉強(べんきょう)に参加(さんか)しました。/鲁:前年,我参加了全国日语函授中心的学习。

松井(まつい):独学(どくがく)ですか。大変(たいへん)ですね。これからも努力(どりょく)しましょう。/松井:是自学吧?太不容易了。今后继续努力吧。

22. 両替(りょうがえ)/兑换

中村(なかむら):朱(しゅ)さん。/中村:老朱。

朱(しゅ):はい、何(なに)か御用(ごよう)ですか。/朱:是我,您有什么事?

中村(なかむら):両替(りょうがえ)したいんですが……/中村:我想兑换一下钱……

朱(しゅ):はい、承知(しょうち)しました。/朱:好的,知道了。

中村(なかむら):チェンジは どこですか。/中村:在哪儿兑换?

朱(しゅ):道端(みちばた)の龍柏飯店(りゅうばくはんてん)で いかがですか。/朱:

在路旁的龙柏饭店兑换怎么样?

中村(なかむら):はい、お願(ねが)いします。/中村:好,拜托。

朱(しゅ):龍柏飯店(りゅうばくはんてん)に着(つ)きました。/朱:龙柏饭店到了。

中村(なかむら):はい、どうも。フロントは どこですか。/中村:好的,谢谢。服务台在哪儿?

朱(しゅ):あのビルの一階(いっかい)です。/朱:在那幢大厦的一楼。

中村(なかむら):すみません、両替(りょうがえ)したいんですが……/中村:劳驾,我想兑换一下钱……

ウェートレス:はい、この用紙(ようし)に記入(きにゅう)してください。/女服务员:好的,请填下这张表。

中村(なかむら):はい、今日(きょう)の交換(こうかん)レートは いくらですか。/中村:好的。今天的汇率是多少?

ウェートレス:今日(きょう)のレートは 1:0.0389(さんびゃくはちじゅうきゅうげん)です。/女服务员:今天的汇率是1:0.0389。

中村(なかむら):十万円(じゅうまんえん)を人民幣(じんみんへい)にしてください。/中村:请将10万日元换成人民币。

ウェートレス:パスポートを出(だ)してください。/女服务员:请出示护照。

中村(なかむら):はい、これです。/中村:好,这就是。

ウェートレス:はい、すみません。これは人民幣(じんみんへい)の3,890元(さんぜんはっぴゃくきゅうじゅうげん)です。/女服务员:好,(久等了)不好意思,这是3890元人民币。

中村(なかむら):はい、どうも。/中村:好,谢谢。

ウェートレス:ここにサインしてください。/女服务员:请在这里签名。

中村(なかむら):はい、これで、いいですか。/中村:好,这样行了吗?

ウェートレス:はい、結構(けっこう)です。/女服务员:行了。

中村(なかむら):どうも、ありがとう。/中村:谢谢!

23. ホテルの食事(しょくじ)/在饭店就餐

胡(こ):これは メニューです。おつまみは 何(なに)になさいますか。/胡:这是菜单。下酒菜您要点什么?

山田(やまだ):どちらも いいですよ。/山田:随便点什么吧。

胡(こ):それじゃ、水母(くらげ)、ピーナッツ、ハム、ソーセージ、干(ほ)し椎茸(しいたけ)、春巻(はるま)き、以上(いじょう)の前菜(ぜんさい)は いいでしょうか。/胡:那么,就点海蜇、花生米、西式火腿、香肠、香菇、春卷,以上冷盘行吧?

山田(やまだ):もう結構(けっこう)です。/山田:行了。

胡(こ):飲(の)み物(もの)は 何(なに)が好(す)きですか。/胡:喜欢什么饮料?

山田(やまだ):わたしは 酒(さけ)に弱(よわ)いものですから、冷(ひ)えたビールで、結構(けっこう)です。/山田:我酒量很小,因此,点冰镇啤酒就行了。

胡(こ):はい、おかずは 甘(あま)いものもあるし、塩辛(しおから)いものもあります。どちらが好(す)きですか。/胡:是,菜肴既有甜的,也有咸的,您喜欢哪种呢?

山田(やまだ):わたしは さっぱりしたものが好(す)きですから……/山田:我喜欢吃清淡的……

胡(こ):そういえば 鶏肉(とりにく)、ビフテキ、魚(さかな)の浮袋(うきぶくろ)、干(ほ)し貝柱(かいばしら)、筍(たけのこ)、韮(にら)の萌(も)やし、後(あと)は 二人前(ににんまえ)の焼飯(やきめし)を注文(ちゅうもん)しましょう。/胡:怎么说,就点鸡肉、牛排、鱼鳔、干贝、竹笋、韭菜豆芽,再点两份炒饭吧。

山田(やまだ):青物(あおもの)はありますか。/山田:有蔬菜吗?

胡(こ):ありますよ。セロリ、レタス、豌豆(えんどう)の若芽(わかめ)は いかがですか。/胡:有啊,点芹菜、莴苣、豆苗,怎么样?

山田(やまだ):いいですよ。/山田:好的!

胡(こ):その外(ほか)に、何(なに)にいたしましょうか。/胡:除此之外,我还点些什么呢?

山田(やまだ):もう結構(けっこう)です。食(た)べ残(のこ)りますと、もったいないんですよ。/山田:已经足够了,吃剩的话太可惜啦。

胡(こ):はい、承知(しょうち)しました。どうぞ召(め)し上(あ)がってください。/胡:好,知道了,请吃吧。

山田(やまだ):はい、いただきます。/山田:好,我吃。

胡(こ):何(なに)もありませんが、熱(あつ)いうちに どうぞ。/胡:没什么好的,请趁热吃。

山田(やまだ):遠慮(えんりょ)なく、いただいております。/山田:别客气,我在吃呢。

胡(こ):中国(ちゅうごく)の料理(りょうり)は お口(くち)に合(あ)いますでしょうか。/胡:中国菜肴,合您口味吗?

山田(やまだ):美味(おい)しいです。本当(ほんとう)に名声(めいせい)の通(とお)りですね。/山田:好吃。真的名不虚传。

胡(こ):もう少(すこ)し、どうぞ。/胡:请再吃一点。

山田(やまだ):もう いっぱいです。ご馳走(ちそう)さまでした。/山田:已经饱了。承蒙款待。

　　胡(こ):いいえ、お粗末様(そまつさま)でした。失礼(しつれい)いたしました。/胡:不用谢,招待不周,请原谅。

24. 宿泊(しゅくはく)/投宿

　　張(ちょう):フロントに見(み)せますから、パスポートを拝借(はいしゃく)させてくださいませんか。/张:服务台要看护照,能否借用一下?

　　上野(うえの):はい、どうぞ。/上野:好,请吧。

　　ウェートレス:恐(おそ)れ入(い)りますが、この宿泊登記表(しゅくはくとうきひょう)に記入(きにゅう)してください。/女服务员:不好意思,请填一下这张住宿登记表。

　　上野(うえの):はい、国籍(こくせき)、氏名(しめい)、生年月日(せいねんがっぴ)、職業(しょくぎょう)……これで、いいですか。/上野:好,国籍、姓名、出生年月日、职业……这样行了吗?

　　ウェートレス:はい、結構(けっこう)です。/女服务员:行了。

　　上野(うえの):あのう、お風呂(ふろ)は　何時(なんじ)までですか。/上野:请问,洗澡到几点为止?

　　ウェートレス:毎日(まいにち)、午前(ごぜん)の八時(はちじ)から、夜(よる)の十時(じゅうじ)までです。/女服务员:每天从上午8点开始,到夜里10点为止。

　　上野(うえの):朝御飯(あさごはん)は　何時(なんじ)に始(はじ)まりますか。/上野:早饭从几点开始?

　　ウェートレス:朝(あさ)の七時(しちじ)から始(はじ)まります。/女服务员:从早晨的7点开始。

　　上野(うえの):はい、分(わ)かりました。でも、一泊(いっぱく)は　いくらですか。/上野:好,知道了。不过,住一宿多少钱呢?

　　ウェートレス:部屋代(へやだい)は　八十八元(はちじゅうはちげん)です。クリーニングなどのサービス料(りょう)は　別(べつ)に払(はら)います。/女服务员:房钱是88元,洗衣服之类的服务费另行支付。

　　上野(うえの):宿泊(しゅくはく)の手続(てつづき)は　もう終(お)わりましたか。/上野:住宿手续已经办完了吗?

　　ウェートレス:はい、そうです。パスポートをどうぞ、お部屋(へや)は　三階(さんがい)の326号(さんにろくごう)室(しつ)です。これは　お部屋(へや)の鍵(かぎ)で、これはホテルの出入証(しゅつにゅうしょう)で、紛失(ふんしつ)しないでください。/女服务员:是的,还您护照。您的房间是三楼的326号房间。这是您房间的钥匙,这是饭店的出入证,请勿遗失。

　　上野(うえの):はい、どうも。じゃ、部屋(へや)に行(い)きましょう。/上野:好,谢谢。那么,我们去房间吧。

張(ちょう)：はい、あちらのエレベーターをご利用(りよう)ください。/张：好，请用那边的电梯。

（エレベーターに）上野(うえの)：一階(いっかい)、二階(にかい)、三階(さんがい)、着(つ)きました。/(电梯里)上野：一楼、二楼、三楼，到了。

張(ちょう)：はい、どうぞ。/张：好，请。

上野(うえの)：どうも、ありがとうございます。/上野：十分感谢。

25. 日本(にほん)への留学案内(りゅうがくあんない)/赴日留学指南

李(り)：ええと、実(じつ)は お願(ねが)いしたいのですが……/李：嗯，有件事想劳驾您一下……

田中(たなか)：はい、どうぞ。/田中：请说。

李(り)：わたしは日本(にほん)へ留学(りゅうがく)したいと思(おも)いますが、手続(てつづ)きは どうすればいいでしょうか。/李：我想赴日本留学，但手续怎么办好呢？

田中(たなか)：日本(にほん)へ留学(りゅうがく)の手続(てつづ)きは 難(むずか)しいですよ。まずは在留身元保証人(ざいりゅうみもとほしょうにん)を依頼(いらい)しなければなりません。/田中：赴日本留学的手续难办啊，首先必须委托在留身份担保人。

李(り)：もし身元保証人(みもとほしょうにん)をご依頼(いらい)したら、次(つぎ)の手続(てつづ)きは どうしますか。/李：如果找到了担保人的话，下一步手续怎么办呢？

田中(たなか)：次(つぎ)は 日本語(にほんご)の学校(がっこう)と連絡(れんらく)してください。/田中：下一步请和日语学校联系。

李(り)：どういうふうに連絡(れんらく)しますか。/李：怎样进行联系呢？

田中(たなか)：手紙(てがみ)で連絡(れんらく)しても、いいです。/田中：可以用信件进行联系。

李(り)：手紙(てがみ)は 日本語(にほんご)で書(か)かなければなりませんか。/李：书信必须用日语写吗？

田中(たなか)：はい、そうです。でも、ちょっと、難(むずか)しいですね。/田中：是的。不过，有点难写啊。

李(り)：わたしは 日本語(にほんご)で手紙(てがみ)を書(か)くことは 一度(いちど)もありませんから、教(おし)えてくださいませんか。/李：我一次也没有用日语写过信，因此，您能否教我一下？

田中(たなか)：はい、参考(さんこう)まで、書(か)いてみましょう。/田中：好的，写一封给您参考吧。

李(り)：どうも、ありがとうございます。/李：十分感谢！

26. 品質管理(ひんしつかんり)についての相談(そうだん)/谈质量管理

田中(たなか):実(じつ)は 製品(せいひん)の品質(ひんしつ)について、ちょっと、相談(そうだん)したいんですが……/田中:我想谈一下有关产品的质量问题……

朱(しゅ):はい、この面(めん)で、ざっくばらんに、話(はな)してください。/朱:好的。这方面请您直言不讳。

田中(たなか):話(はな)したいことは 耳(みみ)ざわりな話(はなし)ですが……/田中:我想说的是些刺耳的话……

朱(しゅ):構(かま)いませんよ、おっしゃってください。/朱:没关系,请说。

田中(たなか):今(いま)のところ、国際(こくさい)の販売競争(はんばいきょうそう)が一層(いっそう)厳(きび)しいですから、ユーザーを保護(ほご)するために、品質(ひんしつ)を管理(かんり)しなければなりません。/田中:目前,国际上销售竞争更加激烈,因此,为了保护用户的利益,必须进行质量管理。

朱(しゅ):品質管理(ひんしつかんり)は QC管理(かんり)とも言(い)われていますね。/朱:质量管理,也叫作QC管理吧。

田中(たなか):はい、そうです。抜取検査(ぬきとりけんさ)の時(とき)、もし、一万個完成品(いちまんこかんせいひん)の中(なか)に、五個不良品(ごこふりょうひん)があれば、この一万個製品(いちまんこせいひん)は 全部(ぜんぶ)不合格(ふごうかく)になります。/田中:是的。抽样检查时,如果一万个成品中有五个次品的话,这一万个产品就全部不合格。

朱(しゅ):そうですね。でも、前田工場(まえだこうじょう)は この面(めん)で、どういうふうに、やっていますか。/朱:是啊,不过,前田工厂在这方面是怎么做的呢?

田中(たなか):まず、品質管理(ひんしつかんり)の担当者(たんとうしゃ)は「三現(さんげん)」の考(かんが)え方(かた)を持(も)たなければなりません。/田中:首先,质量管理的负责人,必须具有"三现"的观点。

朱(しゅ):「三現(さんげん)」とは 何(なん)ですか。/朱:"三现"是什么?

田中(たなか):「三現(さんげん)」とは 現場(げんば)へ行(い)って、現物(げんぶつ)を調(しら)べ、現時点(げんじてん)での手(て)を打(う)つということです。/田中:所谓"三现",是指奔赴现场,调查实物,采取当时最有效的方法。

朱(しゅ):その外(ほか)には?/朱:除此之外呢?

田中(たなか):その外(ほか)には 製品(せいひん)の品質(ひんしつ)を検査(けんさ)するために いろいろなゲージとメーターも 必要(ひつよう)です。/田中:除此之外,为了检查产品的质量,还必须有各种量具和仪表。

朱(しゅ):工場(こうじょう)の中(なか)も きれいにしますね。/朱:工厂里也要保

持整洁吧？

田中(たなか)：はい、そうです。日本(にほん)では「5S運動(ごえすうんどう)」が開(ひら)かれました。/田中：是的。在日本开展了"5S"运动。

朱(しゅ)：「5S(ごえす)」とは　何(なん)ですか。/朱：所谓"5S"，是什么呢？

田中(たなか)：整理(せいり)、整頓(せいとん)、清潔(せいけつ)、清掃(せいそう)、躾(しつけ)です。/田中：是整理、整顿、清洁、清扫、教养。

朱(しゅ)：なぜ「5S(ごえす)」といいますか。/朱：为什么叫作"5S"呢？

田中(たなか)：イニシアルの発音(はつおん)は　みんな『S』なのからです。/田中：这是由于首字母的发音都是"S"。

朱(しゅ)：いろいろと話(はな)していただいて、大変勉強(たいへんべんきょう)になりました。どうも、ありがとうございます。/朱：听您一席话，学到了很多东西，十分感谢！

田中(たなか)：いえ、いえ、とんでもありません。機会(きかい)がありましたら、また相談(そうだん)しましょう。/田中：哪里，哪里。哪里的话。如果有机会，我们再谈吧。

27. ソシアルイブニング/联欢晚会

ダンスホールでダンスミュージックが放送(ほうそう)されています。

田中(たなか)さんと通訳(つうやく)の李(り)さんは　ダンスホールに入(はい)りました。

踊(おど)り手(て)がだんだん集(あつ)まってきました。ダンサーの王(おう)さんはこちらへ来(き)ています。/舞厅里播放着舞曲，田中先生和翻译小李进了舞厅，跳舞的人接踵而来，舞者小王正朝这边走来。

李(り)：ご紹介(しょうかい)いたしましょう。こちらは　王(おう)さんです。王(おう)さんは　ダンシングマスターで、日本語も上手です。/李：让我来介绍一下吧。这位是小王。小王是舞蹈老师，日语也很棒。

王(おう)：よくいらっしゃいました。王(おう)と申(もう)します。初(はじ)めまして、どうぞ、よろしくお願(ねが)いします。/王：欢迎，欢迎！我姓王。初次见面，请多多关照。

田中(たなか)：こちらこそ、わたしは　ダンスの素人(しろうと)ですが、ぜひ、よろしくお願(ねが)いします。/田中：彼此，彼此，我是舞蹈外行，务必请多多关照。

踊(おど)り手(て)たちが　音楽(おんがく)に合(あ)わせて、踊(おど)り始(はじ)めてきました。/跳舞的人们伴着音乐开始跳起舞来。

王(おう)：田中(たなか)さんは　ソシアルダンスができるでしょうか。/王：田中先生会跳交际舞吧？

田中(たなか):まあまあです。若(わか)い時(とき)に踊(おど)ったことがありますが……/田中:马马虎虎,我年轻时曾跳过……

王(おう):では、一緒(いっしょ)に ソシアルダンスを踊(おど)りましょう。/王:那么,我们一起来跳交际舞吧?

田中(たなか):はい、どうも。王(おう)さんは ダンスが上手(じょうず)ですね。どこに勤(つと)めていますか。/田中:好,谢谢。小王的舞跳得不错啊。你在哪儿工作呢?

王(おう):工場(こうじょう)の幼稚園(ようちえん)に勤(つと)めています。子供(こども)たちのダンスマスターです。/王:在工厂的幼儿园工作,是孩子们的舞蹈老师。

田中(たなか):なるほど、ダンスステップは とてもスマートですね。/田中:怪不得,舞步十分潇洒啊。

王(おう):おほめすぎて、恐縮(きょうしゅく)です。これからは ディスコが始(はじ)まりますから、踊(おど)りませんか。/王:您过奖了,不敢当。往后,迪斯科舞曲开始了,您不跳一个吗?

田中(たなか):はい、思(おも)う存分(ぞんぶん)に踊(おど)りましょう。/田中:好,尽情地跳吧。

ディスコが終(お)わりました。王(おう)さんの顔(かお)から少し汗(あせ)が出(で)てきました。/迪斯科舞曲结束了,小王的脸上微微出汗。

田中(たなか):お疲(つか)れになったでしょう。ちょっと、一休(ひとやす)みしましょう。/田中:您累了吧,稍微休息一下吧。

王(おう):はい、ご親切(しんせつ)にどうも。/王:是,谢谢您的亲切关照。

しばらくしてから、ダンゴの音楽(おんがく)が始(はじ)まりました。/过了一会儿,探戈舞曲的音乐开始了。

田中(たなか):ああ、あのメガネをかけた若者(わかもの)はダンスの姿(すがた)がきれいですね。/田中:啊!那个戴眼镜的年轻人,舞姿真漂亮啊。

王(おう):彼(かれ)は タンゴファンで、アマチュアダンシングチームのメンバーです。/王:他是个探戈舞迷,是业余舞蹈团的成员。

田中(たなか):そうですか。彼(かれ)も工場(こうじょう)で働(はたら)いていますか。/田中:是吧。他也在工厂工作吗?

王(おう):はい、そうです。工場(こうじょう)の労働組合(ろうどうくみあい)の責任者(せきにんしゃ)で、このソシアルイブニングの司会者(しかいしゃ)です。/王:是的。他是工厂的工会负责人,是这次联欢晚会的主持人。

夜(よる)は もう遅(おそ)いですから、ソシアルイブニングは これで終(お)わりました。/夜已深了,联欢晚会到此结束。

王(おう):では、そろそろ失礼(しつれい)いたします。さようなら。/王:那么就告辞了,再见。

田中(たなか):はい、どうも、ありがとうございます。/田中:好的,谢谢。

28. ショッピング/购物

鈴木(すずき):最後(さいご)にお土産(みやげ)を買(か)いたいんですが、どこで買(か)ったら、いいですか。/铃木:最后,我想买点礼品,在哪里买好呢?

朱(しゅ):買(か)い物(もの)なら、やはり友誼商店(ゆうぎしょうてん)の方(ほう)がいいです。/朱:买东西的话,还是在友谊商店好。

鈴木(すずき):友誼商店(ゆうぎしょうてん)は ここから遠(とお)いですか。/铃木:友谊商店离这里远吗?

朱(しゅ):あまり遠(とお)くないので、歩(ある)いても、十五分(じゅうごふん)ぐらいしかかかりません。/朱:因为不太远,所以即使走过去,也只花15分钟左右的时间。

鈴木(すずき):それじゃ、友誼商店(ゆうぎしょうてん)へ行(い)きましょう。/铃木:那么去友谊商店吧。

朱(しゅ):はい、お供いたしましょう。/朱:好,我陪您一起去吧。

[間(ま)もなく、友誼商店(ゆうぎしょうてん)に着(つ)きました。/一会儿到了友谊商店。]

朱(しゅ):着(つ)きました。はい、どうぞ。/朱:到了,请进。

鈴木(すずき):はい、どうも。/铃木:好,谢谢。

朱(しゅ):何(なに)が欲(ほ)しいですか。/朱:您想买什么?

鈴木(すずき):実(じつ)は 友達(ともだち)から文房具(ぶんぼうぐ)の買(か)うことを頼(たの)まれたが、友誼商店(ゆうぎしょうてん)にも ありますか。/铃木:其实,是朋友托我买文具的,友谊商店里也有吗?

朱(しゅ);文房具(ぶんぼうぐ)なら、この店(みせ)に たくさんありますよ。/朱:文具的话,这家店里种类很多啊。

鈴木(すずき):そのうちに、どれがいいか、まだ分(わ)からないが……/铃木:其中我还不知道哪个好……

朱(しゅ):文房四宝(ぶんぼうしほう)の代表的(だいひょうてき)なものとしては湖筆(こひつ)、徽墨(きぼく)、宣紙(せんし)、端硯(たんげん)があります。/朱:作为文房四宝代表性的东西,有湖笔、徽墨、宣纸、端砚。

鈴木(すずき):そうですか。ちょっと、それを見(み)せてください。/铃木:是吧。请把那个给我看一下。

店員(てんいん):かしこまりました。どうぞ、ご覧(らん)になってください。/店员:

知道了,请看。

鈴木(すずき):これは いいです。いくらですか。/铃木:这个好。多少钱?

店員(てんいん):225元(にひゃくにじゅうごげん)でございます。/店员:是225元。

鈴木(すずき):300元(さんびゃくげん)で、おつりをください。/铃木:给你300元,请找钱。

店員(てんいん):恐(おそ)れ入(い)りますが、この伝票(でんぴょう)を持(も)って、向(む)こうの勘定台(かんじょうだい)で、お金(かね)を払(はら)ってください。/店员:对不起,请您拿了这张单据,在对面的付款处付款。

鈴木(すずき):はい、分(わ)かりました。どうも、ありがとうございます。/铃木:好,知道了。十分感谢!

29. 帰国(きこく)/回国

李(り):池田(いけだ)さん いつ、お帰(かえ)りになりますか。/李:池田先生,您什么时候回去?

池田(いけだ):明日は 帰国(きこく)することにします。/池田:我决定明天回国。

李(り):本当(ほんとう)に名残(なごり)惜(お)しいですね。/李:真是依依不舍啊!

池田(いけだ):そうですね。わたしも 胸(むね)がいっぱいになります。/池田:是啊,我心里也有说不出的滋味。

李(り):お荷物(にもつ)は もう片付(かたづ)きましたか。/李:您的行李已经收拾好了吗?

池田(いけだ):ええ、そうです。/池田:嗯,是的。

李(り):何便(なにびん)で、お帰(かえ)りになりますか。/李:您乘哪个航班回去?

池田(いけだ):日航(にっこう)793(ななきゅうさん)の定期便(ていきびん)で帰(かえ)ります。/池田:我乘日航793班机回去。

李(り):航空券(こうくうけん)は 片道券(かたみちけん)ですか、往復券(おうふくけん)ですか。/李:机票是单程票还是往返票呢?

池田(いけだ):往復券(おうふくけん)です。でも、チエックインは どこでしますか。/池田:是往返票。不过,订票登记在哪里办理呢?

李(り):延安路(えんあんろ)の中国民航(ちゅうごくみんこう)の二階(にかい)です。/李:在延安路中国民航的二楼。

池田(いけだ):ホテルは もう予約(よやく)しましたか。/池田:宾馆已经预订了吗?

李(り):はい、もう予約(よやく)しました。西郊(せいこう)の龍柏飯店(りゅうぱくはんてん)です。/李:是的,已经预订了,是西郊的龙柏饭店。

池田(いけだ):明日(あした)は 何時(なんじ)に出発(しゅっぱつ)しますか。/池

田:明天几点出发?

　李(り):朝(あさ)の八時(はちじ)です。/李:早上8点。

　池田(いけだ):上海(しゃんはい)までは　飛行機(ひこうき)ですか。タクシーですか。/池田:到上海是乘飞机还是乘出租车呢?

　李(り):いいえ、会社(かいしゃ)のマイクロ車(くるま)です。/李:不,是公司的小车。

　池田(いけだ):李(り)さんも　行(い)きますか。/池田:小李你也去吗?

　李(り):はい、そうです。明日(あした)は　上海(しゃんはい)まで、見送(みおく)りにまいりましょう。/李:是的。明天我送你到上海吧。

　池田(いけだ):いろいろとお世話(せわ)になりました。どうも、ありがとうございます。/池田:承蒙多方关照,十分感谢!

30. 空港(くうこう)での暇乞(いとまご)い/机场辞行

　村松(むらまつ):お忙(いそが)しいところ、わざわざ空港(くうこう)まで、お見送(みおく)りに来(き)ていただいて、誠(まこと)に、ありがとうございます。/村松:十分感谢您百忙之中特地到机场为我送行。

　朱(しゅ):いえ、いえ、とんでもありません。これからも、また、いらっしゃってください。/朱:哪里,哪里,哪里的话。今后,欢迎再次光临。

　村松(むらまつ):機会(きかい)があれば、朱(しゅ)さんも日本(にほん)へいらっしゃってください。/村松:如果有机会,也请老朱来日本。

　朱(しゅ):はい、お帰(かえ)りになったら、皆様(みなさま)にも、よろしくお伝(つた)えください。/朱:好,您回去后,请向诸位代为问好。

　村松(むらまつ):はい、必(かなら)ず　伝(つた)えます。/村松:好,一定转达。

　朱(しゅ):もう時間(じかん)ですから、どうぞ、飛行機(ひこうき)に乗(の)ってください。/朱:已到时间了,请登机吧。

　村松(むらまつ):はい、ご多忙(たぼう)のところ、ご迷惑(めいわく)をおかけして、ありがとうございます。/村松:好,百忙之中给您添麻烦了,谢谢!

　朱(しゅ):いいえ、どういたしまして、道中(どうちゅう)、ご無事(ぶじ)で。/朱:不,哪里的话,祝您一路平安。

三、袖珍本口译

　　1990年12月,在上海农场中学工作的小李,为了学习日语,决定到日本的国际日语学校上学,从上海农场骑摩托车来到大丰飞轮厂的寒舍。

　　我根据小李的要求,用日语写了信,邮寄到日本国际日语学校。

 口译指南

书信内容如下：

校长先生

敬启者，天寒之际，恭贺贵校日益发展。

突然冒昧去信，对不起，敬请谅解。

我姓李，今年23岁，由华东师范学校毕业后，现在上海农场中学工作。

为了学习日语，我想到贵校上学。因此，麻烦你们，如能承蒙惠寄招生简章和报名表的话，则不胜感激。

劳驾邮寄到"邮政编码224100 中国江苏省大丰县上海农场中学"。以上，匆匆请求，拜托回复。

×××　敬上 1990年12月6日

之后，小李收到了日本国际日语学校邮寄给他的招生简章和报名表，去日本留学了。

出国之前，因为小李不能用日语会话，所以再次从上海农场骑摩托车来到大丰飞轮厂的寒舍，向我提出了有关写袖珍本翻译书的要求。

1991年5月，我根据小李的要求，用日语写了《应急日语会话》袖珍本翻译书。

小李拿着这本袖珍本翻译书去了日本。

《应急日语会话》是根据我长期口译的实践和在日本研修时获得的知识，以及在中国开办日语讲座的经验，设想了中国人到了日本后的各种场景，充分考虑到日语的学习和实际应用，精选了单词和会话，能够作为袖珍本翻译书、活用的会话集。

经过30年再回头看的话，它仍然有一定的使用价值，特别是对刚学日语的中国人，利用袖珍本翻译书，能够当场进行交流。因此，决定进行介绍（下略）。

四、アフレコ

2003年1月から、私は時々政府部門からの招きに応じて、日本語で外資企業誘致と外資導入の放送番組を制作するために、アナウンサーとして、アフレコの仕事をやったことがあります。まずは、政府部門から提供された中国語の放送番組をよく見ながら、聞いたことがあります。続いて、中国語の放送番組の内容を日本語に翻訳して、慣れるまで、朗読します。後は、日本語で慣れた内容をコンピューターに吹き込んで、吹き込んだ内容を聞きながら、満足まで修正します。最後に、コンピューターで放送番組の中国語を削り取って、日本語に切り替えします。

言うまでもなく、外国語でアフレコの仕事をやる場合、発音や文法や正しさなどの要求に対しては　とても厳しいです。例えば、コンテナーを数える場合、中国語の助数詞は「個(个)」で、日本語の助数詞は本です。日本語でアフレコする場合、もし、「何本コンテナー」を「何個コンテナー」に通訳しますと、聞き手を笑わせる可能性があります。

言葉の上手のほかに、次のことも注意しなければなりません。

(1) 吹き込むスピード

通常、日本語の発音は　中国語より長いです。例えば　中国語の「必须」の発音は　二つの音節だけで、同じ意味の日本語の「なければなりません」の発音は　八つの音節があります。ですから、中国語で十分間のうちに完成されるアフレコ放送番組は　同じ吹き込むスピードで、日本語のアフレコ放送番組をやれば、十二分乃至十四分の時間がかかります。規定された十分間のうちに完成しますと、吹き込むスピードはアップされて、早口の方式で吹き込まなければなりません。

早口でも、言葉の意味や単語の発音などによって、声をあげたり、さげたり、急に止めたり、または、節を変えたりし、話したり、訴えたりして、全部の内容をちょうど規定された時間で、吹き込み終わり、放送番組のアフレコが完成されます。

滑らかな話しぶりを持ち続けるために、吹き込みのうちに、ミスがあっても、ストップしないで、始めから終わるまで、一気に成し遂げるべきで、間断があってはならないので、吹き込み続けていきます。ミスのあった部分は　後で修正します。

(2) 雑音の防止

録音スタジオは　とても静かで、雑音がありませんが、吹き込む場合、ちょっと油断しますと、アフレコ放送番組から雑音が出てくるので、録音スタジオで、全ての動作から雑音が発生しないようにします。特に、呼吸する場合、息を吐いても、吸っても、喘ぎの雑音が出てくることは　許されません。

(3) 修正の技術

吹き込んだ後で、ミスのあった部分は　修正する必要があります。修正する場合、吹き込みの場所や設備や座席の位置などは　従来通りに、一致を保持します。もし、吹き込みの場所や設備や発音などは　従来通りに、一致を保持して、座席の位置が変わったら、どんなに繰り返して、修正しても、滑らかな効果が出てこないので、修正の技術としては　内容の外に、吹き込みの方式は　そのままにして、従来通りに、やり続けていきます。

(4) 内容の対応性

放送番組の中に、アフレコした内容は　番組の画面に対応しなければなりません。例えば、アフレコした内容は　「四不像」の自然保護区ですが、番組の画面は　工業園区

が出たら、さぞまずいことでしょう。

（5）丈夫な体

通訳者として、丈夫な体があるはずです。吹き込んでいるうちに、息する暇もないので、もし、体の弱い原因で、喉が渇いて、口がからからで、息を弾ませながら、吹き込みますと、ストップしなくても、アフレコの効果もよくないんです。

四、配音

从2003年1月起，我经常应政府部门的邀请，为了用日语制作招商引资的播音节目而作为播音员从事配音的工作。首先，边看边听政府部门提供的汉语播音节目。其次，将汉语播音节目的内容翻译成日语，读熟。再次，用日语将已经熟悉的内容录进电脑，边听录制的内容，边修改，直到满意为止。最后，用电脑删除播音节目的汉语，替换成日语。

不言而喻，用外语做配音工作时，对发音、语法、正确性等的要求十分高。例如，数集装箱时，汉语的量词是"个"，日语的量词是"本"。用日语配音时，如果将"何本コンテナー"口译成"何個コンテナー"，有可能让听者发笑。

除了语言（表达）出色之外，还要注意以下事项。

（1）录音速度

通常，日语的发音比汉语长。例如，汉语"必须"的发音只是两个音节，相同意思的日语"なければなりません"的发音有8个音节。因此，用汉语在10分钟时间里能够完成的配音播音节目，用相同的录音速度制作日语的配音播音节目的话，就要花费12至14分钟的时间。如果要在规定的10分钟时间里完成，就必须提高录音速度，用快说的方式录音。

即使是说得快，也要根据语言的意思、单词的发音等，抑扬顿挫，有节奏感，将全部内容在规定的时间内录好，完成播音节目的配音。为了保持口齿伶俐，在录音中即使有失误也不要停顿，自始至终应该一气呵成，不能有间断地持续录音。有失误的部分以后再进行修正。

（2）噪声的防止

录音室里十分安静，没有噪声。但录音时，稍一大意就会在配音的播音节目里出现噪声。因此，在录音室里，做所有的动作都不能发出噪声。特别是呼吸时，不管是呼气还是吸气，都不能出现喘气的噪声。

（3）修正的技术

录音后，有失误的部分需要修正。修正时，录音的场所、设备、座位的位置等，要和以前保持一致。如果录音的场所、设备、发音等同以前保持一致，座位的位置变换了的话，不

管怎样反复进行修正,也不会出现流畅的效果。

因此,至于修正的技术,除了内容之外,录音也要延续以前的方式继续做下去。

(4) 内容的对应性

播音节目里配音的内容必须和节目的画面相对应。例如,配音的内容是麋鹿自然保护区,但是节目的画面出现的是工业园区的话想必不好吧。

(5) 健壮的身体

作为译员,理应有健壮的身体。因为录音当中连喘气的工夫都没有,如果因为身体虚弱,口干舌燥,一边上气不接下气一边录音的话,即使不停顿,配音的效果也不好。

五、大豊のイントロダクション

2008年4月に、わたしは　大豊経済開発区からの招きに応じて、日本語で「活力の大豊」というアフレコ放送番組を作成したことがあります。

今度、この放送番組の内容をご紹介します。

大豊の概況

大豊市は　江蘇省の中部にあり、黄海の浜に位置し、総人口は73万があり、総面積は3059平方キロに達し、14箇所町、二つ省級開発区が管轄され、江蘇省衛生都市、文明都市、社会治安安全市と呼ばれ、中国経済百強い県(市)で、全国最も投資の潜在力を持っている50強い中小都市に取り入れられました。

大豊の区域交通は　便利です。

自動車道路:沿海高速道路、徐大高速道路は　大豊の境内を通り抜けて、上海まで車で行くと、2時間かかります。

鉄道:境内の新長鉄道は　各鉄道の枢軸線に繋がり、旅客の運送と貨物の輸送は　全国に直通することができます。

港口:大豊港は　国家の1級開放港で、すでに韓国の仁川港までの航路が開通されています。そしてまた、続々と日本門司港まで、長崎港まで、および韓国プサン港まで、香港までなどへの航路も開通されています。

航空:大豊から塩城空港まで車で行くと、20分かかります。

韓国、北京、広州、温州などの各地に直航することができます。

上海の虹橋空港まで車で行くと、2時間かかります。

上海浦東国際空港と南京禄口国際空港まで車で行くと、それぞれ2時間半かかります。

 口译指南

　　大豊の産業は　特色が明らかです。
　　すでに、機械、紡績、化学工業、食品などの支柱産業が形成されました。
　　大豊の住まい環境は　美しいです。
　　大豊の都市は　綺麗で、店がずらりと立ち並んで、経済は　繁栄で、文化の子細は深くて、医療、教育、科学技術などの社会事業の施設は　先進で、整っています。
　　大豊は　国家衛生都市、環境保護模範都市、文明都市を作成中で、2010年に、全国生態市を築き上げます。
　　オフィス、ビジネス、住まいを始めとする大豊城東新区約6.5平方キロの建設は　すでにスタートしました。
　　大豊は　世界で最大の野生の「四不像」自然保護区を持っています。
　　全国一番初めの生態建設垂範市、国家の発展しつつある実験区と名付けられました。
　　アジア東方最大の砂浜湿地があり、国連によって、世界の重要な湿地名簿に取り入れられました。
　　大豊のインフラ建設は　よいです。
　　大豊経済開発区と大豊港経済開発区との二つ省級経済開発区があります。
　　大豊では　全力を尽くして、江蘇東部沿海の新しく起こった臨港工業都市、江蘇中部開放の港口物流都市、長三角地区の重要な生態旅行都市が造り上げられています。

大豊経済開発区

　　大豊経済開発区は　江蘇省省級の開発区で、国家環境保護総局によって、認可された生態経済開発区です。
　　長期計画の面積は　163平方キロで、中期計画の面積は　60平方キロで、目下、すでに、開発された面積は　23平方キロです。
　　区に入った企業は　300社あまりあり、一つ生気と活力に満ちている経済区域です。
　　大豊経済開発区の東は　大豊市市区に臨んで、西は　新長鉄道、204国道に近くて、北は　徐大高速道路に隣接し、沿海高速道路の出口は　開発区以内にあり、疎港自動車道路と運河は　大豊港までに直通し、大豊港まで車で行くと、20分かかります。
　　大豊経済開発区に建設された道路の総長さは　20キロあまりで、「八縦五横」の分布が出られ、パイプ、ネット、ストリートライプ、緑化などは　道路と一緒に実施されています。
　　区内には　熱電工場、汚水処理工場、天然ガスステーション、水道工場、変電所が建設されました。
　　テレビ、電話、インターネットは　全区によく分布されています。
　　項目の用地は　全部平らにし、「九通一平」に達しました。

第六章　特殊な通訳

　　ビジネスサービス総合区では　開発区行政サービスセンター、五つ星ホテル、工業製品の市場が建設されています。

　　建設が完成されますと、ビジネス物流、娯楽レジャー、高級住宅、教育文化などの組み合わせで、一揃いになる施設が形成されて、企業の生産、生活のために、一流のサービスを提供することができます。

　　大豊経済開発区には　現在、外資企業が　100社位あり、すでに、アメリカ、ドイツ、フランス、日本、韓国、シンガポール、タイなどの国家の有名な企業によって、進駐されていました。

　　日本高周波熱錬株式会社、オリエンタル株式会社も　相次いで、大豊で投資しました。

　　今のところ、豊東熱処理、高周波熱錬、理研精密鍛造、虹宇服装、泰和金属、大剛金属などの日本合弁会社が数十社あります。

　　区内には　紡績工業園、機械工業園、豊東工業園、ステンレス工業園、バルブ工業園、科学技術創業園などの特色の園区があります。

　　初歩的に、自動車スペアパーツ、熱処理、紡績、コンプレッサー、ステンレスなどの特色産業が形成されました。

　　目下、自動車スペアパーツ産業を重点として、大いに力を入れて、関係のある日本資本の企業を導入しています。

　　大豊経済開発区は　特色の産業を支えとして、更に功能をアップし、サービスは　完備し、優勢を向上させ、できるだけ、輸出向け、化学技術型、生態型の道を歩いて、努力によって、一つ設備製造業を主としている現代化、国際化、産業化の工業新区に造り上げられています。

大豊港経済開発区

　　大豊港は　江蘇省沿海中部にあり、日本、韓国と一衣帯水で、国家の1級開放港で、税関、検査、検疫、海事、海防などの機構は　すでに設立し、通関は　簡単で、便利です。

　　大豊港の利用できる深海海岸線の長さは　17キロに達し、主航路の西洋深槽は　海岸線と平行で、深さは　15メートルで、幅は　3乃至4キロあり、外海につながっているため、10万トンクラスの船は　出入りができます。

　　計画によって、建設されたデブスバース前の深さは　18乃至22メートルに達します。

　　大豊港の第一期工事として、二つ万トンクラスの埠頭は　すでに、2005年10月に建成されて、通航しました。

　　韓国仁川への国際航路が開通されました。

　計画によりますと、2008年に、日本門司、長崎と韓国プサンなどへの航路が開通される予定です。

　目下、第二期工事として、一つ5万トンクラス（7万トンの兼用）通用埠頭と一つ2万トンクラス雑貨埠頭は　建設されています。

　間もなく、建設するのは　5万トンクラス液体化学工業用の埠頭と3万トンクラスコンテナー用の埠頭です。

　「十一五」期末になりますと、大豊港は　年間、1500万トンバラ積み雑貨、30万本標準コンテナーの取り扱う能力が形成されます。

　大豊港経済開発区は　五つ区域に企画されています。

　つまり、臨港工業区、倉入れ物流区、海港新城区、輸出加工区と生態保護区に分けられています。

　その中に、臨港工業区の計画された面積は　50平方キロで、優先的に、新しいエネルギー、農産品仕上げ加工、自動車スペアパーツおよび機械加工、医薬と食品加工、石油化学工業、基礎化学工業、新しい材料化学工業などの産業が発展されます。

　開放の大豊は　熱意に、日本各業界の皆様のご観光、ご見学、ご投資を心より歓迎いたします。

　包容、進取の現代の大豊人民は　皆様と一緒に共同で発展し、素晴らしい事業の創立することを期待しております。

五、大丰简介

　2008年4月，我应大丰经济开发区的邀请，用日语制作了《活力大丰》这个播音节目。这里将该播音节目的内容进行介绍。

大丰概况

　大丰市地处江苏中部、黄海之滨，全市总人口73万人，总面积3059平方千米，辖14个镇、两个省级开发区，是江苏省卫生城市、文明城市、社会治安安全市，是中国经济百强县（市），名列全国最具投资潜力中小城市50强。

　大丰区域交通便利。

　公路：沿海高速、徐大高速穿境而过，至上海只需要2小时的车程。

　铁路：境内新长铁路与各铁路枢纽线相接，客货运直通全国。

　港口：大丰港是国家一类开放口岸，已开通韩国仁川港航线，还将连续开通日本门司港、长崎港及韩国釜山港、香港等航线。

航空：大丰距盐城机场20分钟车程，可直航韩国、北京、广州、温州等地；距上海虹桥机场2小时车程；距上海浦东国际机场和南京禄口国际机场，都是2.5小时的车程。

大丰产业特色明显。已形成机械、纺织、化工、食品等支柱产业。

大丰人居环境优美。大丰城市秀美，商铺林立，经济繁荣，文化底蕴深厚，医疗、教育、科技等社会事业设施先进，一应俱全。

大丰正在创建国家卫生城市、环保模范城市、文明城市，2010年建成全国生态市。

大丰已启动建设约6.5平方千米，以行政办公、商贸居住为主的城东新区。

大丰拥有世界上最大的野生麋鹿自然保护区，被命名为全国首家生态建设示范市、国家可持续发展实验区，有亚洲东方最大的一片滩涂湿地，被联合国列入世界重要湿地名录。

大丰载体建设良好。

拥有大丰经济开发区和大丰港经济开发区两个省级经济开发区。

大丰正在全力打造江苏东部沿海新兴临港工业城市、江苏中部开放的港口物流城市、长三角地区重要的生态旅游城市。

大丰经济开发区

大丰经济开发区是江苏省级开发区，也是国家环保总局批准的生态经济开发区。

远期规划面积163平方千米，中期规划面积60平方千米，目前已开发面积23平方千米，拥有进区企业300多家，是一个充满生机与活力的经济区域。

大丰经济开发区东临大丰市区，西临新长铁路、204国道，北邻徐大高速，沿海高速出口处在开发区内，疏港公路和运河直通大丰港，距大丰港20分钟车程。

大丰经济开发区建设道路总长20多千米，呈"八纵五横"分布，管网、路灯、绿化与道路同步实施。

区内建有热电厂、污水处理厂、天然气站、自来水厂、变电所。电视、电话、宽带网遍布全区。

项目用地全部平整到位，土地达到"九通一平"。

综合商贸服务区正在建设开发区行政服务中心、五星级酒店、工业品市场，建成后将形成包括商贸物流、娱乐休闲、高档住宅、教育文化等全方位的配套设施，为企业生产生活提供一流的服务。

大丰经济开发区现有外资企业近100家，已有美国、德国、法国、日本、韩国、新加坡、泰国等国家的知名企业进驻。

日本高周波热炼股份公司、东方股份公司先后在大丰投资。

现有丰东热处理、高周波热炼、理研精密锻造、虹宇服装、泰和金属、大刚金属等日资企业数十家。

区内有纺织工业园、机械工业园、丰东工业园、不锈钢工业园、阀门工业园、科技创业园等特色园区，初步形成汽车零配件、热处理、纺织、空压机、不锈钢等特色产业，目前重点围绕汽车零配件产业，大力引进相关日资企业。

大丰经济开发区将以特色产业为支撑，进一步提升功能，完善服务，增创优势，坚持走外向型、科技型、生态型之路，努力建成一座以装备制造业为主的现代化、国际化、产业化工业新区。

大丰港经济区

大丰港位于江苏省沿海中部，与日本、韩国一衣带水，是国家一类开放口岸，设有海关、检验、检疫、海事、边防等机构，通关便捷。大丰港可用深水岸线长达17千米，主航道西洋深槽与岸线平行，深15米，宽3～4千米，与外海贯通，可进出10万吨级货轮，规划拟建的深水泊位前沿水深达18～22米。

大丰港一期工程2个万吨级码头已于2005年10月建成通航，已开通韩国仁川国际航线。

2008年计划开通日本门司、长崎和韩国釜山等航线。

目前，二期工程1个5万吨级（兼靠7万吨）通用码头和1个2万吨级杂货码头正在建设之中。即将建设的还有5万吨级液体化工码头和3万吨级集装箱码头。

到"十一五"期末，大丰港将形成1500万吨散杂货、30万标准集装箱的年吞吐能力。

大丰港经济区规划为五个区域，即临港工业区、仓储物流区、海港新城区、出口加工区和生态保护区。

其中临港工业区规划面积50平方千米，优先发展新能源、农产品深加工、汽车零配件及机械加工、医药与食品加工、石油化工、基础化工、新材料化工等产业。

开放的大丰，热忱欢迎日本各界朋友旅游观光、考察指导、投资创业，包容、进取、现代的大丰人期待与您同展大业、共创辉煌！

付属文書

　1991年3月から、私は　時々『国外金属熱処理』雑誌や『電世界』雑誌や財団法人日本モンキーセンターの『モンキー』雑誌などに、訳文が発表されたことがあります。
　今度、訳文の代表作品を紹介することにします。

一、日本語を中国語に訳した代表作品

　1991年3月に、第2号『国外金属熱処理』雑誌の第1ページ～5ページに発表された『新しい熱処理設備と雰囲気制御』を紹介します。

新しい熱処理設備と雰囲気制御
高橋　庸夫
オリエンタルエンヂニアリング(株)・研究開発部

　工業炉の需要動向は、昨今の産業構造の変化により小型化、高性能高機能化、計測制御のコンピューター化、多品種少量生産のための多目的炉などの方向に進みつつある。鋼製部品の浸炭技術については、真空浸炭の実用化、プラズマ浸炭の開発などの新技術もでてきてはいるが、量産品への対応においてはガス浸炭が主体として処理されている。ガス雰囲気の計測、制御などの関連機器の進歩により省エネルギー、低コストで信頼性の高い高品質のガス浸炭が可能となり、加工単価の低下傾向へ対応されている。

　従来の熱処理工場は煤煙が立ちこめ、火が燃えており、熱気で作業環境が悪く、火災や爆発の危険をはらんだものであった。しかしながら、全く火の出ない完全密閉タイプの浸炭炉や、フレームカーテンの要らない真空パージ方式をとり入れた三室タイプのガス浸炭炉の出現により、熱処理工場のイメージが大幅に改善された。

1. 従来型のガス浸炭炉

　通常、ガス浸炭炉は、1時間当たり炉内容積に対して変成ガス方式で6～10倍、滴注方式で2.5～4倍のキャリアガスを流すことにより、熱処理雰囲気を安定化させている。鋼中に炭素を浸透拡散させる浸炭反応は

$$2CO \longrightarrow C + CO_2$$
$$3Fe + C \longrightarrow Fe_3C$$

で表され、浸炭反応が進行すると共にCOガスは消費される。

このCO量の減少を補い、炉内へ空気の流入を防止する目的から多量のキャリアガスが必要とされている。実際に鋼中に浸透する炭素量は総COガス中の数％にすぎず、ほとんどのガスはそのまま炉外に排出されており、使用ガスの実質効率はきわめて低く不経済である。排出されたガスは、公害や危険防止の観点から、パイロットバーナーにより点火され、燃焼廃棄されている。また、処理品の搬出入時には、雰囲気の安定化の目的でフレームカーテンを燃焼させており、熱気や煤煙および安全面で作業環境を害しているのが現状のガス浸炭炉である。

2. 密閉型浸炭炉

近年、機械部品の高精度化、超精密化に伴い、熱による寸法変化を無くす目的で、工場内を恒温化する傾向がでてきている。熱処理設備においても、火を使わず、放熱をおさえた安全で無公害な設備が求められており、密閉型浸炭炉が次世代の熱処理設備として脚光を浴びている。

（1）構造およびフローチャート

本炉は独立した真空気密構造を持った前室と加熱室で構成されている。

処理工程の概要は、チャージングテーブルにて処理品を前室内に装入し、真空ポンプにて1～2Torr程度まで引き、窒素ガスに置換する。その後窒素ガスに置換されている加熱室内に搬入され昇温する。昇温完了後、加熱室内を所定の真空度まで真空引きし、滴注剤を炉内に入れ復圧する。滴注剤は加熱室内で熱分解し、水素ガスと一酸化炭素ガスに分解され、浸炭雰囲気になる。この時の真空度の設定値によりCO濃度を10～33％くらいまで変化させることができる。

雰囲気ガス中のCO濃度を赤外線分析計にて測定すると共に、O_2濃度をジルコニア式酸素センサーにて測定し、温度係数を入れたマイクロコントローラーにて雰囲気炭素濃度を制御させながら浸炭処理を行う。浸炭終了後焼入温度までの降温時は、炉内圧力が負圧になるので、窒素ガスにて背圧をかけながら炭素濃度を制御している。処理が終了したら、炉内駆動装置により、処理品を前室内に引き出し、冷却油槽に焼入れする。このように、使用する滴注剤は、浸炭時に真空引き後、復圧に要する分のみである。また炉への搬出入時は、真空置換方式をとり入れることにより、フレームカーテンを無くすと共に、排ガス燃焼も不要となり、炉回りから火の出ない構造のガス浸炭炉となった。

密閉型浸炭炉の雰囲気制御方法としては、CO—O_2およびCO—CO_2の2方式の実績があり、処理品の使用目的により選択できる。

(2) 雰囲気制御方法

鋼の表面と雰囲気ガスの間で起こる主な化学反応は次のとおりである。

$$2CO \rightleftharpoons [C] + CO_2 \qquad ①$$

$$CO + H_2O \rightleftharpoons CO_2 + H_2 \qquad ②$$

$$[C] + 1/2\ O_2 \rightleftharpoons CO \qquad ③$$

①式がCO_2によるカーボンポテンシャルを知る反応式である。

$$K_1 = (PCO)^2 / ac \cdot PCO_2 \qquad ④$$

ここで、

K_1：①式の平衡恒数

PCO、PCO_2：CO、CO_2の分圧

ac：オーステナイト中のCの活量

K_1、acは温度によって決定するのでCOを一定とした場合はCO_2を測定することによりカーボンポテンシャルを知ることができる。

②式が、露点によりカーボンポテンシャルを知る反応式である。

②式の平衡恒数をK_2とすると

$$K_2 = PCO \cdot PH_2O / PCO_2 \cdot PH_2 \qquad ⑤$$

$$PCO_2 = PCO \cdot PH_2O / PH_2 \cdot K_2 \qquad ⑥$$

④、⑥より

$$ac = K_1 \cdot K_2 \cdot PH_2 \cdot PCO / PH_2 \qquad ⑦$$

⑦式において　PH_2とPCOは原料ガスにより一定であり、H_2O量を知ることができれば、カーボンポテンシャルがわかる。

③式がO_2によるカーボンポテンシャルを知る反応式である。

③式の平衡恒数をK_3とすると

$$K_3 = PCO / ac \cdot PO_2^{1/2} \qquad ⑧$$

また、酸素センサーは起電力として測定され、次式により雰囲気中の酸素分圧を算出する。

$$E(\mathrm{mV}) = 0.0496\, T\, \log(\mathrm{PO}_2')/(\mathrm{PO}_2'') \qquad ⑨$$

ここで、

T:絶対温度

PO_2':標準ガス中の酸素分圧(0.21)

PO_2'':測定する雰囲気の酸素分圧

以上のように、浸炭雰囲気のカーボンポテンシャルの制御は、現在はCO_2、露点、O_2を制御することによりおこなっている。

密閉型浸炭炉のようにCO濃度が変化する場合には、COを赤外線分析計にて測定し、図2のような炭素濃度演算器を使用し、温度係数を入れて炉内の雰囲気炭素濃度をコントロールし、浸炭や焼入処理がおこなわれている。CO値を分析することができるので、N_2ベース浸炭、高温浸炭などの場合に、CO値のわずかな変化により炭素濃度が大きく変化するので、このような処理においても十分対応できる。

(3) 浸炭効率と粒界酸化

ガス浸炭雰囲気の浸炭能力を比較する係数として炭素移行係数が使用される。J, Wanningによれば次式に示される。

浸炭深さ

$$(Cm) = \frac{0.79\sqrt{\overline{D_c} \times t}}{0.24 + \left(\dfrac{C_{Et} - C_k}{C_p - C_k}\right)} - 0.7\,\overline{\dfrac{D_c}{\beta}}$$

ここで、

$\overline{D_c}$:γ-Fe中の平均拡散係数(cm^2/s)

t:浸炭時間(sec)

C_{Et}:有効炭素濃度

C_k:素材炭素濃度

C_p:雰囲気炭素濃度

β:炭素移動係数

この式から、同一温度で同一雰囲気炭素濃度で浸炭した場合は、炭素移行係数βの大きいガス組成の方が浸炭速度が早いことがわかる。

メタノールベースの滴注方式でCO量33%、H_2量66%の雰囲気ガスのβは2.8×10^{-5}であり、N_2中にメタノールを30%入れてCO量10%、H_2量20%、N_2量70%の雰囲気ガスのβは0.35×10^{-5}である。

このように雰囲気ガス組成の差によって炭素移行係数が大きく異なり、浸炭速度や

表面炭素濃度と雰囲気炭素濃度のズレに影響してくる。このような浸炭ガス組成の差から、浸炭時間が30分前後の浅浸炭や、歯車の歯先と歯底部の浸炭深さのズレ、ノズルなどの内径と外径の浸炭深さの差異などでは滴注雰囲気の方が良いとされている。

また、近年浸炭焼入品の表面異常層(粒界酸化層)が、後工程に研磨やショットブラストが無い部品に対して問題になる場合がある。この粒界酸化現象は、ガス浸炭の場合、雰囲気ガス中に存在する微量なO_2、CO_2、H_2Oなどの酸化性ガスが、Feよりも酸素との親和力の強い元素、例えばCr、Mnなどの元素と選択的に酸化物を形成する。このため合金鋼であっても、最表面のみはあたかも炭素鋼のような状態となり、最表面に10～15μmくらいの粒界酸化現象による不完全焼入層(トルースタイト組織)を呈する。ガス浸炭の場合は少なからず粒界酸化現象が発生している。金属の酸化は雰囲気ガス中の絶対酸素量によるものであり、N_2ガスで希釈してやるN_2ベース浸炭では粒界酸化量は少なく、CO量を10％にした雰囲気での浸炭では、変成ガスや滴注雰囲気での浸炭に対して約30～50％くらいの粒界酸化をおさえることができる。

また、0.8 mmくらいの浸炭工程の中で、粒界酸化の進行度合を確認すると、昇温過程で40％、降温過程で20％、浸炭過程では40％程度である。

このため、密閉型浸炭炉では、浸炭に関係ない昇温時はN_2雰囲気で、浸炭時は浸炭効率の高い滴注雰囲気で、降温時はN_2ベース雰囲気で処理されるため、従来のガス浸炭に比べて、半分近くまで粒界酸化量をおさえることができる。

(4) 雰囲気ガスコストとシーズニング

密閉型浸炭炉の雰囲気ガスの使用量は、浸炭時に1回炉内容積分の滴注剤を流すだけである。滴注剤は熱分解されると、1 Lの滴注剤から1.6 m³のガスが発生するので、加熱室容積が2.5 m³の場合約1.5 Lの滴注剤を流すのみでよいことになる。

従来の炉は、昇温中や降温中、それに炉内に処理品が入っていなくても、炉を稼働している間はガスを流し続けなければならない。また、炉停止後炉を立上げ時、炉中の断熱壁や耐熱鋼の表面の酸化物を還元してやるシーズニング工程に約6時間くらい費やしており、その間キャリアガスを流している。

密閉型浸炭炉の場合には、上記のような直接浸炭に関係ない時間はガスを必要としないので、実質的には、従来の炉に比較すると1/4くらいのガスコストでおさえられる。また完全密閉タイプの炉であり、炉停止時のバーンアウトも不要で、N_2ガスを密封してやるだけでよい。このため炉内を酸化させずに停止できるのでシーズニングも不要である。1週間に1度ずつのバーンアウトとシーズニング工程ではあるが、合わせて6～8時間かかるので、その時間を処理に向けられる。コストのみならず、炉の稼働率が上がり、今後の時代の要求にマッチした熱処理設備といえる。

(5) 安全性と作業環境

　ガス浸炭炉は、雰囲気ガス組成がH₂、COが主成分であり、これらのガスは空気との混合比率や温度条件により爆発の危険を持っている。特に停電時には、変成ガスの供給が停止されると、炉内圧が減少し空気が混入し、処理品を酸化させるのはもちろん、爆発限界内の混合比になると爆発の危険が生ずる。

　このような時点で適切な処置を直ちにおこなわなければ事故になるので、無人化ができずにいるのが現状である。

　密閉型浸炭炉の場合には炉体全体が真空容器になっているため、炉内に空気が入りこめないし、炉内圧力を正圧に保つためにN₂ガスにて背圧をかけてやることにより、爆発の危険がなく、処理品も酸化されることがないので、再通電時処理を続行することができる。このために、たとえ停電やトラブルがあっても爆発の心配がないので、安心して作業ができる。

　また、排ガスがでないのでパイロットバーナーは不要で、真空置換できるのでフレームカーテンも使用していない。このため、ガス漏れや電磁弁の故障による事故の心配も要らない。排ガスの燃焼やフレームカーテンの燃焼による熱量は大変な値であり、夏場の冷房装置も使えない、火を使わないことにより煤煙の発生もないので、熱処理の作業環境のイメージが大きく変わった。今後、熱処理設備も無人化が要求されてくるので、このような設備面での安全性がますます重視されてくるものと思われる。

3. 三室型浸炭炉

(1) 構造および特徴

　従来のガス浸炭炉を改良し、高性能、高機能化を持たせ、炉体の前に真空パージ室を設けることにより、フレームカーテンを不要とし、炉停止時はN₂ガスにて置換させるので、炉内を酸化させることなく停止でき、シーズニング時間が従来炉に比し1/6～1/8に短縮できる。

　また、加熱室は円形構造とし、攪拌風量のアップなどにより、温度分布、雰囲気バラツキが大幅に改善され、高性能な品質に対応できるようになった。

　炉内に空冷用のラジアントチューブをとりつけた強制冷却装置の採用により、浸炭温度から焼入温度までの降温時間を従来炉の1/2に短縮し、迅速な処理が可能となった。また、従来、ガス浸炭炉の工程の中でムダな時間と考えられていたシーズニング時間や降温時間を大幅に短縮できるようになり、月に24時間以上の効率を上げることができる。

　また、油槽の攪拌機の回転をインバーター制御し、処理品の材質、形状、焼入性などにあわせて攪拌量を自動的に変化させてやることにより、処理品の変形や変寸を最小限におさえることができる。このように、コントロール機構の高機能化により、高性能な

ガス浸炭炉としての評価が高くなっている。

(2) 雰囲気制御方式

　三室型浸炭炉の場合は、加熱炉は滴注剤を定量流す方式をとっており、CO値は一定であり、カーボンセンサーにて雰囲気制御をおこなっている。従来のガス浸炭炉の場合には週の初めと週末の雰囲気が、同じキャリアガスでもベースのカーボンポテンシャルが変化する。週の初めは浸炭開始後、設定炭素濃度に雰囲気が到着するのに時間がかかり、また週末には、温度降下中に、雰囲気炭素濃度が高くなってしまい、最表面に炭化物や残留オーステナイトが多くなる傾向があった。

　三室型浸炭炉の雰囲気制御の特徴は、エンリッチガスとレデュースガスの自動流量調整により、過剰のガス添加を抑制し、効率の良い雰囲気制御を可能とした。従来はエンリッチガスを添加する場合、一定量の炭化水素系のガスを、雰囲気制御の信号によって、電磁弁のON—OFFによりコントロールしており、エンリッチガスの流量設定値により、安定した雰囲気制御がおこなわれない場合もあった。そこで浸炭開始時にはエンリッチガス流量を多くし、設定値に早く到達させ、設定到達後にはエンリッチ量を絞り、また温度降下時や拡散工程にはレデュースガスの自動流量調節をおこなう。このため浸炭開始後5分以内に設定値に到達し、拡散時の設定には1分前後で到達が可能となった。コントロールレンジが広く、設定値の大幅な変更にも十分追従可能なリニアな特性を持った特殊バルブを、エンリッチガスとレデュースガスのそれぞれに採用し、1台のコントロールモーターにより安定した制御機能を持たせた。高性能な雰囲気制御方法である。

4. まとめ

　現在の浸炭焼入処理は、部品の使用目的により広範囲な雰囲気制御技術が求められてくるようになってきた。従来はほとんど無かった。低炭素鋼への浸炭窒化処理においての炭素濃度、窒素濃度のコントロールや、耐衝撃性を持たせるための0.5～0.6％Cくらいの浸炭焼入れ、また耐摩耗性、耐ピッチング性の改善のためのCD浸炭（Carbide Dispersion）などの技術を要求されるようになってきている。これらは、いずれも高度な雰囲気制御機能を持った高性能なガス浸炭炉でなければ対応できなくなってきている。

　ガス軟窒化の分野でも、従来の流量管理だけから、炉内の残留アンモニアを分析し制御できるガス軟窒化炉もでており、ガス雰囲気熱処理全般にわたった雰囲気管理方法が見直されている。

　以上述べてきた新しい熱処理設備の出現と、計測制御の高機能、高性能化に加えて、全自動操作監視システム、生産管理システムを盛り込んだ、熱処理のFA化に着実に進んできている。

附 录

从 1991 年 3 月起,我经常在《国外金属热处理》杂志、《电世界》杂志、财团法人日本猿猴中心的《猿猴》等杂志上面发表译文。

这次,决定介绍译文代表作。

一、日文译成中文代表作

介绍 1991 年 3 月第二期《国外金属热处理》杂志,第 1~5 页上发表的《新型热处理设备及气氛控制》。

新型热处理设备及气氛控制

[日] 高桥庸夫

丰东热处理有限公司 朱蕴忠 译

近来,由于产业结构的变化,用户对工业炉的需求动向正朝着小型,高性能,多功能,检测、控制的微机化,适于多品种小批量生产的多用炉等方向发展。

关于钢制件的渗碳,虽然也开发、使用了真空渗碳、等离子渗碳等新技术,但是,处理大批量工件时,仍以气体渗碳为主。由于有关炉气氛的检测、控制等仪器和仪表的进步,人们能省能耗、低成本地进行可靠的高质量的气体渗碳,处理单价也相应地降低。

老式的热处理车间,煤烟笼罩,火焰燃烧、热气袭人,作业环境恶劣,潜在着火灾、爆炸的危险。但是,由于出现了完全不露火的全封闭式渗透炉,以及采用不要火帘的真空换气式三室气体渗碳炉,热处理车间的状况大为改善。

1. 老式的气体渗碳炉

一般,气体渗碳炉采用发生炉方式时,依靠每小时通入炉内容积 6~10 倍的载气,或用滴注方式,依靠通入 2.5~4 倍的载气,使热处理气氛稳定化。将碳渗透扩散到钢中的渗碳反应,用以下反应方程式表示

$$2CO \longrightarrow C + CO_2$$

$$3Fe + C \longrightarrow Fe_3C$$

随着渗碳反应的进行,CO 气体被消耗。为了补充该 CO 气体,防止空气进入炉内,就必须有足量的载气。实际上,渗透到钢中的碳量,不过是 CO 气体总量的百分之几,大部分的气体几乎原封不动地排到炉外,气体的实际使用率极低,故不经济。从防止公害、危险的观点出发,老式气体渗碳炉通过排气嘴点火,燃烧被排出的气体。另外,在零件进出

炉时,为了维持气氛稳定,要点燃火帘,从排放热气、煤烟及安全性方面来看,都是有害于作业环境的。

2. 密封式渗碳炉

近年来,随着机械零件的高精度化、超精密化,为了避免受热变形,车间出现了恒温化的趋势。在热处理设备方面也要求使用不用火焰、防止放热、安全、无公害的设备。密封式渗碳炉正作为下一代热处理设备而崭露头角。

(1) 结构及工艺流程

本炉由具有独立真空密封构造的前室和加热室构成。

概略的处理工艺流程为:被处理件由装料台装入前室,用真空泵抽至1—2托,置换入氮气,然后,再将被处理件送进置换入氮气的加热室内,进行升温。升温完毕后,将加热室内抽真空至规定的真空度,将滴注剂滴入炉内,恢复压力,滴注剂在加热室内受热分解,成为氢气和一氧化碳,形成渗碳气氛。根据此时真空度的设定值,可使CO浓度改变为10%~33%,在用红外线分析仪测定炉中CO浓度的同时,用氧化锆探头测定O_2的浓度,边用输入温度系数的微控制器控制碳浓度,边进行渗碳处理。

渗碳完成后,降温到淬火温度时,由于炉内压力成为负压,所以通氮气施加背压,同时控制碳浓度。处理完后,由炉内驱动装置将被处理件送至前室,在冷却油槽内进行淬火。这样,使用的滴注剂量,只需要在抽真空后能恢复炉内压力即可。

另外,被处理件进出炉时,由于采用了真空置换方式,在取消火帘的同时,也不需要排气燃烧,是炉周围不出现火焰的气体渗碳炉。密封式渗碳炉的气氛控制方法,行之有效的有$CO—O_2$和$CO—CO_2$这两种方式,可根据被处理件的使用目的进行选择。

(2) 炉气氛控制方法

钢表面和炉气氛之间发生如下的化学反应,

$$CO_2 + [C] \rightleftharpoons 2CO \qquad ①$$

$$CO_2 + H_2 \rightleftharpoons CO + H_2O \qquad ②$$

$$[C] + 1/2\, O_2 \rightleftharpoons CO \qquad ③$$

式①是由CO_2得知碳势的反应式。

$$K_1 = (PCO)^2 / ac \cdot PCO_2 \qquad ④$$

在此,K_1为①式的平衡常数。

PCO、PCO_2是CO、CO_2的分压。

ac是奥氏体中碳的活度。

由于 K_1、ac 取决于温度，故当 CO 保持一定时，通过测定 CO_2 即可知碳势。

式②是根据露点得知碳势的反应方程式。

令式②的平衡常数为 K_2，则

$$K_2 = PCO \cdot PH_2O/PCO_2 \cdot PH_2 \quad ⑤$$

$$PCO_2 = PCO \cdot PH_2O/PH_2 \cdot K_2 \quad ⑥$$

由④⑥可知

$$ac = K_1 \cdot K_2 \cdot PH_2 \cdot PCO/PH_2 \quad ⑦$$

在式⑦中，根据所用原料气体 PH_2 和 PCO 是一定的，如能知道 H_2O 量的话，即可求得碳势。

式③是由 O_2 得悉碳势的反应式。

令式③的平衡常数为 K_3，

$$K_3 = PCO/ac \cdot PO_2^{1/2} \quad ⑧$$

另外，测定氧探头产生的电动势，根据下式计算出气氛中的氧分压。

$$E(\text{mV}) = 0.0496\, T\, \log(PO_2')/(PO_2'') \quad ⑨$$

在这里，T 为绝对温度。

PO_2' 为标准气体中的氧分压(0.21)。

PO_2'' 为测定气氛的氧分压。

如上所述，目前依靠控制 CO_2、露点、O_2 进行渗碳气氛的碳势控制。像密封式渗碳炉那样，CO 浓度变化时，用红外线分析仪测定 CO，使用碳浓度演算器，输入温度系数，并控制炉内气氛的碳浓度，进行渗碳、淬火处理。

由于能分析 CO 值，而在氮基气氛渗碳，高温渗碳等情况下 CO 值的微小变化即能导致碳浓度的很大变化，因而对于这类处理，该种控制方法是非常适合的。

(3) 渗碳效率和晶间氧化

作为比较气体渗碳气氛之渗碳能力的系数，采用了碳迁移系数。

根据 J. wanning，可表示如下，

渗碳深度

$$(Cm) = \frac{0.79\sqrt{D_c \times t}}{0.24 + \left(\dfrac{C_{Et} - C_k}{C_p - C_k}\right)} - 0.7\, \overline{\dfrac{D_c}{\beta}}$$

式中：$\overline{Dc}$ 为 γ-Fe 中的平均扩散系数（cm²/s）。

t 为渗碳时间（sec）。

C_{Et} 为有效碳浓度。

C_k 为材料本身的碳浓度。

C_p 为气氛碳浓度。

$β$ 为碳迁移系数。

由该式可知，用相同的温度、同样的气氛碳浓度进行渗碳时，碳迁移系数 β 大的气体组分，渗碳速度快。在采用甲醇基的滴注方式中，CO 量为 33%，H_2 量为 66% 之炉气氛的 β 为 $2.8×10^{-5}$，向 N_2 中加入 30% 甲醇所获得的 CO 量为 10%，H_2 量为 20%，N_2 量为 70% 之炉气氛的 β 为 $0.35×10^{-5}$。

这样，炉气氛气体组分的差异使碳迁移系数相差很大，从而影响渗碳速度、表面碳浓度及气氛碳浓度的偏差。鉴于这种渗碳气体组分的差异，在渗碳时间为 30 分钟左右的浅渗碳以及齿轮的齿尖和齿根部要求渗碳深度不同，喷嘴等的内径和外径部位渗碳深度各有差异等情况下，以采用滴注气氛的方式为佳。

近年来渗碳淬火件的表面异常层（晶间氧化层）有时对在后续工序中不进行研磨、喷丸的部件是个问题。这种晶间氧化现象，是由于气体渗碳时存在于气氛气体中的 O_2、CO_2、H_2O 等微量的氧化性气体，和与氧的亲和力比铁更强的元素，例如，Cr、Mn 等元素选择性地形成氧化物所致。因此，即使是合金钢，也只是最表面形成恰似碳素钢那样的状态，最表面 10～15 μm 的范围内由于晶间氧化现象而导致不完全淬火层（屈氏体组织）。气体渗碳时，常发生晶间氧化现象。金属的氧化取决于炉气氛气体中的绝对氧量。采用以 N_2 气体稀释的氮基气氛渗碳时，晶间氧化量较少，用 CO 含量为 10% 的气氛渗碳时，比用发生气及滴注式气氛渗碳能抑制 30%～50% 的晶间氧化。

另外，如要确认在 0.8 mm 左右的渗碳处理过程中晶间氧化进行的程度，大约是升温过程为 40%，降温过程为 20%，渗碳过程为 40%。因此，密封式渗碳炉由于在与渗碳无关的升温时采用 N_2 气氛，渗碳时采用渗碳效率高的滴注气氛，降温时采用氮基气氛进行处理，故与以往的气体渗碳相比，晶间氧化量约可抑制一半左右。

(4) 炉气氛气体的成本和时效处理

密封式渗碳炉，炉气氛气体的用量在渗碳时只需要一次滴入能产生充满炉内容积的气氛的滴注剂即可。由于滴注剂热分解后，1 L 的滴注剂能产生 1.6 m³ 的气体，所以，加热室容积为 2.5 m³ 时，大约只要通入 1.5 L 的滴注剂。老式炉在升温、降温过程中，以及即使在被处理件未放进炉内的情况下，炉子工作时都必须不断通入气体。此外，停炉后，

炉子(重新)开始工作时,将炉内隔热壁、耐热钢表面的氧化物还原的时效处理工程,大约要化 6 个小时左右,在这段时间内要不断通入载气。使用密封式渗碳炉时,在与上述直接渗碳无关的时间内,没有必要通入工作气体,因此,气体成本实际上能比老式炉节省 1/4 左右。

再则,完全密封式炉停炉时还不需要烧碳,只要通入 N_2 气密封即可。因此停炉时炉内不发生氧化,所以也不需要时效处理。平均每周一次的烧炭和时效处理工程,加起来花 6~8 小时,故将这些时间用于处理,不仅节约成本,也提高炉子的工作效率,可说是迎合今后时代要求的热处理设备。

(5) 安全性和作业环境

气体渗碳炉气氛的组成主要是 H_2、CO,这些气体根据其和空气的混合比例及温度条件,具有爆炸的危险。特别是在停电时,如果停供发生气体的话,就会因炉内压力下降而混进空气,致使工件氧化。而且一旦形成爆炸界限内的混合比,就会有发生爆炸的危险。这时,如不立即采取适当措施就会发生事故,因此,目前实际上还不能做到无人化。

由于密封式渗碳炉,整个炉体形成一个真空容器,空气不会进入炉内,为了将炉内压力保持在正压,采用了以 N_2 气施加背压的做法,既无爆炸之危险,工件也不会被氧化,故再通电时,能够继续进行处理。因此,即使发生停电或故障也不必担心爆炸,能够放心地进行作业。

并且,由于不排出气体,就不需要排气烧嘴,因能真空换气,所以也不使用火帘。因此,不必担心因漏气、电磁阀故障等导致的事故。由于排气的燃烧、火帘的燃烧产生的热量是很大的,也就不能使用夏季的冷气设备。由于没有火焰,不产生煤烟,因此,热处理作业环境的面貌大为改观。今后,由于要求热处理设备也实现无人化,所以,这类设备的安全性将越来越被重视。

3. 三室渗碳炉

(1) 结构及特点

改造老式气体渗碳炉,使之高性能、多功能化,通过在炉体前面设真空换气室,可取消火帘,通过停炉时以 N_2 气体置换炉内气体,使停止时炉内不会发生氧化,时效处理时间可比老式炉缩短 1/6~1/8。

此外,加热炉呈圆形构造,由于搅拌风量的增大等,大幅度地改善了温度分布、气氛偏差,能相应地达到高性能的质量。

由于炉内采用了设有空冷用辐射管的强制冷却装置,能将从渗碳温度到淬火温度的降温时间缩短到以前炉子的 1/2,从而能迅速进行淬火处理。

另外,还能大幅度地缩短在采用老式气体渗碳炉的处理过程中被认为是无效时间的时效时间及降温的时间,一个月能提高效率 24 小时以上。

由于采用变换器控制油槽搅拌机的旋转,可根据被处理件的材质、形状、淬透性等,自动地改变搅拌量,从而能最大程度地防止工件变形和尺寸变化,这样,它因控制机构的高功能化而被誉为高性能的气体渗碳炉。

(2) 炉气氛控制方式

在使用三室渗碳炉的情况下,加热炉系采用定量通入滴注剂的方式,CO 值是一定的,以碳传感器进行炉气氛控制。使用老式气体渗碳炉时,周初和周末的炉气氛即使是用相同的载气,其基本组分的碳势也有变化。周初开始渗碳后,为使气氛达到设定的碳浓度,需要耗费时间,而在周末,在温度下降过程中,气氛碳浓度升高,最表面有碳化物及残留的奥氏体增多的趋势。三室渗碳炉气氛控制的特点,是依靠自动调整富化气和还原气体的流量来抑制过量气体的加入,从而有效地控制气氛。

以往添加富化气时,根据气氛控制的信号,靠电磁阀的开关来控制定量的碳氢化合物系气体。根据富化气流量的设定值,也有不进行稳定气氛控制的情况,那就是在开始渗碳时加大富化气的流量,使其迅速达到设定值,达到设定值后减少富化气的流量,并在温度下降时或在扩散过程中自动调节还原气体的流量。因此,在开始渗碳后 5 分钟以内就能达到设定值,扩散时的设定值用 1 分钟左右便可达到。富化气和还原气体分别采用了控制量程宽,能充分追踪设定值的大幅度变化的具有线性特性的特殊阀,通过一台控制马达,使其具有稳定的控制机能,因而是一种高性能的气氛控制方法。

4. 结束语

目前的渗碳淬火处理,要求根据零件的使用目的,在较宽的范围内进行气氛控制的技术。要求实现以往几乎不曾有过的、对低碳钢碳氮共渗处理时进行碳、氮浓度的控制,和采用旨在使其具有抗冲击性的含碳量为 0.5%～0.6% 的渗碳淬火,及旨在改善耐磨耗性、耐点蚀性 CD 渗碳(Carbide Dispersion)等技术。

这类技术,如果没有具有高度气氛控制功能的高性能气体渗碳炉,都不可能实现。

在气体软氮化领域,也从以往只进行流量管理,发展到能分析、控制炉内残留氨的气体软氮化炉,人们正在重新认识涉及整个炉气氛热处理的气氛管理方法。

上述热处理设备的出现,加上测量控制的高机能、多功能化,以及积极推广全自动操作监视体系、生产管理体系,正稳健地向热处理的自动化前进。

译自『熱処理の新技術と表面工学』

 口译指南

二、中国語を日本語に訳した代表作品

　1994年6月に、vol.38-6 財団法人　日本モンキーセンターの『モンキー』雑誌の第3ページ～第10ページに発表された『中国秦嶺山脈北面の川金絲猴』を紹介します。

中国秦嶺山脈北面の川金絲猴

李保国①劉安宏②（朱蘊忠：訳）

　主に四川省から陝西省にかけて分布する川金絲猴（Rhinopithecus roxellanae）の生息環境と食性に関する研究は、これまでいくつかあります（胡錦矗ら1980、陳服官ら1982、1983、史東仇ら1982、胡振林1985、李貴輝ら1986、揚妻ら1994）が東西にのびる秦嶺山脈（以下、秦嶺）の北面（北側斜面）については、系統的な研究がされてきませんでした。秦嶺の北面と南面では地形や気候、植生が著しく異なっており、この違いは川金絲猴の生活にも大きな影響を及ぼしているに違いないと考えられます。

　私たちは、1985年10月から1990年6月まで、秦嶺の北麓の玉皇廟地区で川金絲猴の東梁群と西梁群について、その生息環境と食物の季節的変化を調べてみたので、紹介しましょう。

1. 秦嶺北面のサル分布

　川金絲猴は、秦嶺北面の東経107°33′～108°02′、北緯33°33′～33°37′の範囲に分布しています。この分布地域の南端は秦嶺の主尾根で尽き、北端は低い山地及び渭河平野につながっています。分布域の東西の長さは約65 km、南北の幅は約15 kmで、その面積はおよそ544 km²です。ここに川金絲猴があわせて14群生息し、各群は固有の遊動域を持っています。各群の間には川、道路、村、畑、高山帯などの障壁があり、それぞれの群れを隔てています。

2. 生息地域の自然と植生

　秦嶺の北面は、山々が高く険しく、川は深くて谷川は狭いという地形です。北面の斜面は南面の傾斜より急で、河、谷、山稜の長さは南面に比べて短かい。このような地形と海抜高度の影響によって、生息地の気候は、夏は短くて涼しく、冬は長くて寒いという特長を持っています。そして、一年中雨が多く湿潤で、日照は少ない。年平均気温は6.4℃、最高気温は29.7℃（7月）、最低気温は－10℃（1月）になります。無霜期間は150日ほどで、年間降水量は1,000 mmに達します。暖温帯半湿潤気候に属しています。生息地の海抜高度はほぼ2000 m前後で、最低の地点は1200 m、最高地点は2996 m

---

①　李保国：中国西北大学生物系学者。
②　劉安宏：西安林業局研究員。

に達します。

　調査域の森林率は90.5％で、この地域には人工林がなく、部分的に落葉広葉樹の二次林が含まれます。

　植生は三つの類型に分けられます。

　海抜1200 m～2000 mには落葉広葉樹林帯があり、樹木の種類はクヌギ属(Quercus)をはじめとして、ウルシ(Rhus verniciflua)、シナグリ(Castanea bungeana)、イワシデ(Carpinus Turczaninowii)、ト氏ヤナギ(Populus purdomii)などがみられます。針葉樹ではアブラマツ(Pinus tabulaeformis)と華山松(Pinus armandii)などがあり、高木は20種類以上になります。樹冠は整然としていないため、林内に差し込む日光はまばらで林床には潅木が茂っています。人間は開墾、耕作など農業活動によって、この地域の植生に対して大きな影響を与えてきました。

　海抜2000 m～2600 mには針葉樹と落葉広葉樹の混交林帯があり、広葉樹の種類は赤樺(Betula albosinensis)、シラカンバ(Betula platyphylla)をはじめヤマヤナギ(Populis davidiana)ト氏ヤナギなどがみられます。針葉樹は華山松、モミノキ、トウヒが優勢で、鉄杉も見られます。この付近は、下部がタカネゴヨウ、シラカンバ、ヤマヤナギ、ト氏ヤナギなどの混交林で、上部を赤樺、モミノキ(Abies spp.)の混交林が占めています。

　人間活動の影響は相対的に少ない。ここでおこなわれる主な活動としては、林内での薬草採取、冬季の猟、松の花粉刈り、竹や木を伐採するなどです。

　海抜2600 m～2996 mには針葉樹林帯があります。優先樹種は秦嶺モミノキ(Abies chensiensis)、太白モミノキ(Abies sutchuenensis)、トウヒ(Picea asperata)、細葉青ザシ(Picea wilsonii)があります。落葉広葉樹の種類は比較的少なく、赤樺、牛皮樺などが見られます。この付近も下部のモミノキ林帯と上部の落葉広葉樹林帯に分かれています。この植生帯での人間活動は非常に少ない。

　181日間の観察結果をまとめますと、川金絲猴は年間を通して落葉広葉樹林をもっともよく利用し、ついで針広混交林を選択しています。針葉樹林はほとんど利用されないことがわかりました。

　年間の活動時間の割合は、落葉広葉樹林での活動が61％、ついで針広混交林での活動が37％を占め、残りの2％を針葉樹林の下縁で活動しているということになりました。活動する海抜高度は1400 m～2500 mで、地形や斜面の特定方向についての選択はあまり厳格ではなく、比較的広い樹林地域があり、食物が豊富であれば、どこでもサルの活動の痕跡が確認されました。

3. 群れの遊動域面積と頭数および密度

　川金絲猴は秦嶺の北面に14群生息しており、合計1540頭いることが確認されまし

た。群れの中でもっとも生息密度が高かったのは、玉皇廟の東梁群の13.19頭/km²と太平河川の上流群の12.03頭/km²でした。群れの分布密度は、生息地の状況、食物資源の状態、狩猟、伐採など人間経済活動の状況を反映しました。

4. 食物の季節変化

秦嶺北面の川金絲猴が採食した主な植物は34種類でした。落葉広葉樹28種類（82.36％）、常緑の植物は2種類（5.88％）、草本類3種類（8.82％）、苔癬類1種類（2.94％）です。季節の違いによって採食した植物の種類と部位は異なっていました。

春季における主な食用植物は12種類でした。川金絲猴は、主に、やなぎ科、にんどう科、みずき科、ぶな科の樹皮、芽、種子を食べています。それらの若い枝の皮、芽吹いたばかりの芽、つぼみなどを採食し、地面に降りてクヌギ属の木から落ちた種子を食べることもあります。採食部位の中でもっとも多いのは樹皮で全体の57.15％、次に芽で28.57％でした。

夏季になって気温が上がると、主に、かばのき科、もくれん科、にんどう科、しらくちずる科、ばら科、にしきぎ科の植物の若葉、若枝、果実を採食し、同時に何種類かの草本植物を食べます。その合計は17種類でした。もっとも多いのは若葉で63％、次いで若枝の18.5％、果実の14.8％です。

夏は1年中でもっとも採食できる植物種が豊富で、採食部位も多くなる季節です。

秋季は川金絲猴の採食にとってもっとも豊かな季節で、多種類の植物の実を採食します。晩秋になると、落葉が始まります。植物の実が少ない場合は、吹いたばかりの芽、若枝および樹皮に移っていきます。秋季は主にやなぎ科、ぶな科、もくれん科、にんどう科、しらくちずる科、ばら科、かんきつ科など15種類の植物の果実、種子、芽、若葉と皮を食べます。それらを集計すると果実と種子で50％を占め、次に若葉27.27％、樹芽の18.18％でした。

冬季は、食物が乏しくなり、やなぎ科、かえで科、もくれん科、にんどう科など9種類の植物の皮と芽胞を採食し、針葉樹の松の実をよく食べ、時には針葉も食べています。他に苔癬類を食べます。採食部位でもっとも多いのは皮で36.36％、次いで芽で27.27％、葉の18.18％でした。

まとめ

秦嶺北面は川金絲猴の地理的分布のもっとも北に位置しています。長期の環境の変化に適応することによって、この狭い地域で川金絲猴という種が形成されてきました。川金絲猴は年間を通して、主に落葉広葉樹林と、広葉樹と針葉樹の混交林を選択し、針葉樹林はほとんど利用していないことがわかりました。だいたい海抜1400m～2500mの間で活動し、湖北、四川の生息環境とは明らかに違っていることがわかりました。

秦嶺北面の川金絲猴の食物の選択の季節的変化は食物の質的量的変化と関係し、植物の質・量の変化は季節の移り変わりと気候と関係があります。

　すなわち、初春になると、気温がだんだんと暖かくなり、サルの群れもじょじょに海抜の高い地帯へ移動します。この移動の主な原因は、若芽、若葉の分布の変遷から影響をうけているからです。

　また、夏は、低山帯の気候が暑くなり、海抜が高い地域の気候が涼しく、かつ食物も豊富なため、サルの群れは熱暑をさけ、高い地域で採食し、生活しています。秋は果実が低山帯から高山地帯にいたるまでだんだん稔り、サルの群れもまた高い山から低い山へと還ってきて、稔った果実を食べます。そしてまた、じょじょに海抜の高い地域に移動していきます。冬は主に針葉樹と広葉樹の混交林を選択し、その中で生活します。なぜなら、混交林は、豊かな食物資源である松の実を提供すると同時に、常緑針葉樹の樹冠がわりあい大きく、雨や雪を避けるために格好の休み場所が提供されるからです。こうした川金絲猴の採食活動の季節変化は、ニホンザル(Macaca fuscata)(Wada, 1980)での研究やチベットモンキー(Macaca thibetana)(熊成培ら, 1988)の研究結果と一致していました。

　近年以来、多くの学者によって、霊長類の活動範囲は食用植物の分布状況と豊富さが関係していることが確認されてきました(Goodall, 1977)。Makkawana(1978)はAsarori林に対するアカゲザルの研究によって、活動範囲は群れの大きさと密接な関係にあることを明らかにしました。

　秦嶺北面の川金絲猴の遊動域面積の大きさは、主に食物資源によって影響されており、各群の個体数とは関係がないことが明らかにされました。

　玉皇廟東梁群の遊動域内の植物はよく保護されており、食物資源も豊富で、農民の居住区からも遠く離れているため小さな遊動面積です。一方、これと個体数が同数の鉄梁溝群の遊動域は村人の活動地に近く、林木が伐られ、鉄鉱石が採掘されたりすることによって、植物は著しく破壊され、食物資源も不足する結果、遊動域面積は大きくなっています。

　雲南省に分布する滇金絲猴(Rhinopithecus bieti)やチベットモンキーの分布密度に比べると、川金絲猴はもっとも高く、秦嶺北面では$1\ km^2$当たり6.55頭、四川臥竜保護区臭水溝の群れでは$1\ km^2$当たり11.7頭です。これに比べ、滇金絲猴は$1\ km^2$当たり1.12～5.50頭であり、チベットモンキーでは$1\ km^2$当たり4.67頭です。

　こうしたことから、滇金絲猴やチベットモンキーの生息地より川金絲猴の生息地がよく保護されて、生息条件がよいことが説明できます。これまで秦嶺北面では大量に材木が伐採されてこなかったし、植物の保護も比較的によくおこなわれてきたため川

口译指南

金絲猴がこの狭い地域で活動してこられたといえましょう。過去の、陳服官ら（1982）の調査ではこの地域には川金絲猴は11群、1000頭余りでしたが、今回の調査では14群、1540頭余りのサルが確認され、群れの数も増えていることが明らかとなりました。今後、この地域の保護が、一層すすめば川金絲猴の個体数はより増加する可能性があります。

このように、秦嶺北面の川金絲猴は生息地の構造と食物の季節変化は他の地域とははっきり違っており、川金絲猴の特徴についてより深く研究することが望まれます。また、このような貴重な動物の保護と管理は今後ますます重要となると思われます。

参考文献（略）

二、中文译成日文代表作

介绍1994年6月，财团法人日本猿猴中心的《猿猴》杂志，vol.38-6第3页～第10页上发表的《中国秦岭山脉北坡的川金丝猴》。

中国秦岭山脉北坡的川金丝猴
李保国①刘安宏②（朱蕴忠：译）

有关主要分布在四川省、陕西省的川金丝猴（Rhinopithecus roxellanae）的栖息环境和食性的研究，至今虽有一些报道（胡锦矗等，1980；陈服官等，1982、1983；史东仇等，1982；胡振林，1985；李贵辉等，1986；扬妻等，1994），但就东西延伸的秦岭山脉（以下简称秦岭）的北坡（北侧斜面），尚未系统研究。由于秦岭北坡与南坡，地形、气候、植被有着明显差异，该差异无疑对川金丝猴的生活有很大的影响。

1985年10月～1990年6月，我们在秦岭北麓的玉皇庙地区，对川金丝猴的东梁群和西梁群的栖息地环境和食物的季节性变化进行了调查，现介绍如下。

1. 秦岭北坡猴群的分布

川金丝猴分布在秦岭北坡的东经107°33′～108°02′，北纬33°33′～33°37′之范围。该分布区南依秦岭主嵴，北接秦岭低山区及渭河平原；东西长约65千米，南北宽约15千米，面积约为544平方千米。这里共有14群川金丝猴，每群有其固定的活动范围，群间有河流、公路、村庄、农田、高山无林区等地理屏障阻隔。

---

① 李保国：中国西北大学生物系学者。
② 刘安宏：西安林业局研究员。

2. 栖息地自然概况和植被类型

秦岭北坡山势巍峨而险峻,河深谷狭,坡势较南坡陡,河谷和山脉较南坡短。由于受地形和海拔影响,栖息地的气候特点是夏季短而凉,冬季长而寒,且全年湿润多雨,光照不足,年均气温 6.4 ℃,极端高温 29.7 ℃(7 月),极端低温 −10 ℃(1 月),无霜期 150 天左右,年降雨量达 1000 mm,属暖温半湿润山地气候。栖息地的海拔高度一般在 2000 米左右,最低点 1200 米,最高点达 2996 米。

调查地域的森林覆盖率为 90.5%,该地域没有人工林,仅一些地方有次生落叶阔叶林。

植被可划分为 3 个类型。

落叶阔叶林带,在海拔 1200 米～2000 米。树木的种类,以栎属(Quercus)为主,其次是漆树(Rhus verniciflus)、板栗(Castanea bungeana)、鹅耳枥(Carpinus turczaninowii)、卜氏杨(Populus purdomii)等。针叶树有油松(Pinus tabulaeformis)和华山松(Pinus armandii)等,乔木达 20 种以上。由于林冠不整齐,林内稀疏透光,林下灌木茂盛。人类开垦、耕作等农活,对该地域的植被影响很大。

针叶树和落叶阔叶树的混交林带,在海拔 2000 米～2600 米。阔叶树种以红桦(Betula albosinensis)、白桦(Betula platyphylla)为主,并有山杨(populis davidiana)、卜氏杨等。针叶树以华山松、冷杉、云杉占优势,并有铁杉。本带下部是华山松、白桦、山杨、卜氏杨等的混交林,上部为红桦、冷杉(Abies spp)的混交林。

人类活动的影响相对较少,在这里进行的主要活动,是在林内采药、冬季狩猎、割松花、砍竹、伐木等。

针叶林带,在海拔 2600 米～2996 米。建群树种有秦岭冷杉(Abies chensiensis)、太白冷杉(Abies sutchuenensis)、云杉(Picea asperata)、细叶青杆(picea wilsonii)。落叶阔叶树种较少,仅见红桦、牛皮桦等。此带也可分为下部的冷杉林带和上部的落叶阔叶树林带。人们很少在该植被带活动。

汇总 181 天的观察结果,可知川金丝猴在一年中最喜欢在落叶阔叶林活动,其次是针阔混交林,几乎不去针叶林。

全年活动时间,落叶阔叶林占 61%,针阔混交林占 37%,剩余的占 2%,在针叶林的下缘活动。活动的海拔高度,为 1400 米～2500 米,对地形、坡向的选择,不怎么严格,只要林木成片,食物丰富,均见猴群活动踪迹。

3. 猴群家域面积、数量和密度

川金丝猴在秦岭北坡栖息着 14 群,合计约 1540 只。猴群栖息密度最高的是玉皇庙东梁群的 13.19 只/平方千米和太平河上游群的 12.03 只/平方千米。猴群的分布密度,

反映了栖息地的状况、食物资源的状态、狩猎、采伐等人类经济活动的状况。

4. 食物的季节变化

秦岭北坡的川金丝猴采食的植物主要有34种。落叶阔叶树28种(82.36%)、常绿植物2种(5.88%)、草本植物3种(8.82%)、苔藓类1种(2.94%)。随季节不同,采食的植物种类和部位也不相同。

春季,川金丝猴的食用植物主要有12种。主要吃杨柳科、忍冬科、瑞木科、山毛榉科的树皮、芽、种子。采食那类植物嫩枝上的皮、刚绽开的芽苞、花蕾等。也会下地觅食栎属树上掉下的种籽。采食部位之中,最多的是树皮,为整体的57.15%,其次是芽,为28.57%。

夏季,气温升高,主要采食桦木科、木兰科、忍冬科、猕猴桃科、蔷薇科、卫矛科植物的嫩叶、嫩枝、果实。同时还采食几种草本植物。合计有17种。采食最多的是嫩叶(63%),其次是嫩枝(18.5%),果实(14.8%)。夏季,是全年中能采食植物种类和部位最多的季节。

秋季,是川金丝猴采食最丰富的季节,采食多种植物的果实。

一到深秋,植物开始落叶。果实贫乏时,其食物又转向刚萌发的新芽、嫩枝及树皮。秋季主要采食杨柳科、壳斗科、木兰科、忍冬科、猕猴桃科、蔷薇科、柑橘科等15种植物的果实、种子、新芽、嫩叶和皮。将其统计的话,果实和种子占50%,其次是嫩叶,占27.27%,树芽占18.18%。

冬季,食物贫乏,川金丝猴采食杨柳科、枫科树科、木兰科、忍冬科等9种植物的皮和芽苞,很喜欢吃针叶树的松果籽,有时也吃针叶和苔藓类植物。采食部位最多的是皮36.36%,其次是芽27.27%,叶18.18%。

归纳

秦岭北坡是川金丝猴地理分布的最北限,由于适应长期的环境变化,在这个狭窄地域形成了川金丝猴这一种群。一年中,川金丝猴主要选择落叶阔叶林和针阔混交林,几乎不到针叶林活动。大致在海拔1400米~2500米之间活动。与湖北、四川的栖息环境明显不同。

秦岭北坡的川金丝猴,食物选择的季节性变化与食物的质量变化有关。而植物的质量变化与季节的物候期相关。

也就是说,一到初春,气温逐渐转暖,猴群也逐渐向高海拔地带迁移。这种迁移的主要原因,是受嫩芽、嫩叶分布变迁的影响。

再则,夏季由于低山带的天气炎热,高海拔地域的气候凉爽,而且食物也丰富,因此,猴群为躲避炎热,采食、活动在高海拔地域。

秋季,果实由低山向高山逐渐成熟,猴群又从高山返回低山,采食成熟的果实,并逐渐向高海拔地域迁移。

冬季，主要选择在针阔混交林中生活。因为混交林提供了松果籽这种丰富的食物资源，同时常绿针叶树的树冠较大，能为猴子提供躲避雨雪的良好休息场所。

这样的川金丝猴采食活动的季节性变化，与日本猴（Macaca fuscata）（Wada，1980）、短尾猴（Macaca thibetana）（熊成培等，1988）的研究结果相一致。

近年来，许多学者认为，灵长类的活动范围，与食用植物的分布状况和丰富度相关（Goodall，1977）。Makkawana（1978）通过对 Asarori 森林的猕猴研究，表明活动范围与种群大小具有密切的关系。

秦岭北坡川金丝猴家域面积的大小，主要受食物资源的影响，与各群的个体数量无关。玉皇庙东梁群家域内，植被保护好，食物资源也充足，远离农民居住区，家域面积小。而与之个体数量相同的铁梁沟群家域，由于靠近村民的活动区，砍伐林木，采挖铁矿石等，植被破坏严重，食物资源也差，因此，家域面积大。

与分布在云南省的滇金丝猴（Rhinopithecus bieti）、短尾猴分布密度比较，川金丝猴为最高，秦岭北坡每平方千米 6.55 只，四川卧龙保护区臭水沟群每平方千米 11.7 只。与之相比，滇金丝猴每平方千米 1.12～5.50 只，短尾猴每平方千米 4.67 只。

由此可见，川金丝猴的栖息地，比滇金丝猴、短尾猴的栖息地保护得好，栖息条件好。到目前为止，秦岭北坡未曾被大量采伐木材，植被保护也比较好，因此，川金丝猴一直在这狭窄的地域活动。

过去，陈服官等（1982）调查显示该地域川金丝猴有 11 群、1000 多只。但是，这次的调查，确认有 14 群、1540 多只猴子。种群的数量，也正在增加。今后，若该地区获得更好保护的话，川金丝猴的数量有可能进一步增加。

综上所述，秦岭北坡的川金丝猴，栖息地构造和食物的季节性变化，明显与其他地域不同，有待就川金丝猴的特点进行更深入的研究。保护和管理这类珍贵的动物，今后会越来越变得重要。

参考文献（略）

為せば成る
——『通訳案内書』の原稿を読んだ感想

　親友の胡景南さんは　南京の知青で、『通訳案内書』という本を薦めて読ませ、読後の意見を聞かせてほしいと頼まれました。

　私は真面目にこの本を読んで、心の底からびっくりして、震撼させられました。

　『通訳案内書』という本の作者である朱蘊忠さんは　江蘇省の無錫知青で、農村に下放されて、農事をしていた十数年に、余暇を利用して、通訳になる目標を実行するために、粘り強く一生懸命に日本語を勉強し続けている精神は　私にとって、感動と感心の外に、もう意見の述べる考え方を無くしてしまいました。

　この本は　通訳のツールブックというよりむしろ、通訳の方法を紹介する教科書だという方がいいと思います。

　通訳のツールブックとして、長年にわたる通訳の実践からもっともよく使われた常用語彙を精選して、各業界によって、別々に分類されて、応用された語彙の多さや関連の業界や専門用語やその実用性などの面で、今までに、使われた日本語の参考書は　比べものにならないと思います。特に1991年に書いた『応急日本語会話』は　作者の長年にわたる通訳の実践と日本で研修する場合　獲得した知識および中国で日本語講座が開かれた経験によって、中国人が日本に到着した後のいろいろな場面を想定し、日本語の勉強と実際の応用をよく考えて、会話や単語を精選し、ポケット通訳書として、活用できる会話集です。1988年春、私は日本語を勉強するために、東京日暮里外国語学校に入学しました。もし、入学したばかりの時に、『応急日本語会話』このような会話集が獲得できており、ポケット通訳書として活用すれば、何と便利でしょう。

　私も「文化大革命」に福建省西部の農山村に下放された知青で、1988年4月から1990年4月まで、日本で日本語を勉強してから、東京で色々な仕事をやったことがあり、帰国後、ビジネス通訳を担当していますので、通訳の難しさは　よく知っています。

　通訳する場合、真面目と博学多識のほかに、臨機応変もとても重要です。『通訳案内書』という本によって、紹介された色々な通訳の場景や国際貿易の例文や訳文の代表作

品などは みな、通訳の実践から精選された内容で、それらを実践に応用すれば 必ず効果があり、日本人と付き合っている中国人にとって、みな、よく参考になる意義があります。

　また、作者の朱蘊忠さんは 知青として、黄海の浜に住んで、周りに 日本語を話せる人はいません。日本語を教える先生やクラスメートや日本語を勉強する言語環境なども 根本的にありません。ただ、科学の方法や確固たる信念や強い根気と勇気などによって、普通の人が耐えられない寂しさと艱難に耐えて、苦労を厭わなく、他人の嘲笑を恐れなく、たゆまぬ努力して勉強を続けて、終に通訳になったことは 『為せば成る』という名言が当たられました。

　要するに、『通訳案内書』という本は 日本語の勉強や国際貿易や通訳のレベルアップなどの面で、とても役に立つ本で、そしてまた、励ましの本です。

　ここで、独学で才能を身につけた朱蘊忠さんに対して、心から深く敬意を表します。

呉忍成

2022年3月11日

有志者,事竟成

——读《口译指南》书稿的感想

　　好朋友胡景南先生是南京知青,推荐《口译指南》这本书给我看,请我提些意见。

　　我认真看了这本书,被深深震撼了。

　　《口译指南》这本书的作者朱蕴忠先生,是江苏省的无锡知青,下乡务农十几年,利用业余时间,为了实现成为翻译的目标,不屈不挠地拼命坚持学习日语的精神,对我来说,除了感动和佩服之外,再也没有提意见的想法了。

　　这本书,与其说是口译的工具书,不如说是介绍口译方法的教科书。

　　作为口译的工具书,作者从长期口译实践中,精选了最常用的词汇,根据各个行业,分门别类,在应用的词汇之多、涉及的行业、专业术语及其实用性等方面,是至今我用过的日语参考书所不能比拟的。尤其是作者1991年写作的《应急日语会话》,根据作者长期口译的实践和在日本研修时获得的知识,以及在中国开办日语讲座的经验,设想了中国人到日本后的种种场景,充分考虑了日语学习和实际应用,精选了会话、单词,是袖珍本口译书与

能够活用的会话集。1988年春,我为了学习日语,进入东京日暮里外语学校。如果刚入学时能够获得《应急日语会话》这样的会话集,作为袖珍本口译书进行活用的话,是多么方便啊!

我也是"文化大革命"中下放到闽西山村的知青,1988年4月至1990年4月,在日本学习日语之后,在东京干过各种各样的工作,回国后担任了商务翻译,深知口译的难度。

口译时,除了认认真真、博学多才之外,随机应变也十分重要。

由《口译指南》这本书介绍的种种口译场景、国际贸易的例句、译文代表作等,都是从口译实践中精选出来的内容,如果将其应用到实践中的话,必定有效,对正在与日本人打交道的中国人来说,都很有借鉴意义。

再则,作者朱蕴忠先生,作为知青住在黄海之滨,周围没有会说日语的人,根本没有教日语的老师、同学、学习日语的语言环境等,只是依靠科学的方法、坚定的信念、毅力和勇气等,忍受了常人无法忍受的寂寞和艰辛,不怕吃苦,不惧他人的嘲笑,坚持不懈地努力学习,最终成了翻译,应验了"有志者,事竟成"这句名言。

总之,《口译指南》这本书,在日语学习、国际贸易、提高口译水平等方面是很有用的,并且是本励志的书。

在此,对自学成才的朱蕴忠先生,深表敬意。

吴忍成
2022年3月11日

後　書

　2021年に世界中で新型コロナウイルスによる肺炎が発生されました。人との接触を減らすために、在宅勤務のうちに、通訳の方法と経験を纏めて、『通訳案内書』という本が作成されました。

　各地の知青友達からのご高配にあずかり、ここで、心から感謝いたします。

　知青精神を発揚するために、江蘇知青ウエブサイトの主な責任者は　病気にかかっても、全力を尽くして、格別のご支援を賜りまして、気前よく金を出して、全ての出版費を前払って、『通訳案内書』の出版することをトップ項目として、実行に移すことにします。これに対して、作者といたしましては　誠に感激して、涙を流し、命を投げ出しても、恩返したいと思います。

　また、蘇州市知青文化研究会の仲良し友達鍾慎明さんも　ご多忙のところ、熱心にご協力を賜りまして、何度も、蘇州大学出版社と連絡して、終に『通訳案内書』の出版できることに対しては、厚く御礼申し上げます。

　なお、アモイ市のビジネス通訳呉忍成先生、および青巒株式会社営業部山田達雄部長様からのご教導、ご支援に対しても、併せて心から感謝いたしております。

　『通訳案内書』を書くから出版までは　一年余りで、時間がぎりぎりのため、間違いやデメリットなどは　どうしても、避けられないので、読者から貴重な意見を出していただくよう期待しております。

　今後ともご期待におこたえするよう努める所存でございますので、何とぞよろしくお願い申し上げます。

朱蘊忠

2022年3月11日

后 记

2021年，全世界发生了新冠疫情，为了减少与他人接触，作者在家办公期间，将口译的方法和经验，进行了归纳，写了《口译指南》一书。

承蒙各地知青朋友的关照，在此表示衷心感谢！

为了弘扬知青精神，江苏知青网的主要负责人，即便患病了，也竭尽全力，给我特别的支持，慷慨解囊，预付了全部的出版费用，将《口译指南》的出版，作为首要项目，付诸实施。对此，作者真是感激涕零。

再则，苏州市知青文化研究会的好友钟慎明先生，在百忙之中，热心赐助，多次与苏州大学出版社联系，终于《口译指南》能够出版。对此，作者表示深深地感谢。

还有，对厦门市商务翻译吴忍成老师，以及青峦股份公司营业部山田达雄部长给予的教导、支持，也一并表示衷心感谢！

从写作《口译指南》到出版，仅一年多时间，由于时间仓促，错误在所难免，因此，期待读者提出宝贵的意见。

作者决心今后加倍努力，以期不辜负各位的期望。伏请赐助。

朱蕴忠
2022 年 3 月 11 日